マーク・L・プロフェット、
エリザベス・クレア・プロフェット［著］
小林千恵［訳］

エル・モリヤ

アセンデッドマスターの教え

MORYA
I

TEACHINGS OF THE ASCENDED MASTERS

Mark L. Prophet, Elizabeth Clare Prophet

ナチュラルスピリット

MORYA I : Teachings of The Ascended Masters

by Mark L. Prophet and Elizabeth Clare Prophet

This book was originally published in English and printed in the USA.
This Japanese edition is published under the terms of a License Agreement between
NATURAL SPIRIT, INC. and SUMMIT UNIVERSITY PRESS.

Japanese translation published by arrangement with Summit University Press
through The English Agency (Japan) Ltd.

Summit University Press / The Summit Lighthouse

63 Summit Way, Gardiner, Montana 59030-9314 USA
Tel: 406-848-9500 Fax: 406-848-9555
Email: info@SummitUniversityPress.com
Web sites: http://www.SummitUniversityPress.com
http://www.SummitUniversity.org
http://www.SummitLighthouse.org

THE SUMMIT LIGHTHOUSE LIBRARY®

エル・モリヤ

聖なる自己のチャート（219 ページ参照）

『エル・モリヤ　アセンデッドマスターの教え』目次

サミット・ライトハウス・ライブラリーは、アセンデッドマスターにより、メッセンジャーのマーク・L・プロフェットとエリザベス・クレア・プロフェットに届けられた教えを公開するために設立されました。グレートホワイトブラザーフッドのアーカイブから発信された、これら英知の教えは、みずがめ座の時代の新たな摂理です。

注記

本書は1958年8月7日から1963年12月25日にかけて伝えられたモリヤ大師の言葉を集めたものです（『パールズ・オブ・ウィズダム』として発行されたエル・モリヤからの手紙は含まれません）。『Morya: The Darjeeling Master Speaks to His Chelas on the Quest for the Holy Grail』（1982年）の中で記されている46のメッセージのうちの29のメッセージを含みます。本書には、これまで未発表のメッセージ３つ（２章、３章、28章）が含まれるほか、メッセージの未発表部分の全体が20章で綴られています。1958年８月７日（１章）と1961年９月３日（13章）のメッセージはそれぞれ、1986年と1982年に『パールズ・オブ・ウィズダム』で発表されています。「序文」として、サミット・ライトハウスの設立についてエル・モリヤから使徒に宛てた手紙を初公開しています。

凡例

・［　　］は著者による補足を示す。
・〔　　〕は訳者による注を示す。
・巻末の「用語集」に説明のある語には★を付す。
・原文で強調のため斜体となっている箇所は、訳文ではゴシック体で示す。

聖杯の探求

「探求」の必要性に人類が一斉に気づいた時、人類の問題は減少し、人間を奴隷化している紐は緩まることでしょう。

騎士道がこの惑星で栄え、永遠の騎士道精神の要素について何らかの理解を得ていた頃、人間の心は探求の精神で満ち、精進によって到達し得るものを求め、人生を原理に捧げていました。

彼らの存在を満たし続けた希望は、この眼で見たいと切望したことの豊かさに気づくまで、彼らが常にその本源と歩む原動力となりました。聖杯について思い出していただきたいことがあります。

親愛なる存在たちよ。かつて多くの騎士の心をとらえた聖杯の探求はまだ完了していません。聖杯が何を象徴するかを今ここで単刀直入に説明することで、人間の心にとって聖杯が持つ素晴らしく神秘的な意味を奪い去るつもりはありません。それでも尚、私は今ここであなたがたに伝えなければなりません。

聖杯は人類自らによってもたらされるものであることを。

聖杯を追い求める人は、聖杯が実際に存在するものの、その人の光★の表現（肉体★、エモーショナル・ボディ★、メンタル・ボディ★、メモリー・ボディ★）の浄化に思いやりをもって専念することで、これらのボディが神の聖霊が顕現する杯《さかずき》とならない限り、たとえ聖杯を目の前にしても、それに気づくことはできないということを。

つまり、全人類にとって何より大切なのは、神が永遠の鼓動を自分たちに送っていること、そしてその鼓動こそが自らの素晴らしき心臓の鼓動であることに気づくことなのです。

内なる生命力を維持している、この神との接点にまず気づくことで、天の美徳が神の意思として鮮やかに顕現する無限の領域への扉となります。

神の聖なる名のもとに、私の手をあなたに差し出します。

円卓の騎士として、私の手をあなたに差し出します。

聖なる大義の活動者として、私の手をあなたに差し出します。

まだ探し求めていない聖杯を、私はあなた自身の心の杯として露わにします。

聖杯は実際に存在するのです！　かつて、それはグラストンベリーに置かれていました。しかし今、聖杯は霊的に増幅され、キリスト意識★の杯となることを目指す人間ひとりひとりの心の周りに、光の金線の輝きとして設置されています。

親愛なる存在たちよ。私は時としてあなたがたの手を取り、こう直接伝えたい衝動を覚えることがあります――

愛する人よ、人類にとって霊的栄光の騎士道の気づきはまだ続いています。あなたは、神とその意思を人間として表現するよう、あなたの内なる生命の炎によって選ばれた存在です。

あなたは聖なる探求の道★に送られた、遊歴の騎士となるのです。しかし、決して無駄な冒険に終わらないことを、私は約束します。それは偉大なる普遍の杯を満たすほどのあらゆる出来事、驚き、音楽、喜び、歓喜に満ちたものとなるでしょう。聖なる探求の道を信じ、あらゆるつまずきや妄想という障害をものともせずに前進し続けさえすれば、神の恵みは無限にもたらされるからです。

どうすれば分からない時は、立ち止まり、神の聖なる意思の炎を求めてください。そして、もう一度前に向かって歩みを続けてください。

星を道しるべに、キリスト★の顕現を完全に映し出す存在となるところに辿り着いてください。天の父である神のひとり子が再び姿を表すのを全人類が目撃するでしょう。

それが数百万回と繰り返され、ひとつひとつのライフストリーム★がキリストを顕現するようになり、やがては地球全体が星の王冠となるのです。そして神の聖なる意思、キリストの意思がひとりひとりの人間の中に顕現したことを、その無数の星の輝きによって宇宙全体が知ることとなるでしょう。

これを目指し、私たちはダージリンから仕えています。

これを目指し、私たちはこの惑星の進化を支援しています。

どうぞ、今日という日を私とともに歩んでくださいますか

――エル・モリヤ

前書き

私は彼の存在を知る前から、彼を愛していました……

同時に、私は彼——モリヤ★——をずっと知っていました。

洗礼式の白いドレスに身を包んだ私を彼が抱きしめてくれた時のことを覚えています。私の父である彼を心から愛し、彼の子であることを願い、誇らしく思いました。わが師を愛し、彼の心の中で存在する以上の喜びはあるでしょうか。闘いの勝利の瞬間に、魂★を慈しむのはどんな記憶でしょうか。

私は彼をアブラハムとして愛し、彼に主のスピリット★の力を感じ、彼の強さに自身の弱さを知りました。偉大な信頼の中では、疑念は焼きつくような涙となりました。

彼は神の友人でした。

私が目指すものを……

私が何者になれるかを、常に指し示してくれました。なぜなら、彼は私にとって神のすべての化身だったからです。

神について私が真実だと知るすべては、モリヤのおかげです。彼の名を口にしただけでも、私の目には涙が浮かびます。なぜなら、彼の私への愛はそれほどまでに壮大で、私の存在で部分的にでもその愛に触れることは、耐えがたいまでに素晴らしいのです。そのような愛は天国にしか存在しません。そのような愛を地上で維持するには、愛を瞬時に行動へと変換しなければなりません。

どうすれば世界はそのような愛を知り、理解するのでしょう。なぜなら、それこそが師に到達したいという、私のあらゆる努力や意思の理由だからです。私が目指すのは、彼が存在しているから。私は彼とともにありたいのです。私が神の意思に沿っている時、彼の存在を常に感じます。その領域こそ、彼が存在する場所。

ヒマラヤ山脈を超えて飛翔する、壮大な鷹のような存在です。彼の魂は優しく、彼の心は穏やかな愛で満ち、神聖なる遭遇が定められるその日まで、盾と鎧をもって私たちを守るという一点の曇りもない意図を持っています。

あまりにも壮大なため、飲み込まれてしまわないよう自分を守らなければならない、そんな愛に出会ったことがありますか。もしそうなら、あなたはモリヤを知っています。そして、あなたも彼を愛しています。これからは、私が彼を理解するように、あなたも彼を理解してください。

モリヤは忘れな草のようにあなたの心の中で育ち、花開きます。小さくて青い花は常に、あなたの一部として存在します。あまりにも近くにあるため、その存在を当然のことのように感じるかもしれません。それでも、モリヤは自己というレンズを通して私たちを見つめています。

彼は私たち自身……より高次の自分自身なのです。私たちの中にあるあらゆる崇高なものはすべて、彼の心が放つ光に乗って私たちの中にやってきました。太陽の一筋の光が私たちの世界に入り、彼の心へとつながるコードを形成します。

彼の私への愛により、私が存在する時空には永遠なる恵みが満ち溢れます。なぜなら、私は彼そのものだからです。

もし私が真理の意味を知っているなら、それは彼の純粋な理知が私の思考を満たしているからです。私が知っているあらゆる鮮やかさや美しさはすべて、彼が教えてくれたものです。

モリヤはケルビムが舞う、天空の天蓋《キャノピー》を見せてくれました。星に関する数学を説明してくれました。セントラルサン★への旅路をともに歩んでくれました。他の領域や世界に存在する彼の友人たちに私を紹介してくれました。

彼は神の意思の道を教え、ハートに立ち返るよう導くという彼自身の使命の担い手に私を就かせました。そして、彼は私を「母」と呼びました。なぜなら、世界が成就へと向かう今、彼が心から必要とする、聖なる息子や愛しい娘たちの面倒を見ることが私の使命だったからです。

今、宇宙には、数々の大陸の終焉と再生がもたらされたノアの時代と同じように、緊急性と必要性が高まっています。

モリヤは変容★のマスターです。賢者である彼は、変化を導くためにやってきます。彼はあなたがたの運命を司る星を読み解く天文学者であり占星術師です。

彼はマヤ文明の世界に存在するあらゆる惑星を知っています。

彼は人の性格という星座の中をめぐる、コーザル・ボディ★の動きを知っています。そして、潜在意識という名の岩に打ち付け続けるそうした作用の理由を知っています。やがて、岩肌は滑らかに、海は穏やかになり、潮の音だけが再生された生命のリズムを伝えてきます。

もしあなたが賢明ならば、あなたは彼を求め、見つけるでしょう。そして彼を見つけたら、人生における彼の仲裁を乞うでしょう。第一光線を司る彼は、あなたが人生において、神の意思に触れるための鍵を持っています。彼は太陽の炎、太陽から到達する風や温かさ、コロナ雨（太陽表面のプラズマのループの対流）、地球エネルギー、海、ソーラー・ボディといった、魂のブループリントを明らかにします。

でも、これらはすべてあなたの中に内在するのです。彼は私の内なる宇宙を、そしてそれ以上のものを見せてくれました。彼はあなたのために素晴らしいものを用意しています。

私は人生で彼を求め続けられるほど賢明でない時もありました。そして、その中で彼の手を離したり、彼から視線を逸らしたりしたこともありました。それでも彼は私を手放したり、見失ったりすることはありませんでした。ただし、彼の聖なる顔に意識を向け続けるかどうかは私次第だったのです。世界の偉大なる融合が起こるまでは、あなたにとって、そして私にとって、常にそのようであり続けるでしょう。

彼を見いだすのは、始まりにすぎません。彼を抱きしめ、目を逸らさず、目標を見失わないことこそが、終点なのです。

終点とは何なのでしょう。それは、時空の絶え間ない繰り返しや、その人のカルマ★のサイクル、そして最も壮大な私たちの内なる魂そのものを表現することを許さない鎧を必要とする状態の終焉です。

私たちは本来、モリヤと同様に他の領域からやってきました。彼の故郷を私たちもかつて知っていたのです。しかし、彼は努力と克服によってより高次の領域に存在する場所に到達しました。そこでの人生はより純粋な可能性の中にあり、神の自由の存在や聖人が私たちの帰還を待っています。彼らは、この地球上で幾世紀にわたって繰り返されてきた転生という長いプロセスを、私たちが完了させる時を待っています。

神の子羊であるイエスが第五の封印を解いた時、ヨハネはいと高き神の「祭壇の下」に天国の領域があり、そこに神の言葉や十戒の石板を保持していたことを理由に殺された魂たちが存在する様子を見ました。ヨハネはこれらの魂がこう叫ぶのを聞きました。

「聖なる、真実なる主よ。あなたはいつまで大地で暮らす彼らを裁くことも、私たちの流した血の復讐をすることもしないのですか[1]」

そして彼はひとりひとりに白い衣が与えられ、協働者であり同胞でもある彼らの命が絶たれ、すべてが終わるその時まで、あともう少し休息するよう伝えられる様子を見つめました。[2]

「殉教の残存者」と呼ばれるこうした魂は、いつか古代の王冠と子羊の前で、白い衣に身を包み、手を取り合い「救いは、玉座に座っておられる神と子羊から来ます[3]」と叫ぶ無数の人々の仲間となる運命にあります。

自由の民のこのマントラ★を、彼らは、天と地において達成したあらゆる力を讃える聖なる儀式の中で繰り返し唱えています。彼らは聖なる炎★に新たに加わったイニシエート（秘儀参入者）たちで、長老はヨハネに対し、彼らが「大艱難《だいかんなん》」を乗り越え、「衣を洗い、子羊の血で白に染めた」のだと伝えています。[4]

ヨハネの黙示録は、エノク書★と同様、天界の秩序的なヒエラルキー★と、その中における私たちの最終的な場所を明らかにしています。このような古文書をつうじて、私たちはキリストの信奉者である自分自身を見ます。最初は彼の愛する子どもとして、次に彼に使える息子として、そして最後に子羊の栄光を彼とともに受け継ぐ存在として自らを見るのです。

シャカイナグローリー〔神の臨在が目に見える形で現れること〕の路は迫害の路であり、預言者が辿る路であること、キリストが神に祝福された人々に約束した路であることを私たちは知っています。それは悲しみや悲嘆の路ではなく、私たちのハートに置かれた聖なる炎を通して、地球に存在し、この惑星の悪の仕掛けや重圧を破壊する、喜びに満ちた変容の路であることを私たちは知っています。大艱難とされることも、聖霊のアルケミーにより主の負担を気前よく担う行為になるのです。神への私たちの愛は、赤いルビーのように私たちのハートの中で燃え盛ります。

私たちの中にキリストが息づいていること、そして邪悪の働き手がそれを破壊しようとするかもしれないことを私たちは知っています。殉教者とは、キリストを胸に抱きながら、この世界が、イエスと彼の1万人の聖人の聖なるハートをつうじて完全に昇天させられる時まで、この世界の敵に喜びと勝利とともに立ち向かう者だと言えます。

地上と「祭壇の下」の両方に存在する殉教の残存者は、キリストが自分の唯一の現実であり、魂の現実だと考える控えめな存在たちです。彼らは彼なくして存在することを望みません。彼らは文字通り彼の中で生きています。なぜなら、自分たちが彼の種から生まれた存在であることを知っているからです。

肉体的な病気や快楽とは無縁の彼らは、スピリットの無尽蔵の喜びを鮮烈に味わっています。

今、地上の聖人たちが、より高次の領域で私たちを待っている存在と同じ方法で死を迎えるだろうと、預言がなされています。それはどのような死なのでしょう。それは、熟練者★が言うところの、より聖なる自我とは対照にあるエゴの死というイニシエーションです。それは、イエスとパウロが語っているように、より大きな自己と対立しているより小さな自己を紫の炎で変容させるプロセスです。

（神のすべての息子や娘の本質的神性として愛されている）キリストのためには死をいとわないこと、つまり、選ばれし者に自己をゆだねるということこそ、グレートホワイトブラザーフッド※★が示す道であり、教えそのものなのです。

※「ホワイト＝白」は人種ではなく、これら不死の存在を囲むオーラ★や後光を指します。

神の神秘なる組織として輝かしい奉仕の道をともに歩む人々は、アセンション★した魂、アセンションしていない魂が集うこの同胞団の一員です。実際、グレートホワイトブラザーフッドと神の神秘なる組織は、ともに、白い衣をまとった聖人や、ヨハネの黙示録で記されている真実なる証人の集団を指す、同義語なのです。

ヨハネの黙示録6章9～11節で記されている信奉者の第一のグループは、信奉者であると同時に、個人と集団の不正という重荷の狭間に立っています。「聖なる、真実なる主よ。あなたはいつまで……」のマントラは、彼らが辿った克服の道がいかに困難なものであるかを明らかにしています。ヨハネ黙示録7章9～17節で記されている第二のグループは、自分自身と地球のカルマに向き合うという大艱難をすでに抜けた者たちです。

一なる法則の上級の学習者である彼らは、4つの下層体★、つまり意識の乗り物から、自由意志、神の法則、過去のあらゆる転生において神のエネルギーの悪用により生じたすべての汚れを「衣」から洗い流すように浄化するという、最初の段階を通過した者たちです。

彼らは血――すなわち子羊の聖なる炎――による変容によって自らの衣を白くしたのです。

彼らのマントラは神を永遠に讃える高次の領域に届きます。

神とともにあり、彼※の神殿にて昼夜彼に仕えるこれらのイニシエートたちは、人間の性《さが》という獣に未だ勝利していない者たちが地球で支配権争いを繰り広げながら精神的な進化を進めている低次の領域を超越しています。

天国の領域への移行により、神の玉座、そして神の子羊が暮らす場所に到達した存在たちはアセンデッドマスター★と呼ばれています。彼らは「われは在りて在るものなり」★（I AM THAT I AM）の領域へアセンションしたのです。時空のセルフマスタリー〔本当に望むビジョンや目的の実現に向けて生きようとすること〕のプロセスにおいて、彼らは自らの魂のブループリントや神聖なる計画に関して偉大なる法則が定めるあらゆる条件を満たしました。

これらアセンデッドマスターの中でも親愛なるモリヤは、最も謙虚で傑出した存在ですが、彼らは神の言葉や真実の証言を理由にいくつもの転生で「殺害」されながら、地球の次元上昇に取り組む魂たちを優しく導いています。「私はこのために生まれ、この世界に降り立ったのです。真理の目撃者となるために」と言った主の信者たちは、アセンデッドマスターの使徒★でもあります。使徒とは、アセンデッドマスターの導きのもとで悟りと地球の進化のための学びと努力を続けながら、キリストにともに仕えるポジションを担う者です。

※性別に中立な言い回しは煩雑で時に混乱を生じさせることがあるため、本書では神または個人を「彼」と形容しています。これはあくまでも読みやすさに配慮したものであり、女性または神の女性的側面を除外することを意図するものではありません。同様に、「神」または「スピリット」の使用は、神についてのその他の表現を除外するものではありません。

キリストの弟子たちはいつの時代も、主が「わが牧場の羊を滅ぼし散らす」偽りの羊飼いがいる場所に送ると約束した真の羊飼いたちのもとで学んでいます。[5] つまり、アセンデッドマスターとはエレミアを通して約束された「主は我々の正義」を完全に体現する真の羊飼いなのです。

私たちは彼らの中に個々の素晴らしきキリストの本質を認識し、信奉します。神の神殿への捧げものを拡大させ、完全なものにする方法を私たちに示してくれる、愛すべき敬愛なるマスターティーチャーとして彼らを慕います。

アセンデッドマスターや先人たちは、生けるキリストを慕うあまり、子羊をつうじて彼とひとつになり、全能者である神との永遠の交わりを継承しています。

肉体をまとった彼らの使徒である私たちは、地球のエーテル界で長きにわたり偉大な使命を続けてきた他の使徒たちとともに進んでいます。そこは「祭壇の下」にある場所で、転生と転生の間や、真理を目撃することで神の王国（自身の意識）を地上で具現化しようと努力している同胞たちの聖なる計画が成就するのを待つ間に「少し休息」したりする場所です。

わが友である読者の皆さん、人生という壮大な進化の螺旋階段を一歩一歩上る光の子どもたちの一員となるよう、親愛なるヨハネが語り、モリヤ自ら私に伝えてくれた聖人の階位についてあなたがたに理解していただきたいと思います。友であるエル・モリヤ（「エル」は神を、そして神を最優先する彼自身を指します）は、善悪を私たちに教え、魂の死に至るように見える正しき道を示してくれる私たちの師です。

エル・モリヤは、ダージリンにあるエーテル界のアシュラム★と私たちの内なる領域で、本書に記されているような聖なる口述★により、私たちを指導しています。同じように、サン＝ジェルマン★などの多くのアセンデッドマスターは、自身の使徒のためのエーテル的なアシュラムを持っています。（私たちの外側のマインドが慣れ親しんでいる物質界と同じほど、またはそれ以上に具体的な）エーテル領域★はマスターと使徒が交流する場所です。

　私たちは地球の密度の濃い領域から「上昇」し、天国のより高い領域から「降り立つ」のです。

　私たちのエーテル・ボディ★は魂の乗り物であり、肉体という乗り物が休息し、エネルギーを回復する夜に私たちがまとう「衣」です。私たちが毎晩日中に着ていた衣服から夜着に着替えるように、私たちの魂も肉体という衣服から抜け出し、適切な「スペーススーツ」を身に着けてエーテル界に入ります。

　こうして、私たちは内側のレベルでは毎晩のように、グレートホワイトブラザーフッドのアセンデッドマスターたちのアシュラムに集い、ともに学びや奉仕を行っているのです。そして夜明けには、私たちは地球の現在の持ち場に戻り、家族や友人、そして地球の進化のために愛をもって最善を尽くすのです。

　私自身にとって、また、亡き夫であり師であるマーク・L・プロフェット、そしてどんな時も神の意思を愛する何百万の人々にとっても、モリヤは道を示してくれるガイドです。彼は魂がキリスト意識の中で克服する道を知っています。彼は私たちひとりひとりをよく知っています。それは、主なるイエス・キリストから彼に与えられた任務だからです。

　あなたがたは彼を、キリストのあらゆる徳の縮図であり続けるトマス・モアとして知っているかもしれません。または、イングランド全土の正当な王位の持ち主であるアーサー王として記憶しているかもしれません。

あるいは、ムスリムとして転生した、ムガル帝国の支配者であり、インドのアーサー王であるアクバルとして記憶しているかもしれません。

もしくは、自らの魂をもって人々の内なる世界に火をつけた、中世イングランドの偉人として知っているかもしれません。

私はこれらの転生を含め、数々の転生で彼を知っていて、いくつもの人生において最もしぶとい敵の企みや、善意ある友人や無能な使徒によりもたらされた苦難を嘆きました。

私の彼への愛は、その使命が果たされるまで消すことのできない聖《きよ》めの炎のように燃え栄えります。この愛は彼のためにもっともっと奉仕したいという願いへと姿を変え、それは彼の使命が完了し、次のより高次の使命が訪れるまで、また、私たちが仕事を休息できる時まで続きます。

モリヤは私たちの魂の恋人であり、神のもとで一糸まとわぬ姿の私たちの魂は、ヴェールの反対側で待っている真の自己★という、より高次の意識へと私たちを変化させる、ダイヤモンドのハートを持つ者による精神的な融合を望んでいます。

「これはあなたがたのために裂かれた私の身体である……取って食べなさい。これは私の血である……飲み干しなさい」とキリストが私たちに言ったように、私たちはインマヌエル（救世主としてのキリスト）をつうじて、私たちと常にともにある神の自由の存在であるモリヤにこう言います。「これはあなたのために裂かれた私の身体です。師よ、お食べ下さい。私をあなたの一部にしてください。私はあなたをつうじて神にすべてを捧げます。私の血と身体、私の存在のアルファとオメガ★をお取りください。主よ。どうぞ地上と天上で私をあなたの心臓、頭、手としてお使いください」

本書はエル・モリヤが自ら語るエル・モリヤのストーリーです。1958年から1963年にかけて、彼の筆記者であるメッセンジャーのマーク・L・プロフェットがおこなった口述で構成されています。（私がモリヤとマークに出会った）1961年の夏以前に伝達されたメッセージと、モリヤの使徒の自宅やセンターへの旅路でマークが筆記したもの（その一部は使徒の自宅やセンターで公表）を除き、私はアセンデッドマスターの他の使徒とともに、この力強い聖霊の言葉が降りてくる場に立ち会いました。

印字された言葉を通して、惑星地球上で現在も鮮明に存在している霊的存在であるエル・モリヤと意識的につながることができるでしょう。彼は自らの目的を達成するために、物理的領域を含む数多くの次元に存在しています。

エル・モリヤは手で触れられる領域を超えた存在です。彼はかつて彼を殺害した人々によって不具にされたり、殉教者として殺害されたりすることもありません。彼は不滅であり、神とひとつであり、キリストの栄光という純粋さを身にまとった天上の聖人であり、現在も神に仕え、その足跡をもって私たちを導いています。

彼の魂の卓越さ、双子座らしい才気、神と人の法則における能力、国家と経済に関する徹底的な知識、救済から歴史、建築、古代のピラミッド建設、アトランティスの傑出した成果に至る物事に関する助言の健全さ――これらすべてが彼を知り、愛する人々にとって、彼を各人のキリストの神性にとって必要な、**尽きることのない源**たらしめているのです。

本書では、モリヤは比類なき師として姿を表します。使徒に語る物語をつうじて、彼がどのようなマスターであるかを感じることができるでしょう。なぜなら、マスターは非常に強い個性を持ち合わせているものだからです。彼はさらに、使徒の意識と彼らの道の状態を一般的かつ特定的なかたちで伝えてくれます。本書をつうじて、モリヤについてさらによく知るとともに、あらゆる領域において、自分という存在のセルフマスタリーをつうじて悟りの道を歩んでいる、または、そのポテンシャルを備えている使徒としてのあなた自身について知る機会になれば幸いです。

言葉では言い表せないほどの愛と、断末魔の妄想や低次の自己との癒着からあなたを解放したいという強烈な熱意がちりばめられた言葉や文章をつうじて、あなたは知るでしょう――今生のみならず、魂の先住の世界で天上の賛助者によって神の意思の実践者として送り出され、洗礼を受けた瞬間にモリヤの腕に抱かれていた時も、いつも彼を知っていたこと、そして愛していたことを。

モリヤ、私はあなたへの愛ゆえに生きます。

エリザベス・クレア・プロフェット

序文

1958年8月8日

わが使徒よ！

あなたとともにあることは、私にとって神の意思をなすことです。

アセンションという機会をあなたに明らかにすることこそ、私が心から願う最高の贈り物です。なぜなら、これらは聖なる英知にしたがって、個人そして集合的なすべての人々に対して最善の解放を可能にすること、そのために必要な経験や奉仕の手段をあなたのライフストリームにもたらしてくれるからです。このような奉仕は、愛と意思をもってなされることで、グレートホワイトブラザーフッドという名で呼ばれる偉大なる光のヒエラルキーの奉仕と光の拡大にもつながります。

これまでどれだけ私のバイブレーションを感じたでしょうか。私があなたに信号を送る時、どれだけ私の愛の磁力的な力に反応したでしょうか。そして今ふたたび、必然性と宇宙の法則★にしたがい、アセンションをしていない使徒たちをつうじて新たな種類の活動に沿った私のエネルギーを送る必要性を感じています。

私の努力の最初の波が愛すべきダディ・バラード〔『明かされた秘密』〈ナチュラルスピリット刊〉等の著者。ペンネームはゴッドフリー・レイ・キング。本名ガイ・ウォーレン・バラード。「アイ・アム」運動の創始者〕のハートの中で目覚め始めた時、いかに素晴らしい活動が誕生しつつあるのか、そして内側でなされた志願がどれほど大きな結果をもたらすのかを、外側の意識で思い描いた者はほとんどいませんでした。多くの人――あなたがたの大半――は、「アイ・アム」（われ在り）運動において神の神聖なる意思に応えることへの衝動を生み出した、私が放つ輝きの強力な原動力を経験した幸運な人たちです。

ほんの小さな始まりがどんどん拡大し、信念という青く壮大な噴煙となり、その輝きが善意という恩恵でこの惑星を包み込んだ様子をあなたがたは目撃しました。

一見勝利したような状況の中で、私が新たに別の行動計画を立てて、「自由への架け橋」の運動を始めたことに多くの人は驚きました。そして、あなたがたは再び私の呼びかけに応え、心からより多くの光を切望している世界中の子どもたちのハートに希望をもたらすための、最も希望に満ちた努力の中核を形成したのです。その計画の実行、希望という素晴らしき刺激は、三重の炎★の黄金の柱として顕現しました。

人が座っている椅子を引っ張ったら、どんな結果になるかを予想するのは難しいことではありません。なぜなら、ご存じのように重力の法則は皆に平等だからです。重力の法則により、密度のある物質が引き付けられるように、外側の意識は、人類の思考や感覚という長年の癖によって、影を追い払い、あらゆるものを解決する私たちの光を即座に呼び込む代わりに、ほとんどの問題ある状況を否定的な視点から評価しようとします。

当然ながら、そうするあなたがたを私は許します。しかし、驚くかもしれませんが、たとえどれだけ誠実な使徒であっても、普通の人は「自由への架け橋」と愛すべきイーキー夫人との間にある、この一見分断と見えるものが、個人的なものだと感じるのです。彼らはこの問題の全関係者の個人的な世界にすぐさま目を向け、どんな欠点が存在するのかを見極めようとし、可能な場合は誰のせいかを判断しようとします。

さあ、顔を上げてください！　目をしっかり開いてください！　この状況のすべてに作用している神の手に気づいてください！　そうするうちに、あなたがたは私たちがより高次のやり方であなたがたに伝えようとしていることを理解し、この展開の本当の理由は人間の性格という混沌が原因でないことに気づくでしょう。

愛すべきサン＝ジェルマンの華々しい達成の新時代へ私たちが向かう中、この宇宙的ほとばしりの真の理由は、第七光線の活動の進展によるものなのです。だからこそ、そのような展開の裏には、三重の炎の第三の活動の中で、慈悲の炎、聖なる愛のピンク色の炎を宇宙において確立する必要性が強く存在するのです。

これこそが法則です。分かっていただけますか。私たちは人間の行為に条件付けされない、より偉大な光へと進んでいるのです。天の名において、全能の神、あなたがたの内なる「アイ・アム・プレゼンス」★（われ臨在す）の名において、あなたがたは神やカルマ評議会★が人間の気まぐれな思考の中で計画を立てなければならないと思いますか。そうではありませんね。私たちの意図は燃え立つ「真理」の中心で生まれます。聖なる愛の名において、そしてそれに従って快く愛をもって仕える意思があり、あなたがたをつうじて私たちが表現する完全性を創出するという輝かしいカルマを分かち合うことができる人は皆幸運です。

この聖なる愛は今、私のハートだけでなく、親愛なるナダ、サン＝ジェルマン、イエス、親愛なるマリア、すべてのアセンションした存在たち、さらには、グレートセントラルサン★のアルファとオメガの輝かしい炎を持つ、偉大なるヘリオスとベスタから、あなたがたへ、そしてこの「ライトハウス・オブ・フリーダム」の活動であなたがたとともに愛をもって仕えるすべての人たちのもとへ流れ続けています。

私たちの存在が放つ光の物質である聖なる愛の放出が、あなたがたひとりひとりの中で体現されることを願っています。これは、アセンデッドマスターの美しき祈りとして凍結され、ひとりひとりが完全にアセンションし自由になるその時まで、私たちの領域で保持されます。

わが心の子どもたちよ、あなた方への尽きることのない私の愛を感じてください。中には生命の祭壇に自身のエネルギーを捧げ、奉仕と物理的苦難を自ら引き受けた人たちがいることを私は知っています。進行を加速させる紫の炎による変容を無私無欲で引き受けたこのカルマを。

絶え間ない変化は外側の自己にとって喜ばしいものではないことも、私は知っています。水位にかろうじて届くか届かないかで、わずかも張っていない根を引っこ抜き、先行きの見えない不毛の土地へと移されるのは心地よいことではないでしょう。それでも、もしできることなら、これらすべてが前進のためのものであることを認識してください。

少し考えてみれば、サン＝ジェルマンも私も、そしてかつて地球上を歩きアセンションしたすべての存在たちも、同様の試練を通過しながら、人生への愛から無私無欲で人生の究極の目標のために力を合わせていたことに気づいていただけるでしょう。「服従は犠牲よりも良い」と記されているように、服従は善との愛に満ちた協力にすぎません[1]。

ここで、私の三重の炎の取組みを完成させるためのこの「ライトハウス・オブ・フリーダム」の活動の中で、あなたがたに物理的に表現してもらいたいポジティブな美しさと壮大さについて知っていただきいのです。なぜなら、この活動は神聖なるエロヒム★・ヘラクレスとその聖なるパートナーであるアマゾニアの力によって支えられ、親愛なる大天使ミカエル★の完全なるキリストの保護、そしてわが青い炎の無限の部隊による豊富な協力、さらに第一光線を司る私自身のすべての力が注がれています。

ライトハウスの組織的構造は間違いなくダイヤモンドのハートのような存在です。その中心を構成するライフストリームの完全性を、私は内なるレベルで知っています。

この信念に仕えるすべての人たちは、対立という言葉を忘れてください。愛をもって互いに、そして私たちと力を合わせることが、あなたがた全員に向けた光の聖なる使命です。

アメリカ東部に位置するこのハートセンターの人々は、自らの聖なるキリストとしての自己を一点の曇りもなく総動員するためにあらゆる努力をしなければなりません。このクリスタルの光をピンク色の噴煙、聖なる愛の輝きとして自らの存在を通して燃やし、**決して絶えることのない鮮やかな光輝**によって世界中の生命を解放しなければなりません。

これからあなたがたに伝える新たな教えは、愛で満たされた信念があなたがた、そして「アイ・アム・プレゼンス」への誓いと、あらゆる人のハートに脈打つ三重の炎の豊かな拡がりによって、私たちの大義に愛をもって仕えるすべての人々に向かって発せられるようにとの希望に基づいています。私たちが放ち、あなたがたが喜びをもって表現することとなるこの偉大なる知識を受け継ぐ中で、あなたがた全員が外側の思考のあらゆる理解を超えた平安を見いだすでしょう。[2] なぜなら、この新たな「ライトハウス」の活動は、かつての黄金時代以来最大の生命の自由の解放をもたらすからです。

アセンションはもはや地球からの孤独な解放ではなくなるでしょう。大規模なアセンションが起きるからです。なぜなら、人生を自由に愛する時、その変換されたエネルギーの高まりにより、光の子どもたちの神聖なる指令に従うよう促されるからです。「美、愛、真実よ、現れよ！」

親愛なるあなたがた、現在の苦難の様相に関連してあなたがたが感じている混乱に私が気づいていない訳ではありません。このようなエネルギーに対して、あなたがたがこれ以上力を与えないことが大切です。どんな時も、あなたがた自身の「アイ・アム・プレゼンス」、そして私としっかりつながっていてください。私の生命の灯を心から求め、希望と穏やかな慈悲の心を大切にしながら現在と未来を信じているすべての人たちに、私は自らの生命の炎を必ずや注ぐでしょう。

あらゆる苦悩が止むことを切望する地上のすべての人たちのためにも、これらの特性はあなた方によって高く維持されなければなりません。

今後、私たちの「ライトハウス」の活動において、布告★をさまざまなレベルの意識に合わせて調整する必要があります。あらゆる人が理解できるよう、指示は限りなくシンプルにし、聖なる炎の番人であるあなたがたの奉仕は一貫したものでなければなりません。このように仕え、個人として集合体としてこれらの神性を自分の中や周囲で育てていくうちに、真理という岩を基盤とした、精神的に魅力あふれる「ライトハウス」になるでしょう。この真理の岩は、これまでの両方の活動で体現されてきた真理のあらゆる要素をさらに盤石にするものです。[3]

この「ライトハウス」は真理の岩という基盤にしっかりと根を下ろした殿堂となり、偉大な上部構造として天上へ上り、あらゆる人が目撃することとなるでしょう。間もなく、人類の高められた目はアセンションした存在たちが放つ光と完全性に釘付けとなるでしょう。「ライトハウス」のシンボルは、大天使ミカエルがアセンションの勝利の中で最初の根源なる民を帰還させて以来、最も壮大なかがり火として人間の意識の暗闇を照らすことになるでしょう。

それこそが今まさに必要なのです。自分自身が、そして私がそれを行えるかどうかを疑わないでください。神と善があなたがたのそばにいます。この「ライトハウス」の光が自由という花の純粋な香りであらゆる空間を満たしながら、この惑星の隅々にまで到達し、恵みを与えるまで、この強烈な光の拡がり[4]をサポートしてください。

私たちの最初の「アイ・アム」運動の中で、美しき神の善意を生み出した愛は、常にあなたがたの傍にいる忠実なるもの――愛すべきダディ・バラードによって永遠に守られています。

アセンデッドマスターたちの存在と世界のすべての細胞の中に顕現する、神の永久なる完全性が描く神聖な模様をともに見つめながら、私はあなたの手とハートを私のそれにしっかりと合わせます。彼らの愛と光がみなさんを通して、「アイ・アム」として映し出されますように――

エル・モリヤ・カーン――ボンディア！

注：「カーン」はインドで用いられる称号で、「統治者」または「卿」を意味します。「ボンディア」は「M大師」としても知られる親愛なるマスター、エル・モリヤが、名前の後またはメッセージや指示の締めくくりによく用いる言葉で、「神のご加護によりあなたの道が加速し続けますように！」ということを意味します。

第１章　希望の笑顔とともに

天界の主の子どもたちよ——進みなさい。信念という盾を高く掲げて。そう、両手でしっかりと握った盾を高く掲げるのです。

しかめっ面より笑顔でいるほうがずっといいですよね。天使★はどこへ行こうとも神の笑顔を体現するからです。彼らは安らぎの空気を周りに広げるのです。マハ・チョーハン（大首長）があなたがたに語ったように、あなたがたもまた彼が放つ安らぎと愛を感じたことでしょう。

さあ、今度は私の力と意思の輝きを感じてください。親愛なる存在たちよ。三重の活動[1]に私が込めたエネルギーの巨大さを知っていますか。これまで私が込めてきたエネルギーや知識は、この惑星が一度に収容できるレベルを超えるほど膨大なものです。

それでも、私はこうして仕事を続けます。こうしていると、ある漫画家の作品——子どもたちを魅了した『白雪姫と7人の小人』[2]が思い浮かびます。物語の中で、小人たちはこう唄います「ハイホー、ハイホー。仕事に向かうのさ！」改めてあなたがたに言います——「仕事に向かいましょう！」

袖をまくり上げて。過去は忘れましょう。過去はプロローグにすぎないのです。未来という可能性があなたがたの目の前に広がっていることに気づいてください。

未来はあなたがたの意図次第でどれだけでも美しいものになるのです。

何も刻まれていない、純粋な光が宿るクリスタルの立方体があるとしましょう。その上にマッドパイ（どろんこケーキ）を作ったら、そのクリスタルの立方体を愛でる人はいないでしょう。しかし、あなたがアセンションした存在たちの意思を実践することで、あなたのライフストリームのエネルギーで彼らの美しき表情をクリスタルに刻めば、あなたが達成することが全人類の目前で具現化し、それを見る者たちは神に栄光をもたらすでしょう。「丘の上に建てられた町は隠れることができない」[3]という古い言葉を聞いたことがあるでしょう。これからもあなたがたはさまざまな学びの組織と交流するでしょう。他のオカルトグループで学ぶ人々や、聖なる神秘の守り手など、どのような具現化をあなたがもたらしているのかを知ることのできる人は存在するのです。

この活動に対するヘリオスとベスタの許可

だからこそ、親愛なる存在たちよ、私やアセンションした存在たちの信用を傷つけるようなことを自身の人生で行わないようお願いします。それは、あなたがたを世に披露することを私が得意がっているからではありません。あなたがたが手を差し伸べることとなるライフストリームの魂たちは、信頼からあなたがたを受け入れることで大きな助けを得られるからです。私たちがこれまでサポートしてきた活動の中には、（詳しくは語りませんが）残念ながら、自分たちには何でもやりたいようにやれる自由意志があると考えたライフストリームが存在してきました。彼らに対して私たちはこう言いました――「好きなようにやりなさい」と。サミット・ライトハウス★によるこの新たな自由の活動において、私はあなたがたの衣の袂《たもと》を掴んで、こうしなさい、ああしなさいと強要するつもりはありません。しかし、あなたがたが自分の意思を惜しみなく神に与えてくださるものと期待しています。強要はしませんがそう期待するのは、内なるレベルにおいてそうする用意があることをあなたがたが私に示したからです。私はあなたがたを信じてきました。そして、それを根拠として、私は苦労してヘリオスとベスタからこの新たな活動に対する許可を取り付けたのです。

アセンデッドマスターの支援を受けて過去に行われた活動において見られたある行為が原因で、今回の活動に対する許可を取り付けるのはそれほど簡単ではありませんでした。それでも、私は天上の希望を抱きながら、これ以上は話しませんが、（使徒のための担保として）霊的な宝物を捧げました。

そして今日、私はわが使徒の過去の行動の失敗によっても曇ることのない希望に満ちた笑顔とともに、こうしてターバンと帯を身に着けてあなたがたの前に立っています。私は強力なパワーを持つダイヤモンドハートの光をあなたがたの前に結晶化させています。

小さなダイヤモンドクリスタルはひとつひとつが三角形で、その内側には青い炎が燃えさかり、あらゆる生命の創造主に向けてこう唄っています。「神よ、あなたの意思は善なり。神よ、あなたの意思は善なり。神よ、あなたの意思は善なり」

そして、青い炎は生命の父に向けて歓喜の歌を唄っています。それを包み込むクリスタルは、結集する光の子どもたちが放つ希望で作られています。私は、まだアセンションしていない存在たち、アセンションした存在たちの霊的希望を受け取り、こうしてあなたがたの目の前でダイヤモンドハートのクリスタルシンボルをわが手で生み出しています。このハートは、私自身のハートの輝きを放つものの、実際は彼らの希望で作られています。

イエスの母マリアによって顕現されたこの美しいダイヤモンドを囲むように、私は自分のハートの模様を描き、わが肉体のハート（物理的な肉体ではなく、新たな誕生という名の肉体――生き生きとした神の精神という肉体）をダイヤモンドハートに注ぎ込みます。

この活動のために費やされたものを守り――私たちに対して忍耐強くあってください

わが使徒よ。涙を流すのは私らしくありません。しかし、威厳とともに収穫物を手に帰還する助けになるのなら、私は涙を流すことも厭《いと》いません。多くの人々は私たちのエネルギーが無限だと信じています。事実、その通りです。

しかし、使徒に我々を差し出す時、私たちは不快な感覚を覚えたりすることはありませんが、返礼が一切ないと知りながらエネルギーを注ぎ続けるのは適切ではありません。それに、偉大なる法則がそれを許さないでしょう。

主人から与えられたタラントを土に埋め、戻ってきた時に「ご主人様、ここにあなたのお金がございます。どうぞお受け取りください」と言った男の逸話があります。主人はこう言いました。「私の金を銀行に預けておくべきであった。そうしたら、利子と一緒に私の金を返してもらえたであろうに。この役に立たない僕《しもべ》を外の暗いところに追い出すがよい」[4]

将来、許可を得たように多大なエネルギーをサミット・ライトハウスに注いだ後、カルマ評議会の主の前に立ち、「どのような収穫があったか」と尋ねられた時、最初に与えられたものをわが使徒の努力の中で拡大させられないまま、それ以外に示すものがなければ、私は人間で言うところの恥辱感で首をくくるでしょう。しかし、私は自身の度合いにおいてその責任を負うでしょう。私は責任を問われ、今日まで捧げてきた担保を失うことになります。

アセンションした存在たちにとって、力を注いだことに対して収穫がないというのは、喜ばしいことではないのです。なぜなら、地上にいるわが使徒たちのために私たちが再び扉をたたいた時、その扉は私たちに開かれないかもしれないからです。

だからこそ、この活動のために費やされたものをあなたがたの人生をもって守り、私たちに忍耐強くあってください。あなたがたがどれだけの努力をこれまで費やしてきたか、そしてあなたがたが私を愛し、私があなたがたを愛する故に、あなたがたがこれからもどれだけ努力をするかを、私は知っています。

互いの信頼を喜びましょう。私たちは神のパートナーです。神のパートナーである私たちが失敗することはありません。それでも、親愛なる存在たちよ、外側の肉体は弱いものであることを忘れないでください。肉体が弱いのです。心はその意思があるのです。[5]

神よ、心に意思があり、肉体にあっても心を強くする魂をもっと私たちにもたらしてください！

私たちは特別な輝きであなたがたに触れます

我々アセンデッドマスターは今日、あなたがたの前にこうして集い、マハ・チョーハンの指が触れたあなたがたの頭の同じ場所に、神の意思という特別な輝きとともに触れています。

あなたがたがどこへ行こうとも、あなたがたの周りの直径1000フィート（約305メートル）内のライフストリームを囲むように、神の意思の光が輝く小さなダイヤモンドのように降り注ぐでしょう。あなたがたは神の灯台として、この輝きとともに歩んでいきます。膨大なエネルギーがあなたがたに注がれる時も落ち着きを保ち、その流れに対応できるよう努めてください。

私は「第一光線を司る者」であり、第一光線のエネルギーがどれだけ強力なものであるかを十分承知しています。おめでたい無知から、この活動がすべて人間の想像にすぎないと思い込む人が多くいることに、私は笑顔がこぼれます。

我々アセンションした存在にとっては、たとえ自分たちの過去の転生を振り返っても、人類が実際にどのような制限を抱えているかに気づくのは簡単ではないのです。なぜなら、あなたがたが我々の領域に到達し、時空を振り返った時、そこには神の無限の栄光しか存在しないからです。過去の制限は忘れ去られています。

神の美しき力を、神の意思を、その輝く光線を目にし、あなたはこう言うでしょう「あぁ、すべては易しい」。そして、人間という厄介な物質にそのエネルギーを注いだ時、あなたは生命という剣が曲がり、たわむように感じます。なぜなら、人類は誤った方向に自分たちの意思を固定してしまっているからです。

親愛なる存在たちよ。人間の意思というものはたとえ悪用されたとしても神の意思とつながっていることと、そのため、たとえまっとうな創造を形づくることができる時でも、出来損ないの形を生み出し得るのだということを覚えておいてください。だからこそ、闇の創造と光と生命の創造という、ふたつの霊的勢力があるのです。

あなたの手を私たちの手に置き、信念と光に照らされた栄光の山を登りなさい

アセンションした領域での数々の素晴らしい経験を何時間も話すことができますが、それでは飽きてしまうかもしれません。でも、今ここにいるあなたがたは少しも飽き飽きしてはいません。詳しい話を聞いて喜ぶことでしょう。

生命の太陽が輝き、私たちがひとつになる時がくることをあなたがたに約束します。その日が来るまで、あなたがたは日々神の手からもたらされる新鮮な「真珠《パールズ》」[6]を喜ぶことでしょう。これら「真珠」のメッセージを、人類に向けて美しく飾るように、生命のコードから吊るしてください。

使徒よ、両手を上に上げてください。親愛なる存在たちよ。私たちの友情は非常に古いものです。肉体をまとっていた時のように、あなたがたに触れ、手をしっかり握ることができればどんなに良いか、と思う時もあります。それが可能になる時はやってきます。その時が来るまで、心の中で私の手をしっかり握っていてください。

生命の杯は常にクリスタルでできています。ひとりの使徒が信念という特質を表現したら、もうひとり

は愛の特質を表現するでしょう。ひとりひとりがイエスとアセンデッドマスターらへの大きな愛をもって、愛という特質を放射するのです。

彼らとのコンタクトにより、みなさんの活動に希望という特質が具現化されるでしょう。これまで大きな希望を抱いてきたものの、それまで望む形で必ずしも具現化してこなかった、その収穫を目にすることでしょう。明るい未来が待っていると、私は約束します。

あなたがたが意識の杯を、自分自身そのものである神の偉大なる存在へと持ち上げ、消えることのない神の光（キリスト）を見つめることで、明るい未来が待っているのです。その光が消えることはあり得ません。なぜなら、それは神の命であり、人間の意識や想像という厄介なものまたは亡霊に関係なく、神の意思を表現するからです。

情熱的な神の子があなたがたひとりひとりの中、そして今後この活動に参加することになる光の人々すべての中で勝利とともに歩むことこそが、神の意思です。今この瞬間、情熱の神の子が完全なる栄光の中で歩みを進めています。

アセンションしていない神の民たちが自らの手を私たちの手に置き、信念と光に照らされた栄光の山を登ることを願っています。これが実現することを。私は、光のアセンデッドマスターたちやグレートホワイトブラザーフッドの子どもたちとともに、これが現実のものとなるよう全力を尽くします。そして、炎に包まれた朝の子どもたち、大天使★、聖なるメルー峰やヒマラヤ山脈の主が力を貸してくれるでしょう。

私は語りました。私は語りました。私は語りました。

私は光を愛します。私は光を愛します。私は光を愛します。
光に向かって顔を上げなさい。
光に向かって顔を上げ、讃えなさい。
私は至高の子、エル・モリヤ・カーン。
ボンディア。

１９５８年８月７日
ペンシルバニア州フィラデルフィア
サミット・ライトハウスの設立に際して
（メッセンジャー／マーク・Ｌ・プロフェット（ＭＬＰ））

第2章　努力し、勝利する

私モリヤは、集まったグレートホワイトブラザーフッドのすべての使徒に敬意を表します。私モリヤは神、自然の中で、そして私たちが愛を込めて「自由」と呼ぶ、第七光線を司るサン＝ジェルマンをつうじて堂々と表現されてきた、栄光と自由のために集う光、自由の使徒たちに敬意を表します。

今日私があなたがたに話す言葉には私の躍動的なエネルギーが込められています。そして、まず最初に、あなたがたひとりひとりにこう言いたいと思います――「努力し、勝利するために」

あなたがたが故郷と呼ぶこの地球では、毎日数えきれないほどの人々があくせく働いています。しかし、苦難や労働といった感覚が存在するのは神の意図ではありません。「努力し、勝利するために」ということのテーマの中心にあるのは、「われらが父は今に至るまで働いておられる。私も働くのである」というイエスがはるか昔に言った言葉です。[1]この言葉を十分に吟味すれば、イエスが「われらが父は宇宙に最高の奉仕をしておられる。私も宇宙に最高の奉仕をするのである」という意味で言ったことを理解できるでしょう。

あなたがたひとりひとりが神をありのまま表現しえないのは確かです。しかし、ひとりひとりがその可能性を受け入れることはできます。

親愛なる存在たちよ。自分が完璧ではないと言い、いわゆる欠点や短所を羅列することで自分を制限する時、あなたがたは神なる自分と完全性という人生の永遠性との間に壁を築き、それが（時に大きな形で）あなたがたが求める達成そのものを阻止するのです。

我々は喜びとともに勝利の機運をあなたがたに贈ります

今年、ライトハウス・オブ・フリーダムは全人類への幸福の奉仕に専心してきました。今日、私の愛の奉仕として、私の言葉に耳を傾ける（そして、私の言葉を目にする）あなたがたひとりひとりのハートからあらゆる制限の概念を取り除きたいと願っています。制限を取り除くことは、まさに、古城に設置された鉄の格子戸を取り払うことと似ています。多数の光の民たち――そしてまだアセンションしていない光の民たちさえも――その開かれた扉を通過し、あなたがたがまさに体現しつつある勝利へと足を踏み入れることができるのです。

つまり、努力し勝利するためには、何よりもその可能性に気づくだけでなく、あなたがたが奉仕し、勝利を勝ち取ることを神が意図していることに気づかなければなりません。威厳をもってこれを行うためにも、いにしえの讃美歌作者が言ったように、一日一日を大切に生き、強さを回復させる必要があります。

我々アセンデッドマスターも、一日や一年で勝利を手にしたのではありません。数世紀を要したこともあります。あなたがたの場合は、至高なる主があなたがたの声を聞き、達成に必要な時間を短縮しました。私たちの手を優しく、しっかりと握り、毎日のように私たちに注目し、私たちの世界とつながれば、我々の勝利の機運——純粋な愛の津波——を喜んであなたがたに贈ります。

打ち付ける波の音を聞いたことがあるなら、初めて波の音を聞いた時に感じた圧倒的なまでの畏敬の念を覚えているでしょう。偉大なる無限の海——広大な神の愛——が日々、全人類のハートに向けてメッセージを刻んでいます。今回のメッセージの目的は、私たちの、そしてあなたがたの呼びかけにより、この押し寄せる愛をはっきりと見て、感じられるように、あなたがたの意識をアクティベートすることです。

なぜなら、あなたがたが呼びかければ、私たちは応えなければならないからです。同様に、私たちが「アイ・アム」なる親愛なる神のプレゼンス（臨在）に呼びかける時、その存在は瞬時に私たちに応えてくれます。なぜならそれは、私たちが到達した状態であり、アセンションの勝利においてあなたがたが到達する状態でもあるからです。これは無意味な言葉ではありません。努力し勝ち取るものです。

聖なるスピリットとしての奉仕、自由という無限の光を注ぐ荘厳さが、「ライトハウス」の中で輝きを増しながら、あなたがたの道を照らし始めています。それは、私たちが過去の出来事の価値を貶めることを望んでいるからではありません。過去の出来事がなければ、どうやって現在が存在できるでしょう。かつてキリストについて「わが子をエジプトから呼び出した」[2]という言葉が語られました。そして事実、神はあなたがたを束縛から呼び出し、アセンデッドマスターたちの制限のない自由を享受するよう呼びかけ、私たちがあなたがたと喜んで共有する愛をハートに大切に抱くよう呼びかけたのです。

善意と自由が注ぎ込む

今日、あなたがたは私たちのゲストとしてテーブルについています。そして、私たちはあなたがたにパンくずを与えるのではなく、全能なる神の陽気な晩餐であなたがたの魂を満たし、わが兄弟である親愛なるサン＝ジェルマンに想いをはせながら、自由という名のパンの永遠の滋養を授けます。

親愛なるサン＝ジェルマン。ここフィラデルフィアでの最初のクラスで、私とともに立ち、あなたの壮大なるハートの光をこのグループに注いでください。青色と紫色の光線とともに善意と自由を注ぎ込んでください。そのエネルギーは毎日このクラスを通り抜け、光の束となって、美しいタペストリーを織り上げます。この集いに参加したひとりひとりが、自らの「アイ・アム・プレゼンス」や、あなた、そして私たち全員から受け取る、顕在化した自由の中、より大きな幸福感で胸を高鳴らせながら帰途に就くことでしょう。なぜなら、今日グレートホワイトブラザーフッドのスピリットが「アセンデッドマスターたちの親愛なる使徒たちよ」とあなたがたに敬意を表しているからです。

この活動は、あなたがたが勝利に向かって全力を尽くす中、人間の意識という岩だらけの沿岸にそびえる砦となります。そして、偉大な水の流れを引き出し、神の光で陸や海を照らすことになります。この砦は、神の光が不滅であることを示すとともに、愛を愛するすべてのハート、愛する人を愛するすべてのハート、そして神の意思を確信して純粋で自由なバイブレーションを受け取るすべてのハートに対して安全な帰路をもたらすことを示すでしょう。なぜなら、人類において「なる」ことに、神の善と強さが存在するからです。

神の中には、まぎれもない英知の泉があります。そして、私たちアセンデッドマスターは、私たちのエネルギーのしずくと、内なる「アイ・アム・プレゼンス」そして「聖なるキリスト自己★」の力強きほとばしりを加えるために、その泉に足を踏み入れました。今日あなたがたと融合する中で、あなたがたのハートの聖なるエネルギーを受け取る中で、神の愛と善意への情熱の波が地球と宇宙を包み込むでしょう。波は岸のさらに先まで打ち寄せ、あらゆる理解を超えた平安[3]――終わりはなく、すべては永遠の始まりであるという、善意の中にある真の自由を知ることで感じられる平安があなたがたの意識に訪れるでしょう。

あなたがたに私の祝福を授けます

フィラデルフィアの学びの徒たちよ、あなたがたのハートのエネルギーに感謝します。ひとりひとりに感謝の気持ちを表します。私はあなたがたと握手し、第一光線とそれを司る存在の祝福をあなたがたに授けます。

神の定めるエネルギーが聖霊のように優しくあなたがたのハートに降り立ち、神聖なる一日一日に平安をもたらすよう、神の祝福が喜びとともにこのクラスを流れます。

彼の光と愛をつうじて神の祝福が通り抜け、その中であなたがたは存在し続け、アセンデッドマスターがあなたがたを称賛します。

ありがとうございました。良い午後を。

１９５９年６月２日
ワシントンＤＣ
（メッセンジャー／マーク・Ｌ・プロフェット）

第3章 忍耐強く神の意思を実践しましょう

ダージリンにあるブラザーフッドのメッセージをあなたがたにお伝えします。くびきや背に乗せる荷としてではなく、堂々と誇りをもって身に着けるマントとして、神の聖なる意思の意味を知る存在たちからの言葉です。

親愛なる存在たちよ。はるかいにしえの時代に私とともにいた人たちがこの中にいることに想いをはせる時、ラクダのようなより不運なものたちの背に乗って砂漠を横断する旅を思います。あなたがたの多くはこれまで、ひとりでラクダの背に乗ってきました。あなたがたが辿ってきた旅は物理的には心地良くない時もあったかもしれません。しかし、愛と献身により旅の不快さをものともせず、神の意思が知られることとなる、平和と調和のオアシスを見つけるという旅の目的を目指して歩き続けています。

だからこそ、今日こうしてダイヤモンドのハートが放つ壮大な愛の輝きとともに、あなたがたを歓迎します。親愛なる存在たちよ、その愛はあなたがた自身の世界の中にしっかりといかり錨を下ろしています。

あなたがたは私が語りかけるのを嬉しく思っているでしょう。私もあなたがたにこうすることができて嬉しく思っています。その喜びはあなただけのものだと思いますか。私も同じように感じているのです。なぜなら、あなたがたの多くは日中に私に語りかけてきただけでなく、夜の間も目を光らせ、私とともにこの惑星の不協和な状況を見守り、このような状況の変化を全能の神に求めてきました。

そのような献身は、アトランティスの古代神殿で神聖な炎を守っていたウェスタの巫女を思わせます。親愛なる存在たちよ、あまり長々と話をするつもりはありませんが、親愛なるサン＝ジェルマンが今日こうしてあなたがたに話をする間も、私はこうして彼のとなりに立っています。壇上で私のとなりに立つ彼は、いつもの堂々としたローブではなく、光り輝く白い光を放つ簡素な衣を肩から足首にまとっています。その衣の端は簡素な黄金の帯で縁どられ、自由の名のもとで全人類に対して永遠に愛を放ち続ける彼のハートの光とセンターの光以外の装飾はほとんど施されていません。

親愛なる存在たちよ、どうぞ旅を続けてください。忍耐強く神の意思を実践しましょう。それが自由に至るための唯一の道です。人間の思考を超える愛とともに、私はあなたがたがここに集ってくださったことに感謝し、ダージリンのブラザーフッドの意思であなたがたを祝福します。

１９６６年５月22日
ニューヨーク州ニューヨークシティ、バーネットサンクチュアリ
（メッセンジャー／マーク・L・プロフェット）

第4章　タボール神の贈り物

慈悲深き友であり、聖なる炎の使徒である存在たちよ。私はあなたがたとお話できる日を心待ちにしていました。霊的な存在である私は辛抱強く待つことができますが、あなたがたが私に向けてくれた愛と関心という強烈なパワーにより、昨晩はグランドティトン〔米ワイオミング州西部の高山〕からこちらに引き寄せられるあまり、そこを離れて早々にこちらに来たいという思いを抑えるのに苦労しました。でも、今こうして喜びとともにここにいます。

私の愛と聖なる炎の愛が放つバイブレーションと同じくらいあなたがたにお馴染みの信条――「アイ・ウィル」（われは志す）を掲げるブラザーフッドの言葉を伝えたいと思います。今日は素晴らしい友人を連れてきました。昨夜グランドティトン・コンケーブで儀式に参加した友人です。彼はあなたがたに言葉で語りかけることはないかもしれません。しかし、宇宙の光の儀式のために彼が執り行うことを十分に感じていただけるでしょう。

今日、壇上で私とともに立つのは、非常に壮麗な宇宙の存在です。あなたがたがよくご存じのタボール神です。今日彼がここにいるのには特別な理由があります。彼からどんなことが聞けるのか、あなたがたも興味津々なことでしょう。彼はこれから非常に特別なことを行います。

永遠なるクリスマスの礼拝を祝う自然

ご存じのように、地球上には素晴らしい松の木が数多く存在します。これら松の木は一年中青々と葉を茂らせています。松の木が緑を維持している理由は、言うなれば永遠なるキリストのミサを讃えているからです。

聖なるクリスマスの季節には、クリスマスの素晴らしいスピリットが一年中人々のハートの中に居続けるようにと、あなたがたの多くが願いました。親愛なる存在たちよ、クリスマスのスピリットは私たちの中に常に存在しています。そして、そのスピリットを讃えて、松の木はこの永遠の緑、青々としたこの美しさを全能の神から与えられたのです。

世界中の松の木を司り、活動を行っているタボール神が今日、ニューヨークにあるこのサンクチュアリから地球全体に向けて儀式を執り行います。私があなたがたに語りかけている間も、タボール神は手を上げて、特殊な祈りを捧げています。この祈りはまず、この太陽系の太陽に存在する親愛なるヘリオスとベスタのハートへ向かい、次に全能なる光線に映し出されて宇宙を移動し、親愛なるアルファとオメガのハートへと到達します。

そして、彼の布告はすでに受け入れられました。今日彼があなたがたの中へ、そして地球全体に放つ布告は、地上のすべての松の木が今日この日に、霊的エッセンスで１００倍の香りを放ち、浄化作用で地球を満たすこと、そして、この浄化作用が永遠のクリスマスという感覚をより強く人々のハートの中に芽生えさせるというものです。これは親愛なるタボール神のハートから贈られる、非常に素晴らしいギフトです。このギフトがもたらされた理由をあなたがたにお伝えしましょう。

親愛なる光の友たち、神の意思の友たちよ。私は、あなたがた自身の神のプレゼンスから私に向かって放たれている愛を感じます。この愛を私に向けすぎることなく、あなたがた自身の神のプレゼンスへと集中させてください。なぜなら、私には今やることがあるからです。

さもなければ、私はあなたがたのパーソナルオーラに引っ張られ、何を話そうとしているか忘れそうになってしまいます。親愛なるハートの持ち主よ。私があなたがたに話を続け、ハートを注ぎ続ける間、あなたがたの強力な視線をご自身の神のプレゼンスに向けていてください。

思考を浄化し、ハートを磨く

親愛なる存在たちよ。この惑星には特別な活動が必要です。昨夜グランドティトン・コンケーブでは、人類による神聖な知性の表現が著しく不足していることが話し合われました。ただし、人類全体がそうだということではありません。この惑星では英知の光や思考の力を表現できる人たちが存在します。このような個人は、偉大な科学の原理を理解する力と能力を備え、言語を使いこなし、さまざまな深遠な概念を理解し、ほとんど瞬時にその意味をとらえることができます。一方で、単純な事実さえも理解に苦労する人々がいます。しかし、思考体とその能力が非常に限られていても、彼らは言葉では表現できないほど素晴らしいハートの持ち主でもあります。

いわゆる、バランスが欠けた状況が存在すると言えるでしょう。ライフストリームの多くは、驚異的な思考と能力、理解力を備えているものの、思考と同じレベルのハートの資質を有することはできません。そして、その逆もまたしかりです。この惑星ではこのような状況が現に存在するため、著しい思考の力を持つ者が、そのような知恵を持たない者がハートから行うささやかな行為すらも十分に理解できず、それが直接的な原因となり、不協和音が生じています。

一方、より強力なハートのパワーを持つ者は、なぜ自分たちが偉大なる英知の能力や聖なる理解を世界に向けて放てていないのかを理解できていないようです。昨夜、グレートホワイトブラザーフッドではこの議題が取り上げられました。

親愛なる存在たちよ。これにはカルマが関係していることに気づいてください。優れた思考の力を持たない者は、単にメンタル・ボディを拡大させていない場合や、中には薬物、煙草等の特定の化学物質や手段を用いたことにより、脳の天蓋全体と軟膜、硬膜がさらに別の膜で覆われてしまっている場合もあります。よって、脳質に一定の厚みがあるため、英知の光に乗って顕在化している神聖な側面を認知することができないのです。

同様に、中にはより硬い殻で覆われた松ぼっくりのようなハートを持つ人もいます。こうした人たちは神聖なる愛を感じることに非常に苦労しているようです。ご存じのように、私は「大きなカシの木も、小さなドングリから育つ」という言葉がとても好きです。だからこそ私は今日、ここに集っている人たちのみならず、地球全体の、ハートが十分に育っていない人たちの殻を割れることができればと思っています。

タボール神の呼びかけにより、地球のすべての松の木から同時に放出されている香りのおかげで、今私が話をしているこの瞬間にも、内なるレベルで大きな浄化作用が起こっています。そして、この浄化作用は、悲惨さと不協和の中で生きている世界のさまざまな大陸のあらゆる人々を、急速に浄化するために起きています。彼らの多くはわが愛するインドでは腰布以外ほとんど何も身に着けていません。こうした人たちは学びの必要性があることを理解し、感じることができるようになるでしょう。しかし、それは単純に知能の増大ではなく、理解するという、適切な種類の学びでなければなりません。教養のあるハートは、全能の神の無限の知能や英知の光の偉大なるパワーを用いたり、すべての生命に対する神聖なる畏敬の念にハートの感覚を融合させたりすることができます。

信仰により生命への奉仕の道を開く

アフリカのジャングルに、アルベルト・シュヴァイツァーによって建てられた病院があります。内なるレベルではわが友であるこの素晴らしい光の魂が持つ可能性に、あなたがたの多くは気づいていないかもしれません。人間には嫉妬の感情があるため、肉体をまとっている個人を評価することは賢明なことではない、と言われてきました。しかし、第一光線を司る、私エル・モリヤは、アフリカのジャングルに膨大な輝きを注ぎ込んだアルベルト・シュヴァイツァーの貢献に強い意思をもって感謝します。

この部屋には、オルガンを懸命に学んでいる若い男性がいます。彼のハートの光が私には見えていることをとを、彼に伝えたいと思います。彼は、光に奉仕したいという願いの持ち主でもあります。これは、はっきりと感じられることです。今日、第一光線を司る存在があなたにこう言ったことをどうぞ覚えておいてください――「あなたの奉仕も、アルベルト・シュヴァイツァーがジャングルで自身の光を広げたように、音楽という分野で広げることができます。それぞれの領域において。すべては光のために」

あれこれと手を出して、自分の立ち位置が分からなくなっている、うわべだけの時代は終わりました。親愛なるイエス・キリストが、地球にひとりの人間として誕生し、33年という人生を生き切り、誠実な弟子の集団を周りに集め、新たな信仰を生み出すためだけに現れたのだと思いますか。親愛なるハートの持ち主よ。あなたがたのほとんどは、神のハートに対する霊的存在の愛で構成されているグレートホワイトブラザーフッドが、人類がその偉大で荘厳な神への信仰を引き出せるよう、神聖なる信仰と愛を人類に顕現させることを長きにわたり願ってきたことを知っています。

大天使ミカエルが青い炎の剣を掲げているように、ひとりひとりが自らの手に信仰の剣を持っているのです。その剣には、完全なる神性を表現する妨げとなってきた障害を切り裂き、取り除くパワーがあります。

親愛なるメッセンジャーである大天使ミカエルは今ここであなたがたに語りかけていますが、彼もまた、道に転がっていた石につまずくという機会を幾度も経験しました。彼に言及する私を彼はあまり喜んでいません。しかし、こうすることには理由があります。彼が許してくれることを願います。

聖務を大切にすることで、神を大切にする

親愛なる存在たちよ。この日より、サンクチュアリ・オブ・マスターズ・プレゼンスで語られる口述を聞いたあなたがたが、第一光線を司るアセンションした存在の愛を感じ、人生に調和を受け入れられるよう、今日一日、タボール神のパワーに意識を向け続けてください。私は自分の聖務を大切にしています。あなたがたも同様になされますように。自分の聖務を大切にすることは、神を大切にすることです。この国をはじめ、神の建設的な光の中で存在するあらゆる建設的な国家で生まれ、その国の国旗を大切にする人は、神に敬意を表していることになります。なぜなら、この国は代償なく生み出されたからです。どのような代償を払わなければならないか――代償の大きさではなく、それが必要になるという点――を今以上に人は意識する必要があります。なぜ代償が支払われなくてはならないかというと、この宇宙は常にバランスが保たれているからです。人はタダで何かを受け取っていると考えているかもしれません。しかし、タダで受け取るものには価値がありません。何かと引き換えに受け取るものは私たちの愛によって１００倍に増大します。人類の調和の欠如が顕在化し続ける時代は終わったのです。

光に仕える人々が必要です

この機会をもたらしてくれたメアリー・マインタの優しさに心から感謝しています。なぜなら、彼女自身、さまざまな試練を経験してきました。それについて触れるつもりはありません。個人的な事柄につい

て話すことを私は好みません。しかし、感謝の気持ちをここで伝えたいと思います。また、ここに集まったグループのリーダーや参加者に感謝します。個別に感謝を伝えることは叶いません。たとえ私がひとりひとりに気づいてはいないとあなたがたが考えたとしても、私はあなたがたに心からお礼を言いたいのです。そして、あなたがたがどのような活動をつうじて光に奉仕してきたかにかかわらず、私はそれらすべてに感謝しています。なぜなら、神への奉仕には分類があるという訳ではないからです。しかし、あなたがたは肉体という物体をまとっています。それにはアイデンティティがあります。人は互いを肉体で識別します。これは、サミット・ライトハウスにも言えることです。私たちが機能するためには、何らかの物体が必要です。

過去、私たちはさまざまな物体を設立しようと試みました。ずっとはるか昔……親愛なる偉大なクートフーミ（クツミ）よ、今日こうして私とともにここに現れ、壇上で私の隣に立ってくださり心から感謝しています。わが兄弟、偉大なる光の兄弟、宇宙の師よ。ようこそ来てくださいました。喜んであなたを歓迎します。親愛なる存在たちよ。今ここにクートフーミが来てくれました。地球全体で顕現し、全人類の意識に神聖なる理解をもたらす、その偉大なる神聖な知性に対して敬意を感じてください。

ヴェールは取り除かなければなりません。神との協力の時代を迎え入れなければなりません。この尊い団体とその集まりにとどまらず、世界中で昼夜問わず、人類のハートが私に対して叫んでいます。国連の代表者たちさえも私の名前を呼んだことがあると言ったら、あなたがたは驚くかもしれません。中には、私の名を知らなくとも、偉大なる神聖な作用、つまり第一光線を司る存在に気づき、私に呼びかけた人もいます。人間の世界において、秩序立った政府に対する私の責任は非常に大きいのです。このため、人のハートが強く求めると、私たちは宇宙の法則に基づいて応えなければなりません。そして、私たちは真摯に応えます。

神のプレゼンスという手をしっかりと握ってください

光のハートを持つ者たちよ。アセンションした存在たちがあなたがたのもとにやってきて、真摯さを欠く様子を想像できますか。あなたがた自身の神のプレゼンスの手を取り、これまでより少し強くその手を握るよう優しく促すことなく、あなたがたの面前に現れると少しでも思いますか。あなたがたはこれまでもしっかりとその手を握りしめてきたと考えているでしょう。これまで、たくさんのことをやり遂げた、そして恐らく、限界まで自分を追い込んできたと感じているかもしれません。そのような必要はありません。そうした緊張が生じるのは、私たちの意思を実践するためには、プレゼンスに進む道を導いてもらう代わりに、大きな不安の中で自分を駆り立てる必要があると感じているからです。例えば、エジプトでは、砂漠の砂の上に広がった火の柱がモーゼとイスラエルの民が進むべき道を示してくれました。あなたがたの神のプレゼンスもしかりです。第一光線を司る私エル・モリヤは、今日あなたがたの前にこうして立ち、神のプレゼンスに代わる人や物は永遠に決して存在しないことをお伝えします。これは衰えることのない神の光です。この神のプレゼンスはあなたがたの壮大さそのものです。それは、アセンションしたすべての存在が共有する、あらゆる生命の素晴らしさです。私たちが会う時、私たちは互いのプレゼンス――神のプレゼンス――に礼をします。そして、私たちがあなたがたに会う時も、あなたがたの頭上にある神のプレゼンスに、そしてあなたがたのハートが放つキリストの光に礼をします。

グランドティトン・コンケーブの審議

あなたがたは「神の意思を拡大せよ。神の意思を拡大せよ。神の意思を拡大せよ」と強く求めてきました。しかし、人類は依然として悲嘆と不調和の中にあります。その一部はハートの欠如です。また、知性の欠如でもあります。このため、グランドティトン・コンケーブはこの問題について熟考しました。そして現在、カルマ評議会には、一部の人の優れた英知を拡大させて他者に与え、他者の素晴らしきハートの光で英知に優れた人々を補完すべきだという、人間の義務的かつ自然なエネルギーの調整に関する特免状、嘆願、要請が届いています。このようなエネルギーの交換は可能かもしれません。現時点では、私たちが望むように状況は展開していません。私たちが審議を終える時まで、あなたがたは私たちの光を生成・維持する力を神のプレゼンスに求めることで、私たちを支援することができます。

親愛なるハートの持ち主よ。アセンションを達成すれば、宇宙のあらゆる英知が瞬時に自分に与えられると感じている人が非常に多く存在します。しかし、そのような人々は、アセンションとは制限から抜け出すことであり、扉が開いたにすぎないこと、そして全能の神の無限の能力とパワーとは「終わりのない世界」であるということを理解していないのです。だからこそ、私たちは、あなたがたと同様に、エネルギーを発します。また、審議を行い、評議会を組織しています。さらに、光の大広間もあります。そして、ささやかな晩餐や集まりを開き、ハートの光の中で、人類の幸福について話し合います。これはすべて、とりわけ惑星地球との関連において、黄金時代が全盛を迎えるその時まで人々を高め、もたらし、わが父である偉大なるマヌ――グレート・ディバイン・ディレクター――が南アメリカにその素晴らしき文明を適切なかたちでもたらすことができるようにすることが目的です。

新都市ブラジリアは、新たな時代の建築・構造を有しています。ブラジリアをそこに設置した目的は多くの人に理解されています。しかし聖なる法則を理解し、グレートホワイトブラザーフッドの目的をより深く理解している人々は、そこにあるあらゆる目的に気づいています。

神のプレゼンスの前で謙虚であれ

わずかしか理解していない人たちを私は咎《とが》めているのではありません。あなたがたは素晴らしいハートの持ち主です。しかし、タボール神のパワーにより、あなたがたの多くはこれから知性のとてつもない拡大を経験するでしょう。ひとつだけ忠告できるとすれば、あなたがた自身の神のプレゼンスの前で謙虚であることです。あなたがた自身の神のプレゼンスの前では謙虚であってください。そして、あなたがたの知性が拡大されるにつれて、あなたがたの愛を他の人々に与えてください。これまでハートの光を広げることに苦労してきた人や、宇宙の存在や人類に対して大きな愛の感覚を開くことがなかなかできなかった人たちも、今日ニューヨークシティでなされた宇宙の独立の法則による宇宙的作用により、これからはそれがやり易くなるでしょう。私たちはいわば、国連の真ん中で、世界の連合国に対して私たちの布告を発し、神に関する神聖なる理解と壮大な知性が顕現することを妨げてきた膜やヴェールを取り除くために、世界の潮流や空気に乗せて松の香りや香油を発散させたのです。同時に、ハートの光の拡大も進められています。現在起きている、両者を調和させる作用は非常に素晴らしいものです。

忘れることのない輝き

あなたがたの中には、私が一日中話すことを希望している人もいると聞きましたが、私はあなたがたを疲れさせてしまいたくありません。親愛なるハートの持ち主よ。

私が話し続けることを、それほど快く思わない人もいるかもしれません。それでも、この場を後にする際に私が放つ輝きは、あなたがたが永遠に忘れることのないものになるでしょう。タボール神、親愛なる孔子、親愛なるラント、そして金星からの多くの存在が現在この聖堂の中で私とともにあります。これは、いわゆる宇宙的な瞬間であり、厳粛な瞬間です。世界がよく知っている歴史ではなく、ハートを持ち、神への愛を持つ人々が理解する、スピリットの歴史が生み出される瞬間です。

グレート・ディバイン・ディレクターよ。永遠の神の輝く光の壮大な柱よ。ここに集うすべての人々、これからやってくる七つの根幹人種の子どもたち、あらゆる地獄に、光り輝く神のハートであるダイヤモンドからあなたの完全性を顕現させてください。人が自らの源とひとつであることに気づきさえすれば、神の善なる意思はすなわち、あらゆる人の意思となるのです。軽やかに上昇し、神の意思を広げましょう！　意識の端を持ち上げて、気づきましょう。沈黙の中にあっても、アセンデッドマスターたちは、完全性が欠如してきた世界の中で、より完全な宇宙の融合、より完全な宇宙の愛を生み出すことができるよう、あなたがたの4つの下層体や、この惑星の大気に自分たちの光を照らしているのです。

大天使ミカエルと、彼の出身である太陽の名において、偉大なる宇宙の存在と四大元素のパワーの名において、マハ・チョーハンの名において、歩みの遅い人たちを助けるために訪れ、この地球と大気に愛をもたらした、天そして偉大なる宇宙のキリストのすべての息子たちの名において、アルファとオメガの名において、ダージリンに存在する、あなたがたの古き友である私は、あなたがたにグッドバイではなく、アデューと言います。なぜなら、再びあなたがたのもとに戻ってくるからです。では、皆さま、アデュー。もし、この意味が分かる人がいたら、より大きな調和、平和、ボディとマインドの癒し、そしてあなたがたという存在の進歩に神の祝福を贈ります。

あなたがたは神の子であると同じくらい、わが子でもあります。第一光線を司る者は、あらゆる光線に存在するすべての者を愛しています。**光あれ。全能なり。**

ありがとうございました。良い午後を。

1960年7月3日
ニューヨーク州ニューヨークシティ
（メッセンジャー／マーク・L・プロフェット）

注：自宅で親愛なる神のプレゼンスとタボール神への祈りとともに松の香水、松のお香、松葉をたくことで、心的側面を浄化し、ハートと頭の行動を調和させ、アストラル体★の残骸や霊のエネルギーを取り除くことができるでしょう。

第５章　過ちに気づかせるための父から子への行動

はるかなるヒマラヤから、偉大なる宇宙の気流に乗って、私はダージリン評議会に向けて輝きを注ぎ続けてきた光のハートを持つあなたがたに笑顔を送ります。あなたがたが立ち向かい続けたことを、私は嬉しく思います。宇宙の聖なる炎がハートに迫っても、あなたがたがひるむことはありませんでした。炎に焼きつくされる恐れにも屈せず、踵《きびす》を返すことなく、自身の神のプレゼンスとつながりました。勇気、強さ、純粋さ、神性さ、愛情を持ち、ひとつの志に自らを捧げ、そして、恐らく他のいくつかの志に背を向けることのできる人々にとって、これは恵みです。

人はあらゆる志を貫くということはできないものです。人はすべてのマスターに仕えることはできません[1]。自身のプレゼンスに全忠誠を誓って初めて、アセンションした存在たちに同様に忠誠を誓うことができるのです。長い歴史の中で、自分はいうなれば器用にこなせると思い込んだ人たちが、片手を神とつなぎながら、もう一方の手を数多くの人たちとつなごうとするのを私は見つめてきました。はっきり言います。まずは、自身の神聖なる炎に、そして次に、アセンデッドマスターたちへの忠誠を誓うのです。それに、あなたがたはどう歩んでいけばいいかと恐れる必要はありません。なぜなら、あなたがたの胸の中にいるのはサソリではなく、神、そして宇宙やアセンションした存在たちへの永遠の愛と感謝だからです。

強固な規律

私たちの規律は強固です。私たちは時に毅然たる姿勢を取ります。しかし、これは子に過ちを気づかせるための父の行動です。親愛なる存在たちよ。私があなたがたににっこりと微笑んだ時も、「笑顔でも荒々しい！」と言う人がいるかもしれません。はっきり言いましょう。私は荒々しくはありません。さまざまな状況や折に触れて、私の言葉が幾分きついと感じた人が多くいるため、にわかに信じがたいかもしれません。親愛なる存在たちよ。もしも彼らが私と同じ道を辿ったならば、人間の意識という荒海に屈することなくまい進しなければならないという真に宇宙的な必要性を理解できるでしょう。

無気力、けん怠、エネルギー不足、絶望は人間の特質です。そして、人類がただ願えば、これらから脱し、アセンションを達成できるということは絶対にありません。私には実行力があります。そして、地球全体のわが子全員がこのことに気づき、自分の世界の手綱を自ら握り、自らの神聖なる定めを全うすることをいかなるものも妨げることはできない、と決断するよう強く願います。

親愛なる存在たちよ。定めは否が応でも私たちに訪れます。例えば、人類が不和の乱用を受け入れ続けるなら、老齢、衰え、苦痛、それらに伴う不和が人類に降りかかり、やがて彼らの人生に幕が降ります。つまり、これを現時点で不可避なものであるととらえることのほうが、永遠の生命への扉を通り抜ける上ではるかに都合が良いのではないでしょうか。また、自らのあらゆるエネルギー、思考、気持ちは何物をもってしても遮ることはできないと受け入れた上で、それらに対して責任を持ち、熟達することのほうがはるかに賢明ではないでしょうか。私たち自身がはるかいにしえに取った行動を、あなたがたにも取ってほしいのです。私たちとともに歩み、交流した幾多の人々が未だに輪廻転生のサイクルをとぼとぼと歩いている一方で、私たちが現在こうしてアセンションした存在であるのは、私たちが行動したからです。

使徒のささやかな行動を私が求めるのは何故でしょうか。それは父から子への愛ではないでしょうか。あえて言う必要もないかもしれません。だからこそ、あえてもう一度ここで、私はあなたがたににっこりと微笑みます。

タボール神の偉大なる宇宙の奇跡

親愛なる存在たちよ。最後にもうひとつお伝えしたいことがあります。先日ニューヨークの集まりでお話しした際[2]、とても素晴らしい出来事がありました。私が話している間、タボール神が彼の全存在を壇上に投影し、現れてくれたのです。タボール神は、ニューヨーク・サンクチュアリ・オブ・マスターズ・プレゼンスの壇上から、全世界に向けて偉大なる宇宙の奇跡を起こしました。

タボール神は自然の力と四大元素の存在たちを指揮し、地球上に生息するすべての松の木に対し、通常の１００倍の芳香を一斉に放つよう指示を出しました。そこにアセンデッドマスターが特別なエネルギーを込め、地球の大気へと放たれたのです。地球の隅々に広がっていった芳香はあらゆる人々が吸い込みました。つまり、グランドティトンの評議会により決定され、タボール神が取った行動は、全人類に恩恵をもたらしたのです。

これは、人類には、神を感じることにあまりにも重きを置きすぎている者と、思考にあまりにも重きを置きすぎている者との間に大きな不均衡が存在するとグレートホワイトブラザーが判断し、この世界の基準より低い思考レベルの向上が決定された故になされたことです。こうして、大気へと解き放たれたエネルギーは、意識的知性が基準より低いすべての人々のレベルを日々高めています。

また、自らの感情に翻弄される人たちが自分の感情をより神聖にコントロールできるよう、感情の領域に大きな調整のエネルギーが放たれました。この素晴らしい贈り物が他のギフトとともに今年与えられたのは、宇宙の時刻が打たれてから長い時間が経ってしまっているからです。

人類よ、地球がずっと前にアセンションしていることに気づいてください。私たち、アセンションした存在は、あなたがたが生まれながら持つこの権利に気づく時を待っているのです。ありがとうございました。良き夜を。

1960年7月17日

マサチューセッツ州ボストン

（メッセンジャー／マーク・L・プロフェット）

第６章　気高き存在へと

素晴らしき光の友よ、今宵は神聖なる輝きを静かに映し出すあなたがたのハートを見つめながら、喜びの笑顔とともにあなたがたに語りかけます。この光の輝きは、神が自らの完全性を映し出すものとして顕現させたものです。あなたがたの意識が神へと近づき、自身の神のプレゼンスへ愛を注ぐことで、この神を映した光はさらに結晶化し、物質の世界で具現化します。

今宵、こうしてあなたがたにお話できてとても嬉しく思います。私の声を聞くのが今回初めてだという方が多いようです。神の輝きであなたがたを包みたいと思います。今宵は、ここダージリンより、至高なる神の意思に対する宇宙的奉仕を続けているあなたがたを、愛を込めて抱擁したいと思います。

親愛なる存在たちよ。人類は選択する代わりに、次から次へと押し寄せる状況に翻弄されていることが多い、ということを一瞬でも考えたことがありますか。ここダージリンで「アイ・ウィル」というブラザーフッドの信条を守ることを選択した存在たちは、神の意思をそれぞれの人生において尊重するだけでなく、「アイ・アム」という至上のあり方として認識しているのです。そうでなければ、生命と光と愛が神の顕現であることに気づけるでしょうか。神は完全です。神は真理です。神の真理を顕現させることなく、一体何が実存できるでしょうか。

砂漠の蜃気楼――人生の幻想――はあまりにも長きにわたり、人間をがんじがらめにしてきました。聖人や賢者は地球のあらゆる場所において、自らの世界の中で注意を怠ることなく、神とつながることで、人生の幻想や蜃気楼から自由になることを目指してきました。それに対して、ブラザーフッドは宇宙的な支援を提供してきました。その活動は率直で、純粋で、公正で、正確で、良心的です。親愛なるヒラリオンが聖パウロとしてよく宣言したように、私たちはしばしば神の名のもとで対抗し、勇敢に戦い、信仰を守り通しました。[1] 神の神聖なる兵士であるあなたがたも同様に、光の勝利のための兵士として前進することができます。そして、人生の浮き沈みがもたらす荒波や嵐にひるんだり、気をそらされたりすることがなければ、やがて私たちと同じように勝利することでしょう。あなたがたは、神の意思を崇敬するようになった瞬間、わが子となるのです。

私たちはあなたがたを完全な存在として見ています

第一光線を司る存在であるのは光栄なことです。なぜなら、神の意思を愛するあらゆる人々をわが腕の中に包み込む機会が与えられるからです。今宵にも、あなたがたをわがハートに抱き、こう伝えましょう。すべてのアセンデッドマスターは、内なる神のプレゼンスが自らを包み込む強い振動と脈動を感じ始めた瞬間から、あらゆるところに存在する生命とのつながりを感じずにはいられなくなることを。すると、アセンデッドマスターが人類を不完全だと考えることはもはや不可能となり、あらゆる点において人間を神の完全性の存在として一点の曇りもない目で見るようになります。

これが時に、「自分の精神状態をアセンデッドマスターたちは知らないのだろうか。この人間のこれまでの行いをアセンデッドマスターたちは知らないのだろうか。なぜそのようなことをお許しになるのか」としばしば言う人類にとって不可解な状況を生み出すのも無理はありませんね。親愛なる存在たちよ。私たちがあなたがたを完全な存在として見ている、ということに気づくと理解しやすいでしょう。

私たちは、使徒を導く中で、状況が許す場合はあなたがたの領域まで降り、個人の向上を神聖な形で見守り、あなたがたが不完全だと見なす物事や状況を聖なるキリスト意識をつうじて見ることができます。こうして、神聖なる英知において、私たちは宇宙的な奉仕を行うことができるのです。しかし、親愛なる存在たちよ。あなたがたが完全なる神のプレゼンスに到達すれば、私たちの導きがなくとも、私たちの存在する愛の領域に加わることができます。

手を取り合って宇宙的な勝利を祝うことこそ、私たちの願いです。そのことを決して忘れないでください。思考、感覚、形ある外側の世界において、人類は自分たちを地球上の愚かな存在だと考える癖があります（「癖」という言葉を用いたのは、人間がまさに人間意識に依存する癖があるということを伝えたいからです）。私はあなたがたを気高き存在へと高めます。私はあなたがたをより高き次元へと引き上げます。聖母マリアがマグニフィカート[2]――「私の魂は救い主なる神を讃えます。この卑しい女さえ、みこころにかけてくださいました」――と語った時の一点の曇りもない意識レベルへとあなたがたを高めます。

親愛なる存在たちよ。あなたがたを内なる神のプレゼンスの腕の中へと抱き上げることこそ、神の意思です。それは必ずしも人間の意思ではありません。人はうぬぼれとうぬぼれの間で揺れ動くものです。神は自らの創造物を聖なる定めと美しさへと引き上げます。それこそ、神があらゆる生命を創り出した目的です。人類は不協和音と苦しみの意識の周波数で存在するために生み出されたのでは、決してありません。このことを私たちははるかいにしえから宣言してきましたし、私たちより以前の光線の担い手たちもこの真理を口にしていました。

では、なぜこのことを私たちは未だに口にするのでしょうか。親愛なる存在たちよ。それは、現在私たちがあなたがたのためにできることを、あなたがたが自分たちでできるようになるまでは、私たちの導きを必要とするからです。そして、私たちは喜んでそれを行っています。

今宵、サン=ジェルマンとゴッドフリーが私とともにあります

この壇上には、言葉では尽くしがたい愛と感謝とともに紹介したい方がいます。それは親愛なるわが兄弟、サン=ジェルマンです。今宵、サン=ジェルマンは、神の完全性と目覚めという素晴らしき時代の到来を生み出すために計画された宇宙的行動の中で、こうして私と肩を並べて立っています。

2000年におよぶこの統治の王、つまり光線を司る存在があなたがたの前にこうして立つ時、喜ばずにはいられません。ニューヨークとその周辺の人々、アメリカ全土の人々、そして世界中の人々よ。魂の奥底から感情が沸き起こる瞬間ではないでしょうか。どうですか、皆さん。宇宙の存在であるサン=ジェルマンが、私とともに地上の壇上に立っているのです。［観客が立ち上がる。］親愛なる存在たちよ。偉大

なるサン＝ジェルマンを丁寧に迎えてくださりありがとうございます。どうぞ、お座りください。

　今宵は、あなたがたが天上の紳士と呼ぶ私たちふたりのほかに、もうひとり天上の紳士がここにいます。彼はわずか数年前まであなたがたとともにあり、あなたがたの多くを知っていて、あなたがたに語りかけ、あなたがたの手を握った存在です。彼は今宵、宇宙的目的のために、私たちとともにあります。彼をよく知っていた人には、詳しい紹介は必要ないでしょう。では、親愛なる光のアセンデッドマスターであり、光の威厳の領域の尊敬すべき仲間であり、あなたがたの、そしてわが友である、アセンデッドマスター・ゴッドフリーを紹介します。

アセンデッドマスター・ゴッドフリーの言葉

　素晴らしきハートを持つニューヨークの存在たちよ。永遠なる神の喜びとともにあなたがたにご挨拶申し上げます。

　ほんの数年前まで、私もアメリカをはじめ世界各地で壇上に立ち、アセンションした存在の輝きと言葉を人類に届けていました。今日、このようにあなたがたとともに、こうして再び生命の永遠性と美しさを感じることができて光栄です。神のもとで自由であることや、あらゆる瞬間にすべての原子をつうじて注ぎ込む神の永遠の光を体験することは、自ら経験するまでは決して例えることのできないほど素晴らしい経験です。

　あなたがたの多くは長年、神の光を辿ってきました。「アセンデッドマスター」という言葉を耳にするたび、あなたがたの鼓動は普段は感じられないほど高い振動で脈うってきました。素晴らしきティトンとシャスタ山での私自身の経験からも、このことはよく理解できます。なぜなら、あなたがたとともにあった時、私も同じように身体の振動の高まりを感じ、現在私の存在の隅々に顕現している、神の偉大な愛の鼓動を感じることができたからです。

親愛なるハートの持ち主よ。肉体という型、人間の意識という型に閉じ込められている状態と、アセンションの光の中でそれから自由であることの違いを、どうあなたがたに伝えることができるでしょうか。想像力を活発にすることで、あなたがたも私が今日感じていることをきっと認識できることでしょう。ハートで感じることを言葉で伝えるのは簡単ではありません。しかし、あなたがたの中には、私が肉体を持ってあなたがたの間を歩きながら伝えた根本的なメッセージに気づき、思い出す人たちがいるでしょう。

わが子をあなたがた自身の神のプレゼンスへゆだねましょう

ここにいる母親たちに一言伝えたいことがあります。かといって、父親たちに全く関係ないという訳ではありません。アメリカ、ニューヨーク、その他の地の母親たちよ。あなたがたは、わが子の歩み、成長、前進を見つめながら、時に生命の不思議に想いをはせたことがあるのではないでしょうか。「自分の定めを全うし、神の名のために子どもたちを正しい道に導くことができるように思えない」と口にしたこともあるかもしれません。[3]

アメリカ、そして世界中の親愛なる母親、父親に言いたいのです。わが子をあなたがた自身の神のプレゼンス「アイ・アム」にゆだね、「アイ・アム・プレゼンス」こそがすべての子の力であり、父であり、母であることに気づき、プレゼンスがあなたがたの手や意識をつうじて子どもというライフストリームの神聖なる保護者となる力があることを意識して認め、受け入れることができたなら、子というライフストリームをつうじて神の完全性をキリストの姿で引き出し、呼び覚ますことができると私は確信しています。

わが子が、聖母マリアのように穢れなき無原罪の存在であることを信じなければなりません。これは、単なる言葉ではなく、事実なのです。苛立ちや怒りがあなたがたの意識や多忙な日常に入り込み、子どもを責めたり、批判したり、ジャッジしたりする言葉をあなたがたに吐かせようとした時は、愛とともに「神はあなたを愛しています」と心の中で、あるいは口に出して言うことで状況は変化するでしょう。

最初、「神はあなたを愛しています」という単純な言葉は陳腐に感じられるかもしれません。それが子どもたちの中に神聖意識を育むことはないかもしれません。しかし、親の口から放たれた「神はあなたを愛しています」という言葉を成人してからもきっと覚えていることでしょう。もし、あなたがたの中に神聖意識が育つなら、偉大な「アイ・アム・プレゼンス」との調和が生まれないはずはありません。そして、偉大なる「アイ・アム・プレゼンス」との調和がなされ、保たれたなら、子どもが光の道、そしてアセンションという素晴らしきゴールを目指す道を支えないはずはありません。

宇宙の光がこの時代に勝利をもたらすでしょう

さあ、親愛なる存在たちよ。あなたがたの多くがこれまで、神聖なる活動が安定するよう昼夜宣言してきました。『明かされた秘密』や『マジック・プレゼンス』に心躍らせ、シリーズの第三部となったサン＝ジェルマンの講話を誇りとし、「アイ・アム」の「声」をはじめとする素晴らしき講話を大いに喜んだことでしょう。あなたがたの中には、この講話をきっかけに「アイ・アム」の名を冠した他のものを求め、自分の内なる「アイ・アム・プレゼンス」である神に導きを求めました。

親愛なる存在たちよ。アセンデッドマスターとして自由の存在となった今、私はあなたがたの内なる「アイ・アム・プレゼンス」こそ唯一の存在であることを、あなたがたに心から伝えたいと思います。このことにどうぞ気づいてください。人間の意識を受け入れてはなりません。人間の支配を受け入れてはなりません。今宵、この場所には宇宙の光が作用しています。

サン＝ジェルマンとモリヤは、他のアセンデッドマスターたちや私とともに、宇宙の光の意識をあなたがたに注ぎ込んでいます。宇宙の光はどのように作用するのでしょう。あなたがたのほとんどは、物理的な光を知っていますね。ご存じのように、灯油のランプと、あなたがたが現在使用している照明には大きな違いがあります。それと同じように、人間の光、人間の知性、人間の思考、宇宙の光の作用の間には大きな違いが存在します。

宇宙の光はすべてにおいてまさります。宇宙の光は、それより劣る意識のいかなる条件や状態の作用にも左右されることはありません。すべてにまさり、かつ永遠なのです。それは人間が決して到達できないものです。それは神聖です。そして、それは神の完全性と平穏の感覚を生み出します。イエスがこの意識を用いて「静まれ、黙れ！」と波に語りかけました。[4]その時、波が服従したのは、宇宙の光の作用が物理的に顕現したからなのです。今宵、神の名において、私はあなたがたにお伝えします。宇宙の光がこの時代に勝利をもたらすでしょう。宇宙の光はあなたがたの物理的な身体、メンタル・ボディを完全なものにし、エーテルレコードを癒し、求めた者には神の完全性と服従をもたらすでしょう。

あらゆる不完全性を克服するための、私の愛の圧力を受け入れてください

これまで、この惑星のあらゆるところで、人々がさまざまな習慣にとらわれ、支配され、そのような状況から脱却できずに苦しむ様子を幾度となく見てきました。一日3回アセンデッドマスターに必ず呼びかける者は、自らの内なる神のプレゼンスの腕、宇宙の光とその作用に安心して身をゆだねることで、そのような状況を克服することとなると、神に対する決意と服従により、私は決定しました。親愛なる存在たちよ。わが愛の圧力を受け入れさえすれば、あなたがたは自分の意識に付け入っている不完全性や脱却しがたい習慣をすべて克服するための力が自分の中にあることに気づくでしょう。私たちアセンデッドマスターたちがこれまでゆるぎない姿勢でそうしてきたように。

ああ、親愛なる存在たちよ。私たちの集いをあなたがたに語ることができたらどんなに良いでしょう。親愛なるエル・モリヤ、サン＝ジェルマン、マハ・チョーハン、神聖なる炎の天使やディーバたち、ヴェネツィア派パオロ、天上のヒエラルキーとともにテーブルに着くビジョンをあなたがたに見せることができたなら、神の完全性未満のものをもはや求めなくなるほどにあなたがたのハートを溶かすでしょう。

五感の影響がどのようなものか、私はよく知っています。私があなたがたと同じように肉体をまとい、ほぼ一文無しだった時があったことを、あなたがたのうち何人が知っているでしょうか。私が直面した限

界や絶望を、あなたがたのうちの何人が知っているでしょうか。アセンションしていなかった私に向けられた敵意を、あなたがたのうちの何人が知っているでしょうか。私のエーテル体には傷はありません。はるか昔、私はそれらすべてを愛と許しの紫の炎に差し出しました。私が自分自身に対して悪意を抱いている、と言える存在は、肉体をまとっている、いないにかかわらず、ひとりもいないでしょう。ずっと以前、私は自分に対してなされたことについて、自分の意識を神聖なる許しで浄化しました。

今宵、このことを言うのは、私ではなく、あなたがたがこのことを知る必要があるからです。宇宙の法則を理解し、精神的に分別ある親愛なる宇宙の光の姉妹、兄弟たちよ。人間の思考や意識を占領し、そうでないものをそうであるかのように伝える、巧妙さや偽りに注意してください。宇宙の光と神の光には、慈悲以外の動機はありません。神は人間、そして世界に喜びをもたらします。そして、親愛なるイエスは実存性を何より大切にします。イエスはよくわが家を訪れ、サン＝ジェルマンとともに私たちの手を実際に握ったものです。あなたがたの中には、そのような経験をしていない自分はあまり幸運ではないのかもしれないと感じる人もいるでしょう。

親愛なる存在たちよ。あらゆる宇宙の法則の作用は神聖なる正義、そして宇宙の法則によりもたらされます。私たちは神から与えられた恩恵に心から感謝しています。アセンデッドマスターである私たちは特別ではありません。私たちが顕現しているのと同じ完全性は、あなたがたの天与の恩恵でもあります。あなたがたひとりひとりが神聖なるタイミングでその状態に速やかに至ることを心から願っています。

内なる「アイ・アム・プレゼンス」を追求してください

あなたがたの中には、どのような道を追求すればよいか知りたい、と意識の中で私に問いかけた人たちがいます。わが兄弟、姉妹よ。簡潔に答えましょう。バラと呼ばれるものは、他のどんな名前で呼ばれたとしても、同じように甘く香る、という言葉を聞いたことがあるでしょう。[5] 同じように、「われは神なり」という名は、他のどんな名前で呼ばれたとしても、同じように甘く香るでしょう。しかし、そのパワーは「われは神なり」という名に存在するのであり、誰にもそれを奪い去ることはできません。つまり、親愛なる存在たちよ。あなたがたが追求するべき道とは、自らの内なる「アイ・アム・プレゼンス」、内なる神の完全性、内なる神の姿へと至る道なのです。内なる神の姿の手とは、人間の手ではありません。「われはここにあり、われはそこにあり、われはあらゆるところにある」と宣言する内なる神の姿は、あなたがたがどのような混乱にあっても確実に導くことができます。そうしてやがて、あなたがたは深き平穏に到達し、私のようにアセンデッドマスターになるでしょう。

私は宇宙の法則に則《のっと》って、あなたがたひとりひとりを個人的に照らすこともできるでしょう。しかし、今宵こうしてあなたがたにお伝えしている講話は宇宙の法則の特定の要請により提供されていることに触れなければなりません。

このため、もしできれば、私が今宵ここにやってきて、あなたがたにお話をしたことに言及しないでいただきたいのです。アセンデッドマスターの言葉を尊重してくださるなら、このことを開示する相手が自分と同じほど信頼できる人だと確信できないかぎり、伝えないでいただきたいのです。これには、今は明かすことのできない理由があります。今回ここに来ることができたのは名誉なことです。ここに集ったあなたがたの中には、私が直接感謝の意を表したい人たちもいます。私が感じているように、あなたがたにもハートで私の愛を感じていただけたら幸いです。それは素晴らしき喜びのエネルギーです。

神の支配という手綱を内なる「アイ・アム・プレゼンス」に明け渡しましょう

尊き光の子どもたちよ。人生の道を歩み、さまざまな経験をする時、それらはすべて神の事柄であること、内なる「アイ・アム・プレゼンス」の事柄であることを忘れないようにしてください。個人としての自分はプレゼンスとは違う、という意識を手放してください。この単純で、とらえにくく、時に雲をつかむような事実に、人類が気づくことができればいいのですが。人は「行動こそ自分だ」と言いたがります。ひどくいじわるをした女の子のように、何か悪いことをした時、人は人間の仕業だと考えたがります。そして、何か良いことをした時、人は神の仕業だと考えたがります。しかし、親愛なる存在たちよ。あなたがたを流れるエネルギーの善悪にかかわらず、それはすべて神のエネルギーです。そのエネルギーを制御し、愛し、そして完全性と美で修飾するのは、あなたがたの責任です。

これを成し遂げるためにも、神の支配という手綱を内なる「アイ・アム・プレゼンス」に明け渡し、こう言うのです――「われらが父、偉大なるアイ・アム・プレゼンスよ。あなたは輝く光のハート。完全なる私を具現化させてくれたあなた。どうぞ手綱を握ってください。わが人生の道を導き、指し示してください。あなたの完全性を私に与えてください。あなたの完全性を私に与えてください。偉大なるアイ・アム・プレゼンスよ。私が過ちを犯さないよう見守ってください。絶対的な安らぎ、純粋さ、英知、光とともにあなたの腕の中へと歩いていけるように見守ってください。偉大なるアイ・アム・プレゼンスよ。私が存在するあらゆる場所であなたの美しさが君臨するその時まで、あなたにとって良きタイミングでアセンションの光の腕の中に私を迎えてください」

意識的に自分自身をゆだね、時に厄介な人間的なコントロールを手放すことさえできれば、光へのアセンションは加速するでしょう。選択の自由を持つあなたがたから意思を奪い去ることは、誰も――アセンションした存在であれ、していない存在であれ――できません。すべてはあなたがた次第です。

自ら立ち上がり、別の道を探求する人もいるでしょう。神の計画を否定する人もいるでしょう。光に背を向ける人もいるでしょう。しかし、光のほうに向き、その光への服従と向き合えば、光そのものが恩恵であること、そして、わが人生を愛するようにプレゼンスを愛するすべての人のために偉大なる「アイ・アム・プレゼンス」が準備した天の恩恵が、人類がこれまで目にしたことも、耳にしたことも、思い描いたことさえもないほど、はるか遠くまで広がっていることに気づくでしょう。[6] なぜなら、プレゼンスはあなたがたの人生そのものなのです。

「神聖なる輝きを放つわが腕の中にあなたがたを抱いています」

あなたがたとお話しできたことの喜びとともに、そろそろ失礼しましょう。神への服従こそ、アセンションした、していないにかかわらず、天が人類に与えてくださった最高の贈り物であることを、感じてください。内なるプレゼンスに従うことは、主があなたがたの羊番であることを知ることです。そして、主が静かなる水辺であなたがたの手を取って導き、あなたがたの魂を回復させ、善、公正さ、生命、真理が生涯、そして永遠に私たちとともにあることを知りたいと、もはや思いもしなくなることです。[7]

今、私は、神聖なる輝きと、無限なる宇宙の慈悲の腕の中にあなたがたを包み込み、天上のあらゆる存在たちの恵みがあなたがたに降り注ぎ、常にあなたがたを守るよう祈っています。わがハートの光、無限の光、ダイヤモンドのように輝く神の光の中で、そして聖母マリア、天上の女性たち、神の神聖なる炎に想いをはせながら、いにしえからの友であるあなたがたを神のハート、炎、慈悲の中に封印します。

平安とともにあられますように。ありがとうございました。良き夜を。

1960年8月13日

ニューヨーク州ニューヨークシティ

(メッセンジャー/マーク・L・プロフェット)

第7章 やるべき仕事があるのです

親愛なる神のハートの存在たちよ、こんにちは。あなたがたは私の愛を求めました。あなたがたは私が放つ輝きを求めました。あなたがたは長きにわたり、神の意思を崇めてきました。これ自体は良いことです。今日、私は宇宙の勝利の精神とともにあなたがたのもとにやってきました。怠惰ではなく、あなたがたの理解、あなたがたの平安により、多くが達成されると確信しています。なぜなら、私はあなたがたにロッキングチェアでくつろぐように、現状に甘んじてゆったりと身を任せていてほしくはないのです。やるべき仕事があるのです。私たちの活動は拡大しています。今この瞬間、許可が降りました。神の永遠なる意思があります。私たちの顕現を待っている数多《あまた》の人々に向けて、より偉大な勝利が花開こうとしています。

長きにわたり私たちが振る旗を追い求めてきた、人生の完全性の先駆者であるあなたがたに言います――旗をたなびかせましょう。自らを他者より上に置く精神的自惚れではなく、神の尺度、人生の完全性の尺度に沿った誇りとともに旗をたなびかせ、必ずしも一般的とは言えない、共通の目標への献身とともに、旗をたなびかせましょう。ここで、あなたがたにひとつお聞きしたいことがあります。内なる神の奉仕以上に、より崇高な努力はあるでしょうか。私たちを引き付け、私たちが忠誠を誓う奉仕以上に、あなたがたの才能やエネルギーを注げる、より崇高な努力はあるでしょうか。

私たちの聖なる姿の印を掲げてください

人類が自分たちに似せて神を作り上げたように、私たちもまた神をひな型にして作られています。あなたがたも私たちのようになることで、神聖なるひな型の刻印をさらに自分の中に刻むでしょう。そのひな型があなたがたの意識に刻み込まれた証拠は、はっきりと現れるでしょう。それは束の間の現れではありませんし、一過性の現れでも、一瞬の振動でもありません。それは、サン＝ジェルマンが王や支配者であった黄金時代において、人々のハートや思考を司っていた霊的な崇高さを表す永遠の印や鋳物です。

今、私の手を、私のハートの誓いを、私の光の輝きを受け入れるあなたがたは、自分が変化していることに気づくでしょう。この世界には、変化を嫌う人たちもいます。しかし、あなたがたが変化を忌み嫌うことはないでしょう。なぜなら、それはより良い変化であり、歓迎すべき変化だからです。変化がより良きもののためであったことに、ずっと後にならなければ気づかない人たちもいます。彼らはある日突然そのことに気づき、ようやく感謝の気持ちを抱くのです。もし彼らが最初から私たちの導きに感謝すれば、彼らの英知は、英知が具体的に現れるまで待つ場合よりも急速に拡大し、変化が起こった理由を明確に早く理解することができるでしょう。感謝こそが、永遠の生命への扉、そして、私たちが存在する領域へと続く扉を開く、大切な鍵なのです。

私たちの輝きとともにワンネスを感じてください

今日、美しきダージリンを眺めながら、荘厳に輝く光の流れが私たちのアシュラムから降り注いでいます。ここダージリンから私があなたがたに向けてお話ししている、神聖なる礼拝堂のひとつには、親愛なるクートフーミが奏でる素晴らしいオルガンの音が流れています。もしあなたがたが鳥や自然と一体感を感じるなら、それはクートフーミが音楽とともに奏でるメロディが自然と調和しているからです。すべてが光り輝く鳥たちの王国や、青空が澄み渡る空の王国では、自然の神、神の力への愛が見事に表現されています。

親愛なる存在たちよ、アセンションした存在と調和できるのは素晴らしき特権です。すべての人がそのような恩恵にあずかれる訳ではありません。あなたがたはある意味、最も幸運な人たちです。なぜなら、私たちの輝き、波動、スピリットを近くに感じ、一体感を感じることができるからです。私たちが掲げる旗のもとで、勝利へと歩む恩恵の持ち主なのです。このような状態が世界各国のスタンダードになるべきです。しかし、国連でも対立の意識が存在し、不和や混乱が世界を取り巻く状況では、彼らは心を落ち着け、あなたがたのように高い波長に到達することができないのです。ただし、これらもまた、偉大なる神のハートの炎から放たれているスピリットの輝きなのです。一次的に五感に心奪われ、自分自身を解放できずに、不完全な想像を具現化している、こうした光の兄弟たちに対して、ともに思いやりを持ちましょう。

このために、私たちの努力は続くのです。このために、ダージリンにある我々の塔から光が降り注ぎ続いているのです。このために、世界中にあるライトハウスの拠点から放たれるサミットの光線によって、人々が神の絶えることなき壮大な光に引き付けられるよう、私たちは望んでいるのです。

不屈の勝利の感覚を養う

今日この瞬間も、人生に対して敗北感を抱いている人たちがいます。これは生命の原理と逆転しています。なぜなら、勝利の中でしか、スピリットとエッセンスが神によって意図された通りに具現化することはできないからです。

ひとつひとつの原子、電子、細胞、具現化の元を辿れば、そこには勝利があります。不適格な要素が否定的な影響をもたらしてきたのは事実です。しかし、それ自体も、自らの重みで衰退していくことでしょう。分裂や腐敗は、物質やエネルギーから多層的な不和の波動を放ちながら、本来の純粋性への回帰を引き起こす、光の放出にすぎないのです。

親愛なる存在たちよ。光がどのように作用し、具現化するかご理解いただけましたか。私たちの光はいつも、美しく完全です。人類のエネルギーのどんな不適格性も、たったひとつの電子が放つ光の前では無力なのです。なぜなら、不和は永遠なる生命の勝利によって押しのけられ、自らの重みで衰え、もはや力を失ってしまうのです。だからこそ、ここフィラデルフィアのこの部屋にいるあなたがたにお願いしたいのです。不屈の勝利の感覚を養い、偉大なる神の永遠の目的の感覚を養い、アセンデッドマスターの英知の感覚――つまり、あらゆる状況についてポジティブな視点を常に受け入れ、永遠なる目的が今この瞬間に達成されつつあること、サイクルの終わりには永遠の目的が勝利の具現化として必ず現れることに気づくこと——を養ってください。

人生は破綻しているかもしれません。人類における人生は、一見不協和として具現化するかもしれません。しかし、最終的には、その不協和もはっきりとその姿を保ち続けることはできません。神の光の中で生命が放つスピリットの炎の衝動、創造主が初めに意図した、宇宙的、人間的、エレメント的など、どのような意識によっても変えることのできない永遠の波動を持つ、美しさの開花に屈するしかないのです。神聖なる愛を永遠に具現させる、創造の法則を書き換えることのできる者など誰ひとりとしていないのです。なぜなら、法則が愛であり、愛が法則だからです。法則の縛りは、それを愛する者にとって痛くも痒くもありません。彼らは目的、道、そして、歩むごとにより多くの光を認識するようになるらせん状のプロセスに集中的に取り組ませられることで、自分が法則によって愛されていることに、心から感謝します。

ネガティブを変換し、ポジティブを安定させる

今日、過去の経験について話すあなたがたの様子を見ていて、私は思わず笑顔がこぼれました。なぜなら、私自身これまで同じような経験に見舞われることがあり、それらがどのようなものか理解できるからです。ある意味、私は、人間としての経験においてさまざまな悲しむべき（あなたがたにとっては、ということですが）困難を通過するあなたがたを助ける世話役のような気持ちです。

ただし、その時代が終わった今、あなたがたはこれまでネガティブな方向性に固定されていた道を切り替え、これまであなたがたに勝利をもたらし、高次元の霊的輝き、目標、神の永遠の美しさとしてあなた

がたを引き付けてきた、善なるポジティブの思考だけを自分の中に安定させるよう、果敢に努力していくでしょう。もはやあなたがたに影響を及ぼすことができなくなり、美しさ、勝利、愛を広げ、地球上そしてあらゆる不協和の状況を制するあなたがたのプレゼンスが持つ、燃えるようなパワーがあなたがたを高め、ライフストリーム全体に顕現するまで、あなたがたを導くことでしょう。そして、私たちと同じように、それ以外のものはあなたがたにとって何の意味も持たなくなるでしょう。

今日、私たちからあなたがたへの贈り物として自信を授けます

今日、ここフィラデルフィアで、あなたがたにささやかな希望を贈ります。それは、あなたがたのライフストリームが持つポジティブなエネルギーが無駄にされていないからです。このエネルギーはスピリットの貴重な「軟膏」として集められ、私たちはそれを抽出したエッセンスをあなたがたに塗ります。そして、そのエッセンスをあなたがたの意識の中で拡大させ、エッセンスの芳香をあなたがたのスピリチュアル・ボディの内なる領域にしみ込ませ、高い波動を塗り込みます。こうすることで、あなたがたもまたアセンションという栄光の階段を上るでしょう。栄光の階段とは、人類にとっては雲をつかむように感じられるかもしれませんが、私たちにとっては、はっきりと感じられる波動です。人類には信用することが難しい波動でも、あなたがたなら光のハシゴをしっかり握りしめることでしょう。人はよく、よりはっきりとしたハシゴを求める中で、落下し、鼻を打ちます。私たちの領域に安全が存在すること、自信の中に安全が存在することに、あなたがたが気づくことを願っています。今日、私たちからあなたがたへの贈り物

として自信を授けます。

私たちはダージリンで、これまでも、これからも、あなたがたや人類のために頻繁に集っています。そして、すべての人にとって最善で最も賢明なことは何かを協議しながら、命令ではなく助言や提案を、あなたがたが私たちの波動を受け入れた時に提供します。あなたがたが私たちの波動や助言を受け入れる時、あなたがたの意識の中に植えられた霊的な種として、その助言を祝福・拡大します。そして、種が実を結んだら、私たちは果実を収穫するのを助けます。果実の恩恵が自身のライフストリームだけでなく、世界中にもたらされ、アセンションのサポートとして自分たちの神のプレゼンスの足元にそっと置かれるのだということを理解できるよう助けます。この意味では、ここであなたがたが行うこと、そして全人類が日常行うことは、すべての生きとし生けるものに影響を与えるのです。唯一の違いは、あなたがたの行いは、世界中が危機にある時でも、世界の霊的なパワーバランスを回復させる、ポジティブな効果があることです。あなたがたの貢献に感謝します。

これからも、この調子で情熱を持って進んでください。愛と献身を保ってください。あなたがたがまとっている肉体は時に、あなたがたが思う通りには反応しないことを理解した上で、私たちはあなたがたをサポートします。私たちはあなたがたに目的を与えます。そして、あなたがたが賢明にもその目的を受け入れ、私たちの領域へと続く道を立派に辿り、しかるべき時に勝利をつかむよう祈りを捧げます。

あなたがたを聖なる衣で包み込む時を待っています

この神聖なる光の神殿で、私はあなたがたを神の意思だけでなく、神の愛へと迎え入れる準備を整えています。神の意思は人類にとって手触りの悪いオーバーコートではありません。神の意思はゴワゴワした衣ではなく、人間としてあなたがたがこれまで身に着けたどんな衣よりも美しく細やかな光の衣です。

神の意思というローブがあなたがたの下層体やフォルムを包み込み、あなたがたが喜びをもはや抑え込むことができなくなるまで、それらのボディを神聖化する、その瞬間を待っています。肉体の形、年齢、不協和の痕跡、しわ、白髪、それまで甘んじて受け入れてきたあらゆる外見上の特性がすべてなくなり、永遠なる素晴らしき栄光がハートの愛と光の中で花開くその時まで、飛行機のプロペラのようにあなたがたをアセンションへと高く高く上昇させるでしょう。その時が、第一光線、愛、意思を司る私、エル・モリヤと出会う時です。

平安とともにあられますように。ありがとうございました。良き夜を。

1960年10月2日
ペンシルバニア州フィラデルフィア
（メッセンジャー／マーク・L・プロフェット）

第８章　「ヒマワリの花が太陽の動きに合わせて向きを変えるように」

あらゆる時代の親愛なる友よ。平安とともにあられますように。実は、私が今夜この場所に入る前から、冒頭の言葉に「彼が立ち上がった時に彼女が振り返って見せた、あの表情」を入れようと決めていました。[1]親愛なる存在たちよ。この歌についてちょっと考えてみてください。ヒマワリの花が太陽の動きに合わせて向きを変えるように、生きとし生けるものはすべて、永遠なる源へと最終的に帰るまで、どんな時も自身の神のプレゼンスという永遠なる太陽を目印に歩むように、主なる父よってデザインされているのです。

これまで、私は神の意思についてよく話してきました。あなたがたは、神の意思は善であると考えてきました。しかし、人類の多くは神の意思を善だとは考えません。中には、人生のさまざまな苦難を忌み嫌うあまり、自分を悩ませる影響の裏側にある原因を必ずしも認識しない人たちも多いのです。これはとても理解できます。なぜなら、アセンションした存在の私もまた、かつて肉体をまとっていた時代、経験していた痛みや苦しみについて想いを巡らした時があったからです。さらに、肉体から解放されている存在である私たちは、肉体にもともと備わっている疾患に、いうなれば囚われているあなたがたの辛さに心から共感します。

あなたがたの意識が持つ明白な現実

素晴らしき光の存在たちよ。あなたがたの意識を駆け抜ける思考を私がすべて把握していることに、気づいていますか。親愛なる光の存在たちよ。アセンションした存在である私が、人間のツールを通してあなたがたに語りかけていることに、気づいていますか。私が光満ちる、完全なる領域からやってきていることに気づいてきますか。その光をあなたがたも感じることができたらと望んでいます。その光を感じることができたなら、あなたがたの意識は花のように、自らの神のプレゼンスに向かって、私たちアセンデッドマスターに向かって開きます。そして、私たちの言葉を伝える人の意識により、時にはその完全さや美しさを十分に表現できない時があったとしても、あなたがたは私たちの輝きを受け取るようになります。

親愛なる光の存在たちよ。ひとりひとりが人間であるが故のナンセンスを終わらせる時がやってきました。自分の意識が持つ明白な現実をひとりひとりが認識する時です。手や目で認知し、処理できるものだけをベースにして長年生きてきた人たちにとっては、アセンデッドマスターはどこか信じがたい存在かもしれません。目に見えるもの、見えないものを両方とも認識できる、私たちアセンデッドマスターたちは、その点についても理解しています。

自由はすぐそこまで来ています

このため、神の名において、永遠なるプレゼンスの美しさが今この瞬間にあなたがたを祝福し、永遠なる父なる家、神の善なる意思、神の素晴らしきスピリットへと続く道から逸れている人たちを癒すことを求めます。

なぜなら、これまであなたがたがどれほどの過ちを犯したり、神の存在を幾度疑ったりしても、神はあなたがたを受け入れるからです。

神の存在を疑う人がいるということに、ショックを覚える人もいるかもしれません。しかし、今こうして輝かしい存在であるアセンデッドマスターの中には、地球上でのかつての転生において、いうなれば人間の悪臭に閉じ込められ、創造主の存在を一次的に疑ったことのある存在もいます。だからこそ、私たちは人間の「悪臭」による重みや抑圧を理解することができるのです。しかし、素晴らしき光と神の愛の存在たちよ。不満に屈してはなりません。自由を見いだせないという閉塞感に屈してはなりません。なぜなら、自由はすぐそこまで来ているからです。自由は、あなたがたの内なる神のプレゼンスの中で、あなたがたのすぐ上に鎮座しています。遠くにはないのです。自由は永遠なるプレゼンスの中にあります。神の名において「私は自由だ！」と宣言した時、それは永遠に真実となります。

意識を疑念や絶望より高いところに持ちましょう

人間の縛り、欺瞞《ぎまん》、うぬぼれは決して完全性を生み出しません。何世紀にもわたり、人類は知性を研究してきました。高度な知性が問題だというのではありません。なぜなら、マインドは神の創造物であり、人間の意識の内側に存在する聖なる知性の一部でもあるからです。しかし、人類は知性だけでは神を常に認識することはできません。ただし、知性のさらなる深遠な領域を探求することで、永遠なる存在の袖に触れる瞬間は必ず訪れます。しかし、感じることで、人類はより呼び覚まされます。人にとって、神を感じることの方が簡単なのです。なぜなら、人はトラブルが起こった時や痛みに苦しんでいる時、「神様、助けて！」と叫びますよね。

戦場では、多くの人たちが永遠なる存在に向かって叫んできました。彼らは多くの場合、神が自分の声を聞いたという事実に気づいていませんでしたが、叫びへの答えを受け取ることはしばしばありました。彼らは自分の叫びが永遠なる存在に届いていたことに気づいていませんでした。多くの場合、それに対する答えは実際的で具体的なものとして認識されることはなかったものの、答えはやってきていたのです。そんな時、彼らはしばしばこう言うのです――「(神に願っても願わなくても) どっちにしても起こったことだろう」。信じることのできない、まさに人間らしい反応ですね。親愛なるメアリー・マインタの話を今夜聞きながら、宇宙の永遠なる心理を疑う、という人間意識の摂理について偉大なる真理が突きつけられていると感じた私は、思わず笑顔になりました。親愛なる存在たちよ、どうぞ意識を上げてください。意識を疑念や絶望より高く上げてください。神の意思と調和しているように思えないものに囲まれている時でも、光のポジティブなエネルギーを忘れないでください。

神の意思はとても素晴らしいギフトです。ダージリンで私たちが集う時、あなたがたすべての人のために一点の曇りもない概念を守ることを可能にしているのは、紛れもなく神の意思です。かつて神智学運動をつうじて教えられたように、私たちは使徒ひとりひとりの物理的形態のレプリカを認識できます。私たちは、その中で起こるどんな微細な変化も認識することができます。私たちは、神の光に劣る、あなたがたの中にあるあらゆる意識を見ることができます。これらを認識できることで、私たちはあなたがたを守り、導き、完全なものにし、必要な時に手を差し伸べるべく、意識的にあなたがたに光線を向けることができるのです。これこそ、美しき顕現です。これこそが、神の意思や思いやりの顕現です。

「あなたは神である」

非常に多くの人が、永遠なるわれらが父のことを、はるか遠くの宇宙の片隅に座って、自分たちの行いを認識できない老人のように考えてきました。人にとって、自分自身の神性という概念に馴染むことは幾分難しいものです。「あなたがたは神である」[2]と荒野の中でモーゼがイスラエルの民に向かって言ったように、そして、「もしモーゼが神の言葉を聞いた人たちに『あなたがたは神である』と言ったのであれば、なぜ『私は神の子である』と宣言した私が冒瀆者であるとあなたがたは言うのですか」[3]とイエスが言ったように、自分が神聖な存在であるということに気づくのが幾分難しい人たちもいます。

親愛なる光の存在たちよ。だからこそ、すべての人たちがこのことを理解する必要があるのです。「あなたが何を得るにしても、悟りを得よ」という神からソロモンへの忠告[4]は、素晴らしいものでした。人類が互いの事柄の中から学び、悟りを得ようと求めるならば、現在存在するカルマの多くは具現化していないでしょう。

　人類が自らのネガティブなカルマから完全に自由になり、良きカルマの恩恵だけを受け取るようになることこそ、神の意思なのです。本来、人はこの惑星で制限、絶望、混乱といった、神の光より低い波動の行動に左右されて生きるよう意図されてはいないのです。「ヒマワリの花が太陽の動きに合わせて向きを変えるように」[5]、人は生命誕生の瞬間から源の方向を向くよう意図されています。人は太陽から注がれる光線の方向に向き、光線を自分の中に取り込み、受け入れるよう意図されています。そして、光線は光に向かって人を高め、自らの神性に回帰させるよう意図されています。神は、神の光線のパワーとして顕現する光を送り出しました。古代エジプトでは、光線は「ラー」と呼ばれ、人々は神を「ラー」と呼んでいました。

　親愛なる存在たちよ。あなたがたは神のハートから放たれた一本一本の光線なのです。あなたがたは神とひとつとなるよう意図されているのです。あなたがたはこのいにしえの言葉を聞いたことがあるはずです。しかし、これを実際に信じ、それに従って生きることで、私たちのようにアセンションした存在になった人たちはわずかしかいません。私たちは宇宙の光輝く公正さというローブを身にまとって歩んでいます。それでも、私たちの愛はこの惑星やその人々を見捨てることを許しません。そのため、私たちは神の意思、崇敬に関する私たちの神聖なる気持ちを伝え、あなたがたを光へと向かわせるために、今夜こうしてここにやってきました。

わが愛の現実性

長きにわたり、人々は私エル・モリヤが非常に厳格な存在であるとほのめかしてきました。私が厳格であるというのは、ある意味本当です。なぜなら、第一光線は神の意思を象徴しているからです。親愛なるハートの持ち主たちよ。第一光線を司る存在である私が、もし神の意思に尻込みするならば、起こるあらゆる事象の基盤や基礎はどこにあるというのでしょう。私の愛は限りなく真実です――その現実性や明白性を誰よりも先に目撃する、他の光線を司るすべての存在と同じように。あなたがたが眠っている時や、目覚めた状態でより波動の細やかなボディにいる時は、光線を司る他のどんな存在にコンタクトを取っても、彼らはその偉大なる愛を立証してくれるでしょう。しかし、わが使徒たちよ。訊ねる必要などありません。なぜなら、光を知っているあなたがたは、私があなたがたを愛していることを知っているからです。あなたがたが私を必要としていた時、私は傍にいました。そして、あなたがたがハートとマインドで神の意思を敬愛する限り、たとえその期待を裏切っているように思える瞬間があったとしても、私はあなたがたの傍に居続けます。

しかし、神の意思を裏切ることを私は容認しません。あなたがた全員が、決して壊すことも変えることもできないほどに強固な意思を持つ日がやってくることを願っています。私はその日を待っています。私たちがそうしたように、あなたがたが存在すべてを光へと捧げる準備が整う時を待っています。わが使徒ひとりひとりが、クートフーミと同じように悟りに達する時を待っています。

互いに特性を共有・交換する方法を身に着ける

クートフーミについて少しお話したいと思います。あなたがたの多くが知っているように、クートフーミにはかつて心優しきアッシジの聖フランチェスコとして生きた人生がありました。神智学の時代、彼は私を大いに助けてくれました。そして今この瞬間、私の横に立っています。クートフーミの愛は穏やかで、誠実です。クートフーミはとても心優しく、忠実で、非常に賢明です。ダージリンや他のアシュラムで評議会のテーブルに着く時に、私たちが互いの特性を共有したり、交換したりしていることを、あなたがたはいつか理解するでしょう。そして、あなたがたも互いに特性を共有・交換する方法を身に付ける日が来るでしょう。

忍耐強さは人によりさまざまです。意思の強さもまた、人それぞれです。私たちと同じ意識に実際に到達した時、強い意思を持つ者と強い忍耐力を持つ者は、5つのパンと2匹の魚の逸話[6]のように、神性を無駄なく増大させることが可能なことをあなたがたは突如として理解するでしょう。それは銀行に貯金している現金とは違います。それは永遠なる本質だからです。あなたがたがその永遠なる本質を愛するほどに、神性はさらに拡大し、神性が増大するほどに、さらに徳の行為へとつながっていきます。神の意思とはそのようなものです。神の意思は善です。

素晴らしき存在たちよ。美しき自然や宇宙に囲まれ、驚異的な肉体に恵まれている人類が、どうして疑念を持つことなどできるでしょうか。それでも、人は疑います。今宵、私たちはその疑念を許します。ここに集うすべての者たちが、これまで抱いたあらゆる疑念について許されますように。無限なる宇宙的キリストの名において、私はあなたがたを許します。私はすべてに対する完全なる許しの存在です。イエスもかつて「行きなさい。これからは、もう罪を犯してはならない」[7]と言っています。疑いからではなく、愛から生きるのです。愛の力によって、あなたがたの敬愛が内なる神のプレゼンスへと、そしてアセンデッドマスターへと忠実に注がれ続けることでしょう。

そうして、私たちは強い忍耐力、意志力、献身を備えた学びの徒を形作ることができるでしょう。人類の中で、こうした必要な資質を備え、正義にとてつもなく飢え渇いている人たちが、アセンデッドマスターの活動を生み出していくのです。[8]

機会を活かしましょう

あなたがたに与えられている機会に気づいていますか。あなたがたがこれまで経験してきたさまざまな転生の真理に気づいている人はどれだけいるでしょうか。この地球を歩き、その完全なる姿を受け取るために、どれだけのチャンスを手にしたか、気づいている人は何人いるでしょうか。このように言うと非常に驚く人もいるかもしれません。しかし、この部屋にいる人の中には、私よりも以前からこの惑星に存在していながら、未だアセンションしていない人たちがいます。つまり、機会は常に活かされている訳ではないのです。人生が神の意思を実践する機会をあなたがた全員に与えていることを、今宵じっくりと考えてみてください。学術的な言い回しではとうてい伝えることのできない、神の意思に近いものが存在するということを、私は簡潔な言葉を使って、あなたがたに気づいていただきたいのです。

今宵、私は神の子であるあなたがたに語りかけます。神の愛とは掛け値のない愛です。私は過去に、人々に厳しく説教していた時代がありました。今宵、私は心からの愛とともに、神があなたがたに与えた機会[9]をさらに活かすよう、懇願するというよりは諭したいと思います。サウロの目からうろこが落ちたように、この惑星で大いなる存在以外の人に対してあなたがたが抱くあらゆる気持ちが剥がれ落ちますように。神があなたがたを愛してきたように、互いを愛する必要性についてじっくり考えてください。あなたがたの準備が整った時、思考とハートを探求する存在が、あなたがたが求めてきた勝利を与えることができることに、そして、その準備がいつ整うかは皆さん次第であることに、気づいていただきたいのです。

親愛なる存在たちよ。あなたがたが出発したその瞬間から、われらが父はあなたがたに勝利を与える用意がありました。私たちも、あなたがた同様に、時間を無駄に過ごし、先延ばしにした過去があります。しかし、先ほどお話したように、先延ばしという傾向は痛みや苦悩を必要以上に人類にもたらします。なぜなら、太陽は常にヒマワリの真上にあります。ヒマワリが朝から夕方まで——つまり、故郷を出発した瞬間から、光の故郷へと帰還する瞬間まで——太陽の動きに合わせて向きを変えることをしなくとも、それは太陽のせいではありません。それは、あなたがたのせいです。しかし、私たちはあなたがた全員の中にある善を信じています。だからこそ今宵は、普段どおりのメッセージではなく、具体的な訓戒を述べています。

神を求める道は開かれています

昨晩、サン＝ジェルマンがあなたがたに立派に語りかけました。数人が言ったように、彼のメッセージはこれまで皆さんが聞いたどのようなメッセージよりも素晴らしいものでした。昨夜、サン＝ジェルマンのように荘厳な神があれほどのエネルギーと愛をあなたがたに注ぐことができたのであれば、サン＝ジェルマンには及ばないかもしれないものの、私の愛、簡潔さ、謙虚さ、そして皆さんを助けたいという願いを少なくとも理解してもらうことはできるのではないかと思いました。言い換えれば、サン＝ジェルマンが語ったゴールに向かって、私もあなたがたを促したいと願っています。

ここに集う荘厳な魂たちよ。あなたがたを愛しています。自分自身を実際に光に捧げた、あなたがた全員を私は知っています。そして、まだそうしていない人は、理解していなかったのです。しかし、神を見いだす道は開いていることを、あなたがた全員が理解できます。世界にあるさまざまな宗教の教義を十分には理解できないかもしれません。あなたがたのハートの中にある切望の意味を十分には理解できないかもしれません。しかし、高きところに輝く光があること、そしてその光が高き運命や使命へとあなたがたを呼びかけていることは理解できるでしょう。そして、私たちと同じように、ちょっとした過ちを犯しているように感じられるたび、心機一転スタートし、敗北を勝利へと変換することができるのです。皆さんにはできます。私たちが傍にいます。私たちは地上のどの子どもにも反対しません。私たちは神の意思を完全に支持しています。あなたがたひとりひとりに勝利、豊かさ、必要なもの、健康、喜び、幸福、あらゆる良きものを与えることこそが神の意思です。

故郷に帰りましょう

今宵、この空間を去る前に、皆さんに笑顔を贈りたいと思います。明日の夜は世界の主である、親愛なるゴータマ・ブッダ★がシャンバラから皆さんに語りかけ、素晴らしきインスピレーションをあなたがたに与えてくださるでしょう。高揚感に包まれて帰宅した後で、外の物質主義的な世界にほっぽり出されて、がっかりするような経験をしてほしくない、という想いから、今宵、私はより粛々と役割をこなし、機会を活かすことをあなたがたに諭すことを選択しました。なぜなら、昨夜サン＝ジェルマンがそうしたように、あなたがたは明日以降のメッセージでも、神があなたがたに注ぐ素晴らしきものを目にするからです。同時に、私はあなたがたの帰還を望んでいます。あなたがたに向けられた神の願いや意思へと、自身を完全にゆだねていただきたいのです。

これを実現するためにも、無分別な言動に囚われた時は何度でも立ち止まって熟考し、怒り、恐れ、その他の欲望といった、肉体を持つ存在ならではの感情の波動を、あなたがたの意識の中で上昇させてください。地球的で物質主義的な感情が吹き出す時は、あなたがたの「消火器」を使い、転換し、意識を上昇させなければなりません。今宵の私の言葉を皆さんは忘れないでしょう。そして、次回私があなたがたに向けてお話しする機会がある時は、皆さんが物理的に少し嬉しくなるようなものをダージリンからもたらす予定です。しかし、あなたがたの多くは今宵の私のメッセージを、宇宙の偉大な前進に向けて語られたものとして記憶することでしょう。

ここに集うすべての人たち、そして地球上すべての人たちの宇宙の無限の光、偉大なるアイ・アム・プレゼンス、汝であることのすべての栄光と名誉、汝の素晴らしさへのすべての感謝、敬愛、賛美よ。神の幸福という永遠の忠誠の輝きを、この地上で顕現するのです。今この時、降り注ぐ神の愛を地上のすべての人に感じてもらいましょう。そして、神の顕在的創造の結果、すべてが永遠に美しく、豊かで、力強く、愛らしくあるようになる、ということを知り、全員が歓喜しますように。

絶えることのない神の光の中で、平安があなたがたに訪れますように。親愛なるクートフーミ、そしてダージリンの兄弟たちが、今宵あなたがたを祝福しています。安心してください。賢明であってください。偉大なるアセンデッドマスターの使徒であってください。この地上においてあなたがたのプレゼンスを発揮することで、神が人間とともに歩き、対話をします。

あなたがたに感謝します。

１９６０年10月14日
ニューヨーク州ニューヨークシティ
（メッセンジャー／マーク・L・プロフェット）

第9章　サミット・ライトハウスをつうじた調和

いにしえからの心の友たちよ。今宵、私は愛と友愛を強烈に感じています。なぜなら、参加しているあなたがたの多くは、長い距離を移動してきたからです。物理的な距離だけでなく、中には、過去生の多くで私を直接知っていて、この建設的な取組みに参加している人もいます。［観衆が起立。］あなたがたの神のプレゼンス――アイ・アムの名において、ご挨拶申し上げます。どうぞ、お座りください。

あなたがた自身の神のプレゼンスが放つ光線が、人間の涙によって遮られることがないのは、どんなに素晴らしいことでしょう。あなたがた自身の神のプレゼンスが放つ光線が、涙によって弱まることがないのは、どんなに素晴らしいことでしょう。神のハートから出発した瞬間からあなたがたに備わっている尊厳と美しさを、内なるプレゼンスによって保てることを、私は心から喜んでいます。人生のネガティブな面を受け入れる人たちは、人間の意識や生命の脆《もろ》さに打撃を受けるかもしれません。しかし、内なるプレゼンスから意識を逸らすことなく進む人たちは、うわべの様子がどのようなものであれ、プレゼンスにより保たれ続けます。

親愛なる存在たちよ。神のプレゼンスの力と完全性は、言葉で簡単に変えられるものではありません。たとえ神は存在しないと人類が宣言しても、それは即座に無効にされます。

この惑星の至るところで毎日「アイ・アム」と宣言する数千人の人たちが、知らず知らずのうちに神の存在を肯定しているからです。同じように、目を開けた時に、気づきが自分の存在に流れ込む瞬間、あなたがたは神の存在を肯定しているのです。

神の意思について熟考する習慣を身に付けてください

神の善なる意思が、日々あなたがたの意識の中に流れ込んでいます。耳を傾けてください。神の意思について熟考する習慣を身に付けてください。人は人間意識のぬかるみが入り込むのを許した瞬間、ちょっとした流砂の不意打ちを食らい、人生は不完全なものであるという考えを受け入れてしまうことがよくあります。しかし、神のプレゼンスをしっかり見つめ続ければ、うわべの状況にかかわらず、自分の世界の中でより高い領域の波動を生み出す方法を素早く身に付けるでしょう。中には、何年もそれに取り組んできたものの、望んでいたような成果が得られていないと言う人もいるでしょう。親愛なる存在たちよ。そのような人は、ひとつの転生のある部分だけの努力を言っているのです。あなたがたは、私たちが完全性という成果を上げるために、どれだけの転生を費やしたと思いますか。しかし、あなたがたは今、アセンデッドマスターの力、天使の力、そして紫の炎の力が存在する、神の完全性の時代を生きています。すなわち、あなたがたは今までになく自由を見いだすことができるのです。内なるプレゼンスの中心からもたらされる、この素晴らしいギフトに気づいている人たちは誰もが、感謝の気持ちを感じざるを得ないことでしょう。

友情の美しさ

親愛なる存在たちよ。今宵、あなたがたの歌声を聞きながら歓喜の気持ちが溢れました。なぜなら、肉体をまとっていた時代に幸せな年月を過ごした、美しい島々が心に浮かんだからです。中でも、エメラルド島や、シャノンの美しさ、アイルランドの田園地帯が思い出されます。これらの土地には、どこか特別な内なる美しさがあります。親愛なる存在たちよ。「かつてタラの広間に竪琴は」[1]が今宵再び響く中、私は友情の美しさについて触れたいという強い気持ちに駆られています。

人類が慌ただしい商業主義的な混乱の中にある今、人は時に友情がすべての人にもたらす恵みについて立ち止まり、じっくり考えることをしません。あなたがたは友人であり、隣人であり、勝利に向かって歩みを進める精神的取組みの同志です。私自身のライフストリーム、親愛なるクートフーミ、ディワル・クルとの間で長年続いてきた友情は、それ自体が永遠に生き続ける、友情の力を表す記念碑なのです。讃美歌「われらはきたりぬ」を聞いたディワル・クルと親愛なるクートフーミは、私とともに歓喜しました。そして、あの聖なる夜に空に瞬く星を目印に砂漠を渡った私たちの旅路を歌で讃える老若男女にささやかな祝福を贈ります。

親愛なる存在たちよ。あらゆる永遠の努力の美しさはその永続性の中に存在します。現在に至るまで、砂漠を渡ったあの旅路を人類は讃えてきました。しかし、偉大なる戦いの英雄や、いわゆる部族の戦士長は、不名誉な存在になり下がり、歴史にほとんど登場することはありません。ライフストリームがひとつの理念に献身できることは、なんと素晴らしいことなのでしょう。理念を守る意思を持つ人たち、美しさを守る意思を持つ人たち、自らの内なるプレゼンスの完全性を守る意思を持つ人たちがいることを思うたび、私は歓喜に包まれます。私、親愛なるクートフーミ、そしてグレートホワイトブラザーフッドの全メンバーは、これまで長きにわたり、神のあらゆる力と美しさをこの素晴らしき惑星の人々にもたらそうと努力してきました。私たちがその完全性をまだ体現していない、と感じる人も存在します。

人生の完全性についてのアセンデッドマスターの視点

親愛なる存在たちよ。欠乏というものがもし存在するなら、それは人間の領域にあります。それは、人生の不完全性に意識を固定させてきたからです。人類が人生の不完全性に対してと同じ位の強度で、神へ全ハートを向けたならば、すぐに自分たちの次元の意識に変化がもたらされ、意識の拡大が起こるでしょう。それこそが、私が今宵ここにやってきた目的です。人生の完全性についての俯瞰図を語るだけでなく、アセンデッドマスターの視点をあなたがたにお話したいと思っています。

今宵この場所には、ダージリンにあるわが愛すべきアシュラムを訪れることを切望している人たちが何人もいます。私はこれまで、神の意思にさらに近づくことを願うさまざまなライフストリームに対して扉を開放してきました。中には、暖炉で身体を温めながら、その火が私たちの図書室で常に存在・顕現している、美しく燃え盛る神の意思であることに気づかない人もいました。親愛なる存在たちよ。永遠の完全性の美しさ、その計画についてさらに学ぶために、ここを訪れる意思のある人すべてを、私は心から歓迎します。

現在、人類の関心はあまりにも外側の世界に向けられていることが多いため、人類がアセンデッドマスターの領域に存在する完全性を創造することは簡単ではありません。プレゼンスの完全性をあなたがたがより理解すればどんなに素晴らしいだろう、と私は思います。プレゼンスから伸びる光の腕は、地球上に存在するあらゆるライフストリームをいかなる時も包み込んでいます。これこそ、明白な顕現です。それでも、人はプレゼンスやその光に背を向け、闇の創造物に目を向けるのです。彼らが闇を具現化させた時、誰を責めることができるでしょうか。アセンデッドマスターを責めることも、内なるプレゼンスを責めることもできません。人類は自分の心に正直になり、誤った方向に関心を向けたことに原因があることを受け入れる必要があります。私たちはこれまでも、そしてこれからも、忍耐強くあります。しかし、親愛なる存在たちよ。偉大なる宇宙の法則は、不公平というものを知りません。宇宙の法則は、あなたがたの思考に沿って作用します。思考が誤った方向に行くことを選択したならば、宇宙の法則はそれに従います。宇宙の法則は逸脱することも、間違いを犯すこともありません。これまで、偉大なる宇宙の法則を出し抜くことができるかもしれない、と考えた人もいるかもしれません。しかし、宇宙の法律は常に完璧に作用します。鼓動する心臓の内側にある生命のプレゼンスに忠実であることで、神の意思を具現化させた時、偉大なる宇宙の法則は愛という報酬をもたらします。そして、愛は決して裏切ることがありません。

光が導く道がどこへ続くものであってもその道を辿りましょう

親愛なる存在たちよ。はるか昔の神智学運動の時代、私はヘレナ・ブラヴァツキー夫人をつうじて、神智学運動の教えを広めることに多大な努力を払いました。当時、私たちがもたらす知識、インスピレーション、英知に耳を傾け、啓発された人たちが多くいました。その後、ゴッドフリーが呼ばれ、国の至るところで数多くの人が素早く反応しました。運動はにわかに活気づき、アイ・アム・プレゼンスの知識が明白になりました。神智学運動の時代に私たちを信奉した人たちの中には、運動がもたらす安全地帯に留まることを選び、偉大なるアイ・アム・プレゼンスをつうじてもたらされる、より偉大な光へと歩みを進めようとしなかった人たちもいました。

何世紀にもわたり、人類は自らを奮い立たせ、より偉大なる光の顕現を受け入れることをしないできました。しかし、親愛なる存在たちよ。私たちアセンデッドマスターは、ご存じの通り、人間の反応によって条件付けられることはありません。私たち自身が偉大なる宇宙の法則の一部なのです。だからこそ、神の顕現における偉大な法則の一部として、私たちは全人類の悟りを目指す領域から、神聖なる完全性の計画をもたらします。心や意識の中で強烈に反応が起こり、光が導く道がどこへ続くものであってもその道を辿るかどうかは、個人次第です。

サミット・ライトハウスの目的

私たちがサミット・ライトハウスを生み出した目的と理由は、神のもとでの宇宙政府の設立に尽きます。神聖なる原理の統一と、人類が形而上学と名付けた知識の公開です。これにより、さまざまな取組みを支持したり、さまざまな概念を持ったりする人たちが、世界のキリスト教、イスラム教、仏教の運動に関わる人々に対して、共同前線を示すことができるのです。

親愛なる存在たちよ。これらの既存の運動を離れた人たちが、より偉大な光が存在する取組みに加わった後で、そこが分裂、対抗、理不尽な条件が存在し、人々が悪口を言い合っている場所であることに気づくのは、痛ましいことです。そんな時、こうした人たちは、幼少期から慣れ親しんでいた特定の原理や教えに戻るのが一番良いのだ、自分は道を間違えたのだと感じてしまうのです。だからこそ、神のもとで、すべての人を自分自身の存在の頂上へと導くことが、極めて賢明なのです。

組織を生み出すことだけが私たちの目的ではありません。親愛なる存在たちよ。マグナカルタ〔大憲章〕は偉大な文書です。実は、マグナカルタは、自由とその理念が人類によって讃えられるよう、ラニーミード〔英テムズ川河畔の町〕で霊的に生み出された憲章なのです。あなたがたの親愛なるサン＝ジェルマンをつうじて具現化・発布されたアメリカ憲法もまた、ある目的のために具現化された、貴重な文書です。

親愛なる存在たちよ。アメリカ合衆国が具現化されたのは、世界の商業的利害のためだった、とあなたがたは考えていますか。独立革命の混乱の時代に人々が結束したのは、巨大な鉄道や店舗を作るためだった、とあなたがたは考えていますか。決してそうではありませんね。こうしたものはすべて偶発的ながら、通信や輸送の必要要素でした。親愛なる存在たちよ。この偉大な国アメリカの目的とは、神のもとで自由を創り出すことです。人々が愛の力、内なるアイ・アム・プレゼンスの力を学び、アメリカがアセンデッドマスターの国となり、古くからの夢を実現できるようにすることです。しかし、連邦捜査局（ＦＢＩ）の歴代の犯罪報告を見ても、このような基準からアメリカがいかに逸脱してしまっているかは明らかです。

解放への道は調和の中に

親愛なる存在たちよ。これは神の計画ではありません。私たちは今宵、解放への道は調和の中にあると、あなたがたに宣言します。アメリカがそれぞれに主権を持つ、独立したバラバラの50の州で構成されていたならば、アメリカは現在有している力の多くを手にしていないでしょう。その強さは調和の中にこそあるのです。各州は独自の憲章や、進む道のり、議会を有しているものの、中央政府内には大きな調和が存在しています。

サミット・ライトハウスの構想は、これと同じ信念から生まれました。

あらゆる宗教、人類のあらゆる建設的で世俗的な努力が光によって生み出されるのです。その光とは神の光です。あらゆる建設的努力には共通の目的があります。考えや概念はひとりひとり異なったり、常に同意に達する訳ではなかったりするかもしれません。それでも、こうした努力には共通の建設的目標があります。それは、人類の自由、悟り、平和をもたらすことです。サミット・ライトハウスの設立の目的は、先ほど申し上げたように、調和を生み出すことです。

このため、この場所や、世界中のさまざまなサンクチュアリで、紫の炎の集いを開く時、紫の炎の勢いを高め、その聖なる炎の力を引き出すためにも、可能な限り多くの人たちが参加できればよいと思いませんか。分離の状態に居続け、調和することを全く選択しない人たちは、神の意思を歩んではいません。親愛なる存在たちよ。違いはどこで生まれるのでしょう。調和そのものである神の思考やハートの中で作り上げられるのでしょうか。調和の天使であるミカの思考の中で作り上げられるのでしょうか。違いは人間の思考の中で作り上げられます。そして、分離の力を増幅させ、あなたがたを分裂させ、生命、光、愛のスピリットの中で調和を感じさせないようにする、邪悪な勢力によってかき立てられるのです。

ダージリンで私たちが両手を広げて「暖炉の聖なる火で身体を温めなさい。私たちの聖なる交流に参加しましょう」と言う時、私たちはあらゆる人を歓迎します。すべての人をです。この光を差し出すあらゆる場所で、あらゆる人を迎え入れ、人々を団結させましょう。メッセンジャーが話しているこの瞬間にも、ダージリンに行きたいと感じている人もいます。一方で、メッセンジャーが話していない時には、ダージリンからメッセージは届かないからと、ダージリンへの旅は必要ないと感じる人もいるかもしれません。

しかし、あなたがたが神聖なる炎と紫の炎のために集う時にこそ、勢いが生み出されるのです。この場所であなたがたのリーダーを務める人たちは、れっきとした理由で神により任命され、自らを捧げてきた人たちです。人は他者をさまざまに解釈するでしょう。しかし、互いを一点の曇りもない目で見つめる人は、決してそのことを忘れることはありません。もし光の兄弟や姉妹に対して抱いた考えが後になって誤りであったことが判明したなら、恥ずかしい思いをするのはあなたがたです。そして、私たちはあなたがたが恥ずかしさに苛《さいな》まれることを望みません。あらゆる人に愛の力を感じてほしいからです。

私の願いは完全なる調和です

つまり、今宵の私の願いは、完全なる調和です。私がここで話をしているのは、不協和がここに現れているからではなく、平和の絆や永遠なる慈悲深さの絆が本物であること、そして、それらが、人間が生み出しうるいかなる創造物より強力であることを理解してもらうため、あなたがたの結束を強めることを願って話をしているのです。愛はあらゆる憎しみや不協和よりも強いのだ、ということに改めて気づいてもらうために、そして、私たちが長きにわたり仕えてきた、神の意思がより強い駆動力となるように、こうしてお話しししています。新たな年に訪れる宇宙からの後押しにより、アイ・アム・プレゼンスの法則を渇望する、世界中の数百万の人々が、アセンデッドマスターの輝きから地球へと授けられる滋養を受け取るようになるでしょう。

なぜなら、偉大なる宇宙の法則を理解する人々が増えるからです。

親愛なる存在たちよ。あなたがたがこの光の中に初めて足を踏み入れ、輝きの中で腰を下ろし、メッセージを聞いた時、そして、強力な力があなたがたの身体や意識の中を流れ、物理的な形、制限など、自分を縛るあらゆる状況から解放されたと感じた時に味わった素晴らしい気持ちを覚えていますか。とてつもない幸福を感じませんでしたか。羽によってふわりと持ち上げられたように感じませんでしたか。親愛なる存在たちよ。この感覚を他者と分かち合いたいと思いませんか。神を源とする、とてつもなく大きなハートを持つあなたがたは、きっとそう感じているでしょう。あなたがたのハートは私のハートと同じです。親愛なる存在たちよ。あなたがたはその大きなハートの扉をグレートホワイトブラザーフッドの偉大なる力へ、調和の力へ、そして強さを備えた力へと開こうとしています。

一本の棒をいとも簡単に折ることができるのを描いた絵を見たことがあるでしょう。そして現在、アイ・アム・プレゼンスの取組みとして行われている努力が数多く存在します。すべての人はアイ・アム・プレゼンスの顕現です。しかし、その法則を全員が知っている訳でも、それに沿って生きている訳でも、あなたがたのようにアセンションに備えている訳でもありません。今宵、私があなたがたの教師、校長、長としてここにやってきたのは、言うなれば、皆さんにインスピレーションを与える言葉を伝えるためです。また、久しぶりに皆さんにクギをさすという役割も担っています。長いことクギをさされたことがない人たちへの愛から、私はあなたがたの中には励ましが少し必要な人もいる、と判断しました。

親愛なる存在たちよ。あなたがたは留年することを望んでいないはずです。あなたがたは他者が留年することも望んでいないはずです。あなたがたは神聖なる愛の力が勝利することを望んでいます。私はあなたがたがこの世界で恐れを抱くことを望んでいません。私はあなたがたが恐れを原動力とすることを望んでいません。私はあなたがたが人類への愛を原動力とし、喜びとともにアセンションを始めることを望んでいます。あなたがたが自らのアセンションを計画するとともに、できるだけ多くの人をその道に導こうとしているのは素晴らしいことではありませんか。

世界に対して共同前線を示すことは、すなわち、世界に対して神を示すことです。神を裂くことができるでしょうか。ダージリンの評議会を裂くことができると思いますか。グレートホワイトブラザーフッドの精神を裂くことができると思いますか。裂くことができるのは聖体です。イエスが言ったように、私たちが「取って食べよ。これは私の身体である」、「これは、あなたがたのための私の身体である」と言う時[2]、それは神をありのままに顕現させた聖なるスピリットの象徴です。神をありのままに顕現するなら、それはすべて同じ方向を向く必要があります。つまり、同じ方向を向くことで、私たちは取組みを行うための胴体を持つのです。そして、取組みを行うための胴体を持つことで、その胴体は私たちの精神力によって強くなります。私たちの知恵によって賢くなるのです。蛇のように賢く、ハトのように無害になるのです。[3]

互いについて一点の曇りもなき認識を持ちましょう

親愛なる存在たちよ。私は「たとえ今宵とても愛しく見つめているあなたの、人を惹きつける若い魅力のすべて」[4]そのものとして、あなたがたを見つめています。白くなった髪も、顔のしわも、私の目には映りません。なぜなら、私はあなたがたの光の身体を見つめているからです。自分を光でできた身体としてとらえてほしいのです。自分を永遠なる完全な存在としてとらえてほしいのです。全人類を永遠なる完全な存在としてとらえてほしいのです。

今宵、私をつうじてあなたがたに愛を送っている、親愛なる聖母マリアは、あなたがたが互いについて一点の曇りもなき認識を持つよう願っています。単なるリップサービスではなく、思考とハートの動的な力を作動させるのです。思考と意識を客観的に認識し、互いについて一点の曇りもなき認識を持った時、ゴシップなどできるでしょうか。一点の曇りもなき認識を持った時、他のライフストリームの不完全性を非難するような言葉を一言でも発することができるでしょうか。嘘をつき、それを真実と呼ぶことはできません。親愛なる存在たちよ。真実は神であるが故に真実なのです。そして、神は完全です。互いについて一点の曇りもなき認識を持ったなら、あなたがたは来年、これまで学びの徒として経験したことのない、勝利への衝動へと足を踏み入れるでしょう。

今宵、私は神の名において、あなたがたが愛の精神とともに私のメッセージを受け取るよう祈りを捧げます。クギをさしているように聞こえるかもしれませんが、私はアセンデッドマスターと宇宙の存在たちの偉大なる愛を携えてここにやってきました。そして、この心優しき地球で神の意思を達成させ、数えきれないほどの人々を不協和、混乱、不幸から解放する、神聖なる調和をあなたがたに求めます。そしてこれは、神のもとで国全体が祝福されるための先見性と若き心の力を備えた、この国の次期大統領を助けることになるのです。

自由の女神とアセンデッドマスターは常に外的状況を見ている訳ではないことを、今回の選挙の結果に幾分落胆したあなたがたの多くが理解することでしょう。物事は、個人の知識を超えた理由によって展開します。私たちは常に、地球体にとって最善なものを顕現させるべく努力しています。

グレートホワイトブラザーフッドに仕える存在の中には、特定の霊的取組みとは関係がなく、地球上の誰にもその名を知られず、そして同志にも知られていない存在が多くいます。親愛なるK‐17〔地球にはまだ知られていない、宇宙的組織を指すと思われる〕は、宇宙シークレットサービス内に多数のメンバーを有しているものの、メンバーたちは必ずしも互いを知っている訳ではありません。科学的に解明されていない謎はたくさん存在するのです。新たなフロンティアが存在し、さまざまな開拓の余地があります。しかし、もし人類が多額の資金を費やして宇宙に到達することで、地球が抱えているニーズを解消できると考えているならば、注意が必要です。なぜなら、偉大なる太陽系が内側のハートから光を放つ地球にとってふさわしい場所を見つけられるようになる前に、地球上に存在する飢餓、苦悩、混乱、争い、憎しみ、不公平が正される必要があるからです。

この場所に光を迎えましょう

サン＝ジェルマンの親愛なる子どもたちよ。アイ・アムの民の親愛なる子どもたちよ。サン＝ジェルマンの親愛なる民兵たちよ。光を愛し、長年光に仕え、率先して布告に努め、観衆や参加者として関わり、サンクチュアリの責任者として奉仕し、メッセンジャーの役割を担ってきた、あなたがたすべてに対して、感謝の意を表します。人に優劣はありません。親愛なるイエスは、最後の晩餐で手ぬぐいを取って腰にまといながらこう言いました――「あなたがたの間で偉くなりたいと思う者は、仕える人とならねばならない」[6]。長きにわたり自由を勝ち取り、神の自由や至福の感覚を知っていると同時に、惨めで厄介なこの惑星の不完全性を一掃するためにやってきた私たちアセンデッドマスターは、人間の不協和について少しは理解しているつもりです。そして、地球が私たちと同じ領域になればいいのに、と思う時もあります。それでも、私たちは仕えます。

肉体をまとって生きることや、他人から投影される落胆、人間の崩壊、否定、苦しみの思念を受け取るのは、極めて困難なものです。中には、あまりの困難から、疑問に包まれ、疲れ切って眠りにつく人たちもいることも知っています。これはすべて、光と内なるプレゼンスの力と圧力が、まだあなたがたの意識に十分入っていないためです。だからこそ、今宵は、私の声を小さくする代わりに、私の中に備わっている光の力を強めることにしましょう。

愛の第一光線を司る、私エル・モリヤは、偉大なるアイ・アム・プレゼンスである神の名において、自然やエレメントの勢力に直接語りかけ、こう言います――この場所に光あれ、と。ここに集うすべての人の思考、意識、感覚に光が浸透するように。そして、神の名において、アセンションした存在の聖なる炎と聖なるハートの力によって、やる気を削ぐあらゆるもの、人間の思念、人間の思考プロセスから彼らが解放されるように。神の美しさのビジョンへと、そして、神の意思という青空が広がり、その中に聖なる英知と強さを備えた太陽が輝く、エメラルド色の島としての美しく完全な世界のビジョンへと駆け上がるように。この場所にいる全員の思考、世界、日常が光で満ちるように。そして、全員が神の絶対的な完全性という感覚とともに、これからの日々を過ごせるように。

あなたがたは正義の杖を持っています――指揮を執りましょう

私は今、偉大なるアイ・アム・プレゼンスである、神の名において話しました。親愛なる存在たちよ。私は私の愛だけでなく、すべてのアセンデッドマスター、天使、エレメンタル、★女神《ディーバ》、形の構築者の愛をあなたがたに授けます。もし偉大な内なるアイ・アム・プレゼンスの名において、決意とともに、あらゆるところで善だけが姿を表すよう願う気持ちとともに、あなたがたが要求すれば、すべてはあなたがたが望むままになるのです。これは、人類のあらゆる英知より偉大です。たくさんの英知を携えていたソロモンでさえも、彼の内なるアイ・アム・プレゼンスの前では、何も持たないも同然でした。

その力はあなたがたの手の中にあるのです。あなたがたは右手に正義の杖を握っているのです。さあ、指揮を執るのです。もう、狼狽や恐れは不要です。あなたがたは新時代の代表者です。そして、英知のマスターたちは、このクラスの間に、できるだけ多くのあなたがたを完全なるより偉大な光の中で活性化させようと計画しています。親愛なる存在たちよ。最高地点というものはありません。あなたがたには光による活性化が必要です。そして、私たちにはあなたがたが必要です。神の聖なる計画、神の意図、神の愛に沿ってハートの扉を開くすべての人を神は活用するでしょう。

今宵、遠路はるばるこの集いに参加してくれた方々に感謝します。ありし日を思い起こさせます。このような集いは今後もますます拡大を続けていくことでしょう。今宵ここでそのことを確信しているあなたがたは、地球上のすべての男、女、子どもが神の自由を獲得し、光へとアセンションするまで、この惑星上で私たちの活動の前線に立つか、もしくは、私たちの評議会とともに前線で光に仕えるでしょう。これは神の意思です。

私は神の意思の顕現です。みなさんひとりひとりに感謝します。おやすみなさい。

１９６０年12月30日金曜日
ニューヨーク州ニューヨークシティ
（メッセンジャー／マーク・Ｌ・プロフェット）

第10章　自由への鍵

わが子どもたちよ。光の評議会のテーブルの周りに集まりなさい。「アイ・ウィル」を信条とするダージリンのブラザーフッドは、神のプレゼンスが持つ完全性を備えたあなたがた全員に挨拶します。光は活力に溢れています。それは神のスピリットそのものです。それはあらゆるライフストリームにとって恩恵です。私たちはハートの奥まった場所を開放します。思考や意識にかかっているカーテンを引き、私たちの揺ぎなきビジョン、善に気づく力が流れ込むことを可能にします。その意味では、親愛なるメアリー・マインタよ。前世で肉体をまとったあなたの物理的兄弟として存在し、現在は宇宙の兄弟となった、私の愛を今宵あなたに授けます。今宵あなたが取った行動は素晴らしいものでした。あなたのライフストリームは、理解とその瞬間の必要性から、あなたが勇気をもって行ったことを、決して後悔することはないでしょう。

神の法則、神の意思は善です。今宵ここにいる全員に明かしたいと思います。この惑星には、（すべてとは言わないまでも、一部の）演劇や小説をつうじて、神の意思の信用を傷つけ、神に対する不可知論や皮肉な精神を生み出し、もし神が善ならば不正など起こらないはずだと人類を納得させるための、邪悪な活動の蓄積が具現化しています。

このような精神は非常に巧妙に人類に働きかけ、興味を引くさまざまな形で姿を現します。しかし、神を愛する者ならば、ふたつの領域の違いを理解するでしょう。自分たちのハートの生命の炎の中で現れる神の世界――偉大なる内なるアイ・アム・プレゼンス、宇宙に顕現する三重の炎――と、人間の意識の中を不協和として流れ、新聞や映画で見聞きするあらゆる災難を生み出す、誤ったエネルギーの間にある違いを理解するでしょう。

親愛なる存在たちよ。形という一時的な世界の中に、自然界には存在しない不協和というものが存在するという事実だけを取っても、それが神の意思ではないことは明らかです。「アイ・アム」という言葉以外に人間の目やイマジネーションでは表現しきれない、美しさ、愛らしさ、驚異こそが、神の意思です。神の意思として存在することでのみ、人類は完全性を理解してきました。

到達への道

人生という映画の中に生まれ落ちる赤ん坊は、力なく泣きながら、内なる神のプレゼンスの腕に包まれるのを感じることができます。そして、安らぎを与えてくれる、プレゼンスの癒しを受け取ることができます。この偉大なる神のプレゼンスは、たとえどんなに無知な人の人生でも、その最期まで存在し続けます。そして、彼らの多くは、とりわけ神のプレゼンスへと意識を向けたなら、神を身近に感じ、聖なる存在に気づく瞬間を味わうでしょう。

「アイ・アム」と、「アイ・アム・プレゼンス」そのものには違いがあります。人類はそれになりつつある段階にあり、正義の衣をまだ身にまとってはいないのです。プレゼンスの完全性にまだ到達していないのです。

もしすでに到達していたならば、物理的肉体を失うというプロセスを経験する必要すらなくなります。イエスがそうしたように、アセンションの栄光の中で、自動的に昇天することができるからです。長年にわたり光に仕えてきた、偉大なる光の学び手ですらも、これを必ずしも経験する訳ではないという事実をとっても、到達への道は特に人間にとっては不可能ではなくとも、簡単ではないことがわかります。

親愛なる存在たちよ。いにしえの偉大なる聖人や哲人の多くが、現在あなたがたが持っているような紫の炎や「アイ・アム・プレゼンス」の知識がなくとも、言うなれば、這うようにして神へ近づくことができた、ということを忘れないでください。近年では、ボンツァーノ枢機卿など、その中の一部の人は光へのアセンションを果たしています。つまり、たとえキリスト教の道を通ってでも謙虚さの道を進み、アセンションを達成することへの希望が存在しました。ルクソールのブラザーフッド、親愛なるセラピスや他のアセンデッドマスターが持つ偉大なる知識が明らかになることで、神の溢れ出る愛が、物理的肉体の周囲にまとう、透明な光の衣を紡ぐのをきっと助けてくれることでしょう。そして、光の衣は、この偉大なる光の惑星に存在する、不協和という内なる外套《がいとう》が完全な光となるまで、変容の任務を果たし続けるでしょう。

神は何人も惑わしません

親愛なる存在たちよ。不協和の思考があなたがたのマインドを通過する時、それはあなたがたの内なるプレゼンスから放たれたものですか。神が人を惑わすなどと考える人などいるでしょうか。「神は何人も惑わさない」と記されています。[1] 人が誘惑に負ける時、それは地上の自身の意識、そして誤ったエネルギーに誘惑されているのです。

もしくは、大都市の中だけでなく、高速道路から横道まで、人間のあらゆる創造から押し寄せ、渦巻く、誤った集合的エネルギーに引き付けられているのです。

あなたがたは許可の布告を行いました。「あなたがたは無力です！　あなたがたは無力です！　あなたがたは無力です！　全能なる神だけが、行動できる唯一の力である！」。中にはこう言う人もいるでしょう——「この布告を行ったのに、この状況が完全に修正されないのはどうしてなのか」親愛なる存在たちよ。人類には自由意志があるということを忘れないでください。もし自由意志が存在しないのなら、私はあなたがたにそう伝えています。[2] 第一光線を司る存在、そして神の意思の代表者として、私は人間の意思が神聖なる意思になることに関心があります。自由意志を持つ個人は、その権利を行使します。そして、何をすればよいか途方に暮れるあまり、自らの意思により神の偉大なる法則から背を向けることを選択します。このため、彼らの心の奥深くには神の意思を実践する意図があっても、神の意思はないがしろにされるのです。

邪悪なエネルギーの渦を避けましょう

このパラドックスはこれからも繰り広げられるでしょう。人は毎日のように誤ったエネルギーを生み出しています。たとえ一日中布告を行ったり、親愛なる大天使ミカエルとともに奉仕したり、地球からあらゆる人間の創造物を取り除いたりしていたとしても、翌朝には人間の不協和を生み出し始めるのです。こうしたエネルギーの渦は実在します。そして、あなたがたはそれを避けなければなりません。渦巻く邪悪なエネルギーの誘惑を感じ取った無力な人たちは、非常に邪悪な行為として人類によって歴史に記録されている、忌まわしい罪を犯してきました。親愛なる存在たちよ。彼らを許しましょう。彼らは自分の行いが分かっていないのです。[3]

彼らは、紫の炎の偉大な力のことも、光の柱のことも、アセンデッドマスターのことも知らず、誘惑に負けてしまったのです。彼らは、悪事を行う衝動があまりにも強いと感じ、神への忠誠を誓わず、適切な求めを行わなかったために、このような状況から逃れることができなかったのです。光の学び手たちがこのような形で犠牲者になることも、人類が誰ひとりとして犠牲者になることも、私たちは望んでいません。現在のアフリカの状況は人間の創造の結果です。しかし、それは世界の他の地域でも変わりありません。なぜなら、地球上のあらゆる土地で人間の創造が生み出されているからです。地球上のあらゆる場所で、紫の炎の力が必要とされています。

前回のクラスでは、光の女神である聖なるアメジストや、紫の炎の布告グループのための復活や弾みがもたらされることを支持する多くの存在たちからメッセージがやってきました。世界中から反応があったことに、感謝しています。その結果、アメリカでハマーショルド氏が現在に至るまで尊敬され、他にもこの惑星を守るためのさまざまな建設的活動が展開されてきました。しかし、親愛なる存在たちよ。戦いに一夜で勝利することはできません。これは聖なるスピリットのための継続的な戦いです。神の聖なるスピリットが人間の意識へと無制限のアクセスを有します。これは、人間は神が善であること、神の意思は美しく素晴らしいものであることを学ぶプロセスなのです。

あなたがたにできることはもっとあります

ここダージリンには、私たちのもとを多くの使徒が訪れ、一日12時間「神の意思は善なり」という単純な言葉について瞑想しています。彼らはその後、ここにいる試験官による試験を受け、瞑想の成果について質問に答えます。12時間の瞑想の後に彼らが何を学んだかをあなたがたが感じることができれば、自身の神の自由と、人類の自由のために、多大なる自制を自らに課すことを厭わない人たちがいるのだ、ということに気づくでしょう。

親愛なる存在たちよ。自分は光に仕えてきたと、あなたがたは言うでしょう。光のためにどれだけのことをしてきたかを、あなたがたは私に語るでしょう。この惑星で一部の人たちが行ったことに比べると、（決してあなたがたを侮辱するつもりはないのですが）あなたがたの行いは太陽に向かって燃える小さなろうそくのようなものです。私はあなたがたを辱めるためにこう言うのではなく、自分にはもっとたくさんのことができるのだ、ということをあなたがたはすでに知っているだろうからです。神のプレゼンス――アイ・アムの力は空間を広げ、あなたがたの意識を広げ、人間的な勝利というものを超えた勝利をあなたがたにもたらすことができるのです。

私たちは着手した戦いを守っていきます

アセンデッドマスターたちとダージリンの評議会は、この惑星上のいかなる個人や集団のために屈するつもりも、光のために私たちが着手した戦いを手放すつもりもありません。個人レベルで互いに戦うことや、私たちが神の光のために行っている行動の信用を傷つけることを選択した場合、その行いのカルマはその個人のみに降りかかります。そして、天地が彼らのいる場所から取り除かれ、彼らはカルマを体験しきることを強いられることでしょう。

彼らはいつかどこかで、自らの行いの罪を刈り取らなければならないのです。彼らはここにいるメッセンジャーや、その他の光のメッセンジャーに対して戦っているのではなく、尽きることのない神の光に対して直接戦いを挑んでいるのです。私たちが着手した戦いを守るつもりであることを、私は聖なるあなたがた全員に対して、そして光の力によって、宣言します。

そして、あなたがたのように長年にわたり仕えてきた学びの徒たちを私たちは目にすることでしょう。先ほどとは打って変わり、私があなたがたを褒めたたえているように感じられたなら、それは私が天邪鬼《あまのじゃく》だからではなく、あなたがたの美徳に触れているからです。なぜなら、あなたがたの中には非常に高潔な方たちや、非常に高潔であろうとしてきた方たちがいます。非常に高潔であろうと願った人たちはそうなるでしょう。それは、私が苦労して達成したエネルギーを彼らに授ける決心をしたからです。

そして今宵、私はこの場所に集う誠実な学び手たちの微細なエネルギーに対して宇宙的アクションを取るつもりです。そして、アイ・アム・プレゼンスから注入・送信される宇宙エネルギーが、あなたがたの微細なエネルギーを満たし、あなたがたが神の意思とは本当は何であるかを感じることができるようアトミック・ボディの構造を変化させます。

私の戦いはまだ始まってはいません

あなたがたの中には、光の一団について私が話した時、その場にいた人たちがいます。私の闘いはまだ始まってはいません。神聖なる神の意思のためにも、私はこの惑星上に存在する誤ったエネルギーの個人、集団、権力の源に対抗して、率直な学びの徒の組織を守ることを決意しています。

私は第一光線を司る存在として、宣言します。あなたがたは無力です！　あなたがたは無力です！　あなたがたは無力です！　行動できる唯一の力は神、全能なるアイ・アム・プレゼンス、神の無限の能力、宇宙の無限の目的、そして、第一光線のフォトンから放たれる神の無限に拡大する光だけです。光の第一フォトンは、宇宙存在のあらゆる軌跡を通り抜け、全宇宙の聖なる精神の神聖なる恵を拡大させ、美、輝き、平和、力、英知――つまり、宇宙のエッセンスによる神の三重の炎をもたらします。

私たちは神の勝利へ向かって前進しています

私は、第一光線を司る存在、エル・モリヤです。これまで度胸のなかった人は度胸がつき、光のために立ち上がり、内なる偉大なるアイ・アム・プレゼンスの光に向き合うことでしょう。天のもとでは、彼らをその光から引きずり下ろす力は存在しません。親愛なる存在たちよ。意欲的に仕事に取り掛かりましょう。私たちは神の勝利へ向かって前進しています。偉大なるアイ・アム・プレゼンスという法則を人類に知らしめるのです。親愛なるイエスが「もしこの人たちが黙れば、石が叫びます」[4]とはるか昔に宣言した、まさにその預言どおりの気づきを彼らにもたらすのです。

親愛なる存在たちよ。人類がこの素晴らしい機会を受け入れなくとも、何が起こるかを知ればあなたがたは驚嘆することでしょう。現在このことを理解していない人を、私たちは啓発し、最後まで理解しない人を誰よりも最初に理解させるつもりです。

あなたがたはチャンスという黄金の扉の前に立っています

親愛なる存在たちよ。私はあなたがたひとりひとりを愛しています。もし私がクギをさしているように感じられたなら、それは神への愛から行っていることです。神の意思において、あなたがたの宇宙的な善の能力を高めるために行っていることです。あなたがたの足の震えを止めるために、そして、今日私の目に映っている、人の心を惹きつける（あなたがたの）若々しい魅力を想いながら、行っていることです。[5]

あなたがたを愛しています。あなたがたを愛しています。私は第一光線を司る存在です。私は神の意思の顕現であり、正直であるための、そして、必要な時は静かであるための強さと勇気の顕現です。

親愛なる存在たちよ。あなたがたの目の前には常に、チャンスという黄金の扉と栄光が存在しています。その扉をたたく時、掛け金に手を伸ばして扉を開く時、私はあなたがたの傍にいます。そして、あなたがたが神の意思を敬愛する時、私の他にも、大天使ミカエルやイエスをはじめ、時間の誕生から、地球で人類の歴史が始まった瞬間までさかのぼる、無限に続く宇宙のマスターたちがあなたがたの傍にいます。すべての人に希望があります。私たちの信念は、光の信念です。

自由への鍵は内なるプレゼンスの中に存在します

最後に、一言お伝えしたいと思います。私が言いたいことは、明快です。人はひとりひとりが神の顕現にすぎません。神のプレゼンスが通り過ぎる時、人々がそれに従順であれば、神は彼らとともに歩きます。彼らが人間の創造に沿って歩く時、その行為は神のプレゼンスではありません。自由への鍵は内なるプレゼンスの中に存在します。他の誰も、第一光線やどの光線を司る存在も、あなたがたの代わりに鍵を回すことはできないのです。それでも、私たちはあなたがたを愛しています。今宵、あなたがたが宇宙的調和の中で肩と肩を並べて立つことを願いつつ、私たちはあなたがたとともに立っています。

感謝の祈り

あなたがたが神の意思に敬意を表して立ち上がる時［観客が立ち上がる］、私は天使たちの感謝の祈りをあなたがたに捧げます。

青き稲妻の天使たちよ、愛らしき真理と純潔の宇宙の友たちよ。神の意思の青き稲妻の一点の曇りもなき天使たちよ。愛らしい汝よ。愛らしい汝よ。

神の意思への従順さの顕現、神のプレゼンスが全宇宙を駆け抜ける感覚、神のハートがグレートセントラルサンの聖壇から惑星の祭壇や星間の祭壇に届く感覚よ。汝に祝福あれ！　誕生する赤ん坊のハートに注がれる煌めきの炎よ。通り過ぎるあらゆる生命を滋養する煌めきの炎よ。あらゆる者を神の普遍の完全性へと導く存在よ。汝に祝福あれ！　汝に祝福あれ、青い炎の天使たちよ。さあ、神を愛することを選択する、選ばれし民を祝福してください。時には不人気な考えかもしれない、神を愛するという選択を彼らは選びます。輝かしいあなたの意思へ向かって歩み、その中で永遠の救い、安らぎへと続く道を見いだす彼らをどんな時も祝福してください。

感謝します。あなたがたに祝福あれ。おやすみなさい。

1961年イースター
ニューヨーク州ニューヨークシティ
（メッセンジャー／マーク・L・プロフェット）

第11章　周期と偉大なる太陽の平穏の法則

すべてを包み込む、穏やかな宇宙の光が、あなたがたの世界、思考、日常へと注ぎ込まれますように。愛の第一光線の主、私エル・モリヤは今宵、神の意思という意識の中から、あなたがたに挨拶します。ヒマラヤ山脈、光の領域、ダージリンのブラザーフッドから、私たちの役割が持つ意味という意識をあなたがたに授けます。

人類は、神への敬愛という概念を、気持ちの中では非常にたやすく受け入れます。しかし、形ある外側の世界において、人がこの誓いを具現化したり、投影したりしようとすると、それほど簡単ではないことに時に気づきます。私は非難めいた気持ちでこのことを言っているのではありません。私たちの領域に存在する者全員が、あなたがたが日々経験していることを、かつて経験したことがあるからです。そして、私たちを高めてくれた神の光が、恩寵《グレース》や神性を授け、あなたがたを高めてくれることを、知っています。問題は、あなたがたがそれを認識しているか、という点です。

親愛なる存在たちよ。神性意識、現実に関する感覚、地球とそこに在るものすべては壮大なる全体性の可視的な部分であるという気づき、そして、「アイ・ウィル」を実践・宣言する存在が、外側で可視的に具現化しているものより、目に見えないものとしてはるかに多く存在しているという認識に立った時、あなたがたは私たちの領域へと続く最初の小さく、頼りない一歩を踏み出します。そして、何らかの形で、あなたがたの意識の中で、光の領域への扉が開くのです。

光は神です。神は光です。神の現実、明快さ、美しさ、意識は、すべての人とともに常に存在していえす。現在、一般的な人は、日々混乱、前提化、欺瞞が増し、神のプレゼンスからかけ離れている世界に気を取られています。そのような中で築き上げられるエネルギーは破壊的であるため、神の意思を具現化することなどできる訳もなく、扉は固く閉ざされ、内なる神性意識で聞くことのできるノックに耳を傾けることができません。

霊的視力が必要です

光の建設的なエネルギーは、世界中の私たちのアシュラムで弟子たちに教えられています。夜、あなたがたの多くは微細なエネルギーとして私たちと一緒に参加し、光の衣をまとっています。内なるクラスで指導を受けたあなたがたは、元気を回復して形のある世界へと戻り、日々の問題の対処や解決に取り組みます。あなたがたの中には、アシュラムを訪れることがどれほど価値のあることかを認識しないまま、アストラルの領域へと移って、夢の世界に留まり、そこで、人間や、まだアセンションしていない肉体を持たない存在たちとつながる人たちもいます。

親愛なる存在たちよ。地球を神性から理解することがとても必要です。グレート・ディバイン・ディレクターの言葉を借りれば、地球上のどんなに賢い人でも、地球に関する物質的知識を具現化している人はほとんどいないのです。世界のさまざまな国や、そこで暮らす人々や文化について、理解しようというエネルギーを持つ人は非常に少ないのです。このような状況で、私たちの領域や光の領域を理解することなどできるでしょうか。

「真理のみことば[★]をまっすぐに説き明かす、恥じることのない働き人として、自分を神に捧げるよう、努め励みなさい」[1]という言葉は、聖パウロ――偉大なる神の法則を多くの人々に知らしめました――として転生したヒラリオンが放った言葉です。これこそが私たちの願いです。初期のキリスト教会に関わった聖パウロは、神の法則に関する理解を人類にもたらしました。あなたがたの多くが聖パウロとして知っている人物は、タルソのサウロとしてキリスト教会を迫害していた頃がありました。そして、彼がダマスコへの道を通過した時、親愛なるアセンデッドマスターであるイエスが輝く巨大な雲の中に現れ、彼にこう言いました――「サウロ、サウロよ。無駄な抵抗をして自分を傷つけるのは辛いことだ」。サウロが立ち上がると、「兄弟サウロよ。視力を受け取りなさい」[2]という言葉を受け取り、目が再び見えるようになりました。

親愛なる存在たちよ。物理的な視力を持つ地球人類は、霊的視力をこれまでになく必要としています。長年学びに努め、霊的道を探求してきた学びの徒の中にも、神のプレゼンスがすべてを包み込む存在であり、自分たちが日々向き合っているあらゆる問題を把握していると気づくまでに、霊的視力をより広げ、希望という前線を拡大する必要があります。

神の法則とは愛の法則です

神の法則とは聖なる法則です。神の意思は善です。神の平安は、大きな苦しみや嘆きをもたらす思考や気持ちがあなたがたの中に入り込むのを防ぎます。ただし、それには、神の意思という素晴らしき宇宙の特性に気づくまでに至っていない多くの人々が、感情や思考の世界の空間に漂っている絶望感を受け入れることなく、求めることが必要です。神聖な意思、永遠の意思は、人間意識の至るところに存在します。

それは身体の細胞に浸透し、心臓を鼓動させ、アイ・アムが存在する至るところで神の感覚を広げます。親愛なる存在たちよ。愛の第一光線を司る、私エル・モリヤは、ここロンドンであなたがたにお会いしています。そして、ダージリン・ブラザーフッドの素晴らしき平穏とともに、あなたがたの前にやってきました。神の意思に対する敬愛、神の意思に対する献身、そして、燃え盛る炎としてすべての人間のハートや感情の世界を満たし、私たち同様に、神の聖なる意思を敬愛する日が来ることへの強い想いとともに、ここにやってきました。

人類は非常に不調和な形で振る舞います。彼らは自分たちの思考や感情が非常に正確に記録されていること、そして、いつかどこかで、この記録が贖罪のために自分のもとに戻されることに気づいていないのです。世界で自分たちが具現化するあらゆる善、徳、優しきことが、やがては自分を癒し、人生のあらゆる部分を癒すために、戻ってくることに気づいていないのです。これが、神の偉大なる法則です。しかし、さらに偉大な法則が存在します。それは、愛の法則です。

神の法則とは、正確に言うと、愛の法則なのです。確かに、人には自由意志があります。そして、人はこの自由意志を悪用してきました。同時に確かなのは、彼らがこの悪用を止め、自身の内なる神のプレゼンス、（この美しきチャート［219頁参照］に描かれているような）自身の偉大なるアイ・アム・プレゼンスへと完全に向きを正す可能性があるということです。さらに、彼らが気づき、偉大なる太陽の静寂の静けさに入り、素晴らしき天使たちがそうするように、愛と敬意を込めて、内なるハートの聖なる炎の輝きで自らの身体を、物理的世界を、思考を、日常を満たし、やがて、そうして生み出される平安が、イエスが語った平安、ブラザーフッドが敬愛し続ける平安そのものになる可能性もあるのです。[3]

感謝の羽で飛び立つのです

栄光なる神の意思。ここダージリンから眺める、雪を戴いた山頂の輝き。私たちのアシュラムで私やブラザーフッドに訪れ、聖なる理解を超え、具現化する平安。[4]主の存在に感謝します。おお主よ。あなたの存在に感謝します。あなたの意思に感謝します。私たちの振動、私たちの振動的行動、聖なる炎の知識に対する受容力を備えた世界中の人々のハートに感謝します。謙虚さに感謝します。感謝の気持ちに感謝します。

親愛なる存在たちよ。あなたがたは感謝という羽により、神の意思へと上昇し、神の意思をあがめ、外面化するのです。そしていつか、人類が勝利を勝ち取った時、前線で光を感じてきたあなたがたは、地球に仕えてきたことを、完全性という喜びの旅路に遅れを取っていた他者の進化を支えてきたことを、永遠に感謝するでしょう。

現在、あくどい儲け主義により人類にフラストレーションや恐れを生み出している人々や、人類に過度の欲望を生み出している人々、人類に憎しみや争いを生み出している人々もまた、過去にそうしてきたように、自らの行いを刈り取るのです。しかし、私たちと同じように光を愛する人たちは、私たちの言葉が事実であり、真実であることに必ずや気づくはずです。私たちは、静寂の中に生き、聖なる炎の中で永遠に生き、地上に永遠に顕現する、聖なる存在です。

新たな献身の時代に足を踏み入れましょう

何年も前に言ったように、私はこれまで、いくつもの薄暗いホールに立ち、壇上で多くの講師の隣に立ってきました。親愛なる存在たちよ。今宵、私はここロンドンに立ち、神の善という意識をこの都市の空気に刻み付けています。神の名のもとで、私は聖なる善意の天使たちに対して、神の意思の流れを地球全体にもたらすよう求めます――人類が無気力やフラストレーションの感覚から目を覚まし、人間が行ったいかなることも、神の光や聖なる炎の輝きを消すことがなかったことに気づき、人間が善以外のもので外面化したものはすべて、循環の法則により、贖罪のために自分の玄関に戻ってきたことに気づくまで。

そして、全能なる神の名において、父なる神が望むようになることに対して敬愛と願いを持つ者に対して、新たな献身の時代、新たな神の平安の時代、新たな愛の時代へと足を踏み入れ、光の力が夜の力よりはるかに壮大であることに気づくよう求めます。夜は光の不在にすぎないのです。

いつか、闇は私たちの輝きが放つ至高の栄光の中で消え去るでしょう。そして、あなたがたはダージリンでブラザーフッドとともに歩むことがどのようなものかを理解するでしょう。人間は、自由になることを切望する人たちとともに歩くことがどのようなものかを理解するでしょう。制限、差別意識、エゴ、人間意識から解放され、神の意思を愛するすべての人に与えられる力と勝利を具現化し、それを人類において外面化させるのです。

私はあなたがたの友です

私に耳を傾け、光を愛し、こうしてここに集うあなたがたに感謝します。私が宇宙的存在であること、アセンデッドマスターであること、あなたがたが神の意思を敬愛する限り、私はあなたがたの友であることを、覚えていてください。宇宙には、今あなたがたを善で包んでいる神の意思以外に行動できる力は存在しません。

私は宇宙のキリストの平安という外套であなたがたを包み、永遠の目的への無限の献身を唄う、物理的な耳には届かない歌声により参加している存在たちの愛と共に、今宵あなたがたを祝福します。

この地球の人々よ。感謝します。天使やアセンデッドマスターがいかなる時もあなたがたの周囲にあり、あなたがたが私たちと同等の意識レベルに入るまで、あなたがたの活動を維持しますように。たとえあなたがたが私たちの意識レベルを超えても構いません。私はわがすべてを光の奉仕に捧げています。ハートを上昇させ、変容させ、敬虔で幸福で神の自由で満たすための奉仕に捧げています。

ありがとうございました。良き夜を。

1961年4月
カナダ・オンタリオ州ロンドン
（メッセンジャー／マーク・L・プロフェット）

第12章　グレートホワイトブラザーフッドから惑星地球への白書

今宵、私は神の平安、光、力を送ります。どうぞ、お座りください。

親愛なる存在たちよ。今宵、私は地球全体にとって大きな意義を持つ、先日ダージリンで開かれた、ある会合についてお話ししたいと思います。

ご存じの通り、地球は宇宙の中心でもなく、宇宙政府の中枢でもありません。神にとって重要な数十億ものライフストリームが暮らす多数の惑星に比べて、地球は小さな惑星です。それは、他の星や星系も同じです。広大な宇宙政府において、この世界は正当な責任を担っています。今宵、ここダージリンでグレートホワイトブラザーフッドが発表した白書についてあなたがたに報告したいと思います。この白書が地球にとって持つ厳粛さと重要性により、今宵、世界の偉大なる摂政《リージェント》であり、使者であるサナート・クマラが金星よりやってきて、このサンクチュアリの上空を煌めく希望の星で照らしています。神の名において、親愛なる兄弟サナート・クマラを迎えます。［観客が立ち上がる。］ありがとうございます。どうぞ、お座りください。

偉大なる宇宙の進化においては、不協和が具現化している惑星を存在から取り消し、本来の姿の普遍的光に戻すことで、聖なる計画の完全性を具現化させる必要が生じるのは、絶対的な事実である、ということをあなたがたに伝えたいと思います。ご存じのように、親愛なるサナート・クマラははるか昔、この惑星の消滅を防ぎました。このおかげで、地球はグレートホワイトブラザーフッドの偉大なる愛を現在まで受け取り続けてきました。

宇宙の法則は地球がより多くの光を放つことを求めています

今こそ、宇宙の偉大なるインポート〔愛の取り込み〕の瞬間です。この惑星の運命と自由が危機に瀕しています。私は誰かのライフストリームの中に恐れを放り込みたいからこれを言っているのではありません。宇宙の調和の名において、私は話をしています。宇宙の進化の中で、地球は光の宇宙的許可により、当初意図されていた神の完全性を顕現し、サナート・クマラが地球人類のために長きにわたり守ってきた神の完全性を顕現することが求められる地点にまで進歩しました。このため、今宵サナート・クマラは、絶対的かつ特定の性質の放射エネルギーを私の言葉に授けるために、ここにやってきています。グレートホワイトブラザーフッド全体が私たちの言葉を支持していることをあなたがたに感じていただきたいのです。

神は愛です。そして、この惑星はより多くの愛を求めています。愛が顕現しない限り、はるか昔にアトランティスで大規模に起こった大変動が繰り返されることとなり、この文明とその環境と人々は地球から姿を消すことになると、白書には記されています。宇宙の法則は、この地球がより多くの光を放ち、宇宙の神の政府が地球人類が過去の無気力、意識の身勝手さ、忌まわしさ、ねじれをふるい落とし、神への敬愛と責任を持つ、偉大なる神の宇宙的法則の一部となることを、要求しています。

これにより、人々は私たちの愛と光、そして天の光と愛を受け入れるようになり、神の子どもとしてふさわしい存在として、堂々と地球を歩くようになるでしょう。長きにわたり、この地球は負のエネルギーバランスを保持してきました。そのため、偉大なる宇宙の法則は、神が意図した自由と光を顕現することを地球に対して要求しています。

アメリカは世界の手本となるよう意図されています

自由の女神と正義の女神は、昨日メッセージの中で、インポートについて幾度も強調していました。あなたがたが今日この都市の観光をし、自由の女神と正義の女神という偉大なる存在の放射するエネルギーを携えて「われら合衆国の国民は、より完全な連邦を形成する」[1]ために国を代表する人々がいる政府の建物を訪れることを、私たちは切望していました。政府を代表するこれらの人々が、自由の女神と正義の女神の放射エネルギーを受け取るかもしれないのです。自由と正義がアメリカだけでなく全世界のすべての人に訪れることが、神の意図だからです。

アメリカは世界の手本となるよう意図されています。この国の歴史を学べば、個々のライフストリームがひっそりと行った以外に、誘発がなかったことに気づくでしょう。しかし、親愛なる存在たちよ。アメリカはアセンデッドマスターたちに大いに愛されています。大きな光の杯であるアメリカに、私たちはアセンデッドマスター意識をすべて注ぎ込むことを切望しています。負のエネルギーや不協和の無神論主義や、永遠の光や神の愛以外のものから生じた、共産主義的で利己的な原理ではなく、率直な力と愛で光を人類へと示し、世界中のあらゆる国がそれに倣《なら》うことを心から願っています。

今は地球人類にとって重要な時期です

白書に話を戻しましょう。ここダージリンの美しい評議会の部屋にあるテーブルに白書が置かれた時、マハ・チョーハンは頭を下げて、涙を流しました。どうして彼が泣いたのか、分からない人もいるでしょう。イエスがエルサレムで、神殿の石ひとつでさえも残すべきではないと知り、涙を流したことを思い出してください。[2] イエスは神殿が破壊される様子を事前に見たのです。あらゆる破壊は、誤ったエネルギーが戻り、跳ね返ることで、人類にもたらされます。

今は地球人類にとって重要な時期です。だからこそ、この活動が宇宙的理由により前進することが喫緊なのです。私は今宵、単にあなたがたのメンタル・ボディの嗜好を満たすために、ここで自分のエネルギーを使って話をしているのではありません。男女が愛し、霊的意識を開花させ、アセンデッドマスターの光を広げ、兄弟たちの中に神の愛を見る必要性に気づいてほしい、との願いから、話をしているのです。

神の政府こそが、唯一重要な政府です

各国の政府はあまりにも長きにわたり、金の亡者の力に自分たちを明け渡してきました。[3] 彼らはあまりにも長きにわたり、邪悪な勢力のかぎ爪が利己主義と欲で自分たちを導くことを許してきました。親愛なる存在たちよ、サン＝ジェルマンが最初の13州の誕生を願った時、東から西へと平野を移動する光のキャラバンや、経済の拡大や、現在の素晴らしい文明を思い描いた時の、彼のハートの高鳴りを想像できますか。彼はそれらをすべて見ることができ、その聖なる可能性の大きさに気づくことができたのです。しかし現在、都市が無秩序に広がり、田園地帯が物で溢れる中で、不協和の人間意識が具現化しています。この惑星が本来は何を具現化できるかを考えると、現状に驚愕させられます。

今宵あなたがたのいるワシントンの都市は、ピエール・C・ランファンによって光の都市として構想されました。この都市は光の都市として、そして光の国として意図されています。人間が生み出す残余物、不協和の具現で散らかった都市ではなく、神の勝利の力で溢れる都市として意図されているのです。私が今言っていることをもっと詳しく知りたい人は、自身のアセンデッドマスター意識とつながってください。そして、ブラジリアの写真を入手し、第七文明――第七根源人種――が勢いよく具現化することとなる、南米ブラジリアで顕現しているような未来の都市を思い描いてください。神性意識が地球の人類を引き上げ、高めるためにどのようなことができるかを、ブラジリアに建つ美しい建造物の構造の中に垣間見ることができるでしょう。

親愛なる存在たちよ。これと同じように、個人の構造や枠組みを正しくする必要があります。そして、

多くの個人を代表する政府と呼ばれる組織もまた正しくある必要があります。つまり、神の政府こそが、唯一重要であり、本来「God-over-men」を表す「government」の真の意味なのです。そうあるよう意図されており、そうされるべきなのです。もし地球の人々がこの世代で神の政府を具現化しなければ、人々は現在のように利己的で堕落的に世界を享受し続けることはできなくなるでしょう。それでも、かつてアトランティスの人々が経験したように、人々は宇宙の法則そのものを破壊することはできない、ということに気づくでしょう。今宵私は、今後の布告、あなたがたの光という真心が、それが起こるのを防いでくれることを願いながら、ここにやってきました。

サナート・クマラからのメッセージ

それでは、サナート・クマラからのメッセージをお伝えします。彼は、自分が地球人類のために長きにわたり務めてきた責任を、あなたがたが引き継ぐよう願っています。世界を、そして、無知と背信の中で神に背を向ける地球の人々を支えるアトラスとなる責任を、みなさんが受け入れてくれるよう願っています。彼らを支え、彼らのために光を召喚します。これにより、(目前に迫っているように見える)これらの出来事が起こる代わりに、来るべき人種である荘厳な第七根源人種の美と愛が顕現することでしょう。

＊＊＊

地球人類よ、よく見て、学ぶのです。ワシントン将軍の偉大なるビジョンから学び、宇宙の偉大なる法則と光に対する責任は永遠であるということに気づいてください。目をつむって眠りこけている時も、その責任は止みません。小さな競争に勝った時も、その責任は止みません。いかなる時もその責任が止むことはありません。宇宙レベルにおいても、私たちの機能を定め、私たちを導く法律が存在します。あらゆる物事を完璧に行うグレートセントラルサンのわれらがアイ・アム・プレゼンスは、全にして全能であり、偉大なる法則の顕現なのです。

神の政府のビジョン

慈悲の法則は長きにわたり、人間が不協和の中で存続することを許してきました。しかし、これが永遠に続くことはないでしょう。したがって、地球人類が神の意思を真に代表する、人民の人民による人民のための政府[4]を設立する責任を真剣に考えることが必要不可欠なのです。国々が戦争をすることは神の意思ではありません。しかし、この偉大な国は短い期間で３つの戦争、そして、誕生から今に至るまで無数の戦争に巻き込まれてきました。

親愛なる存在たちよ。ここに自由――自由の神――があなたがたとともにあります。自由はあなたがたのためです。しかし、意識的、知的、意図的に具現化しなければ、あなたがたは人類が蒔いた種を刈り取ることになるでしょう[5]。今宵私がなぜこの話をすることにしたのでしょうか。それは、真理が語られなければならないからです。誰かが真理を口に出さなければなりません。誰かが、時の厳粛さを人類に明かさなければなりません。

偶然にも、白書にはこのことが記されています。それは、啓示書のビジョン、地球という惑星のサイレントウォッチャー★であるサイクロピー★の偉大なる計画の、内なるレベルに存在する政府の神の美をすべて具現化させるビジョンです。この国の政府は神の政府、神の美しさを顕現するよう意図されています。そして、国旗に輝くすべての星は愛の星であるよう意図され、すべての州は愛の状態にあるよう意図されています。お分かりですか。つまり、すべての人は愛の状態にあるよう意図されて、世界は愛の惑星であるよう意図されているのです。現在、この国がそのような状態だと言える人はあなたがたの中でいるでしょうか。あなたがたのハートには十分な愛が確かにあります。そうでなければ、あなたがたはこの場にいないでしょう。

布告の力が奇妙だと感じる人もいるかもしれません。親愛なる存在たちよ。私たちの布告は必要不可欠です。なぜなら、それは私たちがあなたに授けるものを調整するために、アセンデッドマスターに与えられる、あなたがたの世界の荘厳なエネルギーなのです。私たちは大きなエネルギーの波に乗ってあなたがたのもとにやってきます。そして、世界中に溢れんばかりの祝福をもたらします。

光のために犠牲を払いましょう

親愛なる存在たちよ。平安とともにあられますように。白書に記されていることはすべて、回避可能であることに気づいていただきたいのです。回避することが可能です。止めることは可能ではあるものの、それには少し時間がかかるでしょう。これからは、強度と光の調和が必要になることにぜひ気づいてください。

あなたがたは光のために犠牲を払うことを厭わないよう求められます。あなたがたは自分のエネルギーをいっそう神に捧げることを厭わないよう求められます。あなたがたは「錬達した働き人になって、神に自分を捧げるように努め励む」[6]ことを厭わないよう求められます。

あなたがたの生命とは何でしょう。あなたがたの生命はどこからやってきたのでしょう。偉大なる神の源からやってきたのではありませんか。源に捧げなければ、それはどこへ行くのでしょう。まるで壊れた水差しのように、中に入っている水が地面に零れ落ちるばかりで、役に立たないでしょう。しかし、もし自分の生命エネルギーを神に、そして光に捧げたなら、サナート・クマラとともにこの世界の調和を保つことになるでしょう。彼は現在もこの世界の摂政を務めています。[7]

そして今宵、シャンバラの巨大なハスの玉座に座るロード・ブッダが私とともにあり、彼の愛、包み込むような平安の輝きに気づくよう、あなたがたに求めています。そして、聖なる愛の偉大なる力により、すべてを回避できる希望がある、と語っています。同時に、過ちの可能性が消えるように不断の努力が必要であり、人類が蒔いた負の運命の種を刈り取る代わりに、神がすべての人に対して常に意図している、神の美しさを手にするよう強く求めています。

すべてはあなたがた次第です

ラクダの背にふたつのコブがなければ、もっと乗りやすいだろうと感じる人は多くいます。私自身も何度かラクダの背に乗ったことがあるので、それはよく分かります。しかし、コブはそこにあるのです。現在は、それが厳然たる事実なのです。私は笑顔で話していますが、この警告には一定の厳粛さがあります。それは、宇宙評議会が集い、この荘厳な評議会のテーブルの周りに私たちが集まり、宇宙の記録について熟考する時、各国の政府の責任あるリーダーたちと同じくらいのことをすることができるからです。

私たちはあなたがたにレポートを授けることができます。レポートについてどうするかは、すべてはあなたがた次第です。

私が今話す間も、決して衰えることのない神の光が人間の失敗や腐敗した組織を一掃し、粘土の器を金の器に変え、全人類が積み重ねてきた醜さを宇宙の美で置き換えることに、全人類が心で気づくことを望んでいます。これはきっと実現するでしょう。あなたがたはどう思いますか。

ありがとうございました。良き夜を。

1961年7月3日
ワシントンDC
（メッセンジャー／マーク・L・プロフェット）

第13章　私の手であなたがたのオーラを守ります

聖なる神の意思、アイ・アム、光とその勝利の名のもとで、永遠の宇宙の美の炎をあなたがたの子どもたち、そして全人類のハートの中に召喚します。

光の素晴らしき祈り、揺ぎなき光、宇宙の光の静寂、そして、神の聖なる意思の名において、宇宙の光が、ここにいる全員のハートを宇宙のキリストの光で包み込みますように。そして、私の手があなたがたの肉体に置かれ、神の意思ではないあらゆるものからオーラを守っていることを感じますように。

聖なる神、そして、顕現した永遠の意識の流れを毎時吹き込む生命の炎に対する感謝と敬愛を自らの存在の中心で持ち続けますように。

今宵、私は永遠なる意思を召喚し、光のイニシエートであるすべての人々のハート、思考、手の中で生き続けることを求めます。

そして、それ以外の人々が、それぞれのタイミングでスピーディに、宇宙の光の圧力を受け入れ、自らに備わるキリスト自己★の聖なる存在の前に喜びと共にひざまずき、われらが父――アイ・アム――こそが父であり、自分たちの故郷たる源であることを受け入れますように。

ここにいる全員を聖なる輝きで包み、祝福します。そして、私は偉大なる光線を放ちながら、ここダージリンで祈ります。あなたがたが神の意思に対する私たちや兄弟たちの敬愛を感じ、肉体が眠っている間に私たちのアシュラムを喜びとともに訪れ、私たちが神と呼ぶ、無限の存在の意思を永遠に拡大させ続けることに仕える友愛の存在たちとともに祈りを捧げることを。

今宵、平安を感じてください。静寂の中にあってください。アイ・アムがあなたがたの中に存在するように、あなたがたの神のプレゼンスが私の中に存在しますように。

1961年9月3日

カナダ・オンタリオ州ウッドストック

（メッセンジャー／マーク・L・プロフェット）

第14章　神の意思――ハートから採掘される大切な宝物

こんばんは。無限なる神のスピリットの名において、あなたがたにご挨拶します。ここダージリンにある親善の神殿の中心から、私はあなたがたに語りかけ、神の意思の無限の感覚を伝えます。あなたがたの中で海を見つめたことのある人は、波の頂上に輝く光を見たことがあるでしょう。この光の頂は、太陽から注がれる、または、月に反射した聖なるエネルギーの霊的欠片で構成されています。今宵私は、あなたがたもまたグレートセントラルサンの投影であり、聖なる身体の欠片であり、神の意思の種を内側に持つ欠片であることに、気づいていただきたいのです。われらが父にとって、あなたがたは聖なる存在です。自らを父のひな型として思い描く時[1]、あなたがたは地上を神として歩くことのできる、神聖な感覚を獲得し、持ち続けることができます。あなたがたがイエスと呼ぶキリストがそうであったように、あなたがたひとりひとりが、最も偉大な神の息子、娘となるよう求められています。今宵、グレートホワイトブラザーフッドの精神が宇宙のキリスト意識として地球上に広がっています。人類を霊的自己というひな型で包み込むべく、私たちは人間が選ばれし民という立場を継承し、白く、純粋で、神聖な衣をまとうことを求めます。[2]

そのために人類は世界にやってきたのであり、そのために人類は神の神聖なるエネルギーを、生命感を与える永遠なるものを手にしているのです。あなたがたは単体の存在ではありません。あなたがたは神聖なる神の聖体で構成されています。あなたがたはキリストの偉大なパン種です。あなたがたは彼の完全性の顕現です。今この時、あなたがたは自分のすべての核や細胞に神の意思が顕現されていることに気づくよう求められています。神の力を顕現することは、光で切り開くことです。光で切り開くこと、それは自身の完全なる不滅性より劣るいかなるものにも支配権を譲らないことです。

私は自由のスピリットを強めています

私は燃えさかる光の存在です。あなたがたに語りかけているこの瞬間も、私はインドのダージリンからさほど遠くない場所にいる、病を患っている農民の子の家の中に同時に姿を現すことができます。私が物理的肉体でその家に姿を現しても、彼らの目には私は衣をまとった苦行者しか映らないでしょう。私が語っているこの瞬間にも、私は目の前にいるこの子どもの身体からハンセン病の傷跡を取り除き、完璧な癒しが行われています。それでも、これを目撃している人たちは、私を放浪の托鉢僧にすぎないと考えています。彼らは、私をインドの土地を彷徨う、数多くのアンアセンデッドマスター★のひとりだと考えています。彼らは、私がアセンデッドマスターであることを知らず、私がこの家の扉を抜けて外に出ると、私の身体が溶けてアセンデッドマスターの純粋な光になり、今は個体に見える私の身体がもはや肉眼では見ることができなくなることを知りません。

今この瞬間、神の名においてこの慈悲の行為を行っている間も、私はダージリンから北米大陸、そして、ニューヨークに近いこの都市に向けて偉大なる光を投影しているのです。この地では、何百万ものライフストリームが顕現しています。

私は自由のスピリット、つまり神を強めています。

「主は霊である。そして、主の霊のあるところには、自由がある」[3]と記されているように、私は今宵、神の意思を行う自由の精神を高め、人間の意思が神の意思にまさるという考えから人類を解放します。人類は長きにわたり、自分の意思に力とエネルギーを与えてきたために、もくもくと上る煙のような勢いを生み出してしまったのです。しかし、神の無限のグレースの力が強力な疾風のように駆け巡る時[4]、人間の意思にすぎない、立ち上る煙はかき消され、決して失望させることのない超越的な力、神の光をもたらします。そして、すべての人間が、神の意思の聖なる顕現の前に、消滅するでしょう。

これは、聖なる存在の法則に沿ったものです。インドでも、アメリカでも、中国でも、ペルーでも、インカ帝国でも、アメリカ帝国でも変わりません。これは、アトランティスやレムリア、そして、サナート・クマラがはるか昔にやってきた、あなたがたには金星として知られている、親愛なるヘスパーなど、地球の宇宙学者すら把握していない他の星系でも同じように顕現してきました。

神の意思の美しさ

親愛なる存在たちよ。神の意思の美しさは開かれ、あらゆる表現の中に存在します。そして、それは常に顕現され続けています。これは常に内なるものです。それは、人類の意識の中、人の意識の中にあります。その中で、意識は聖なる滋養を徐々に取り込みながら、ちっぽけな子どもという有限のひな型から、幼き男《マンチャイルド》、生けるキリスト、超越的な不滅の存在として顕現します。もはや有限という産着を身に着けた、単なる生殖力を持つ存在ではなく、神の美、英知、愛、思いやりという特性を顕現するのです。

これらアイ・アムのすべては、石炭や炭素に囲まれたダイヤモンドのように、あなたがた、そして人類のハートの中に埋め込まれています。ダイヤモンドは、地球の中心から採掘され、宝石職人の手によって磨き上げられたのち、カットや識別力により、神の意思のダイヤモンドの輝きへと磨き上げられます。そこには、生命の完全性、キリスト、ブッダ、光り輝くオーブが顕現し、人類という大海、波間、不滅という輝く衣、そして、人間の涙や思考で曇ることのないあらゆる美しさが現れるのです。これらすべてを実現させているのは、信念、信頼、愛、そして愛の力です。神の意思は常に存在しています。決して留まることなく、常に動き続け、永遠という栄光へと、虚空の中へと進歩し続けています。そして、「神は光あれと言われた。すると、光があった」[5]という絶えず反響し続ける宇宙の声へと人類を導いているのです。愛あれと言うと、そこに愛があった。英知あれと言うと、そこに英知があった――神の偏在、全知、全能という三位一体が神の意思という聖なる円の中で、すべてのものはこれによってでき、できたもののうち、ひとつとしてこれによらないものはなかった[6]神聖なる区域で、完全性という三角形で封印されています。

神に忠誠を誓いましょう

神の名において、グレートホワイトブラザーフッドの名において、聖なる炎の力によって、愛の第一光線の主である、私エル・モリヤは、ダージリンより語りかけています。

評議会のテーブルに再び着いている私の目の前には、人間によるエネルギーの悪用の記録があります。この文明に残された時間が短いことを踏まえ、私は有限の意識が神の意思をすべての人間の命令を司る至高の許可を召喚・提出することを再び強く求めます。神の名において、あなたがたの忠誠を神に、あなたがたの偉大なるアイ・アム・プレゼンスに誓うよう強く要請します。揺ぎなき信頼を英知のマスターたちにゆだねるのです。そして、神の偉大なる王国を、人間の憲法や命令、大憲章が神聖なる法となる、愛の不滅の王国をこの土地に、そして地球全体に外面化させるのです。

コロンブスが未知の海を横断して航路を記したように、人類もまた、信頼によって、私の言葉ではなく神の言葉によって、神のギフトを受け入れ、われらが父の庇護のもと、生命という王冠のもとで、完全なる世界、ユートピア、神のパラダイスを国々で外面化する必要があるのです。われらが父の家のひとつにすぎないこの家では、[7]神の意思がなされ、兄弟同士が憎しみ合うことはもはやなく、愛が人生のすべてに浸透し、動物たちが人間のどう猛さを表現することももはやなく、神の意思のみがすべてにおいてなされるのです。偉大なる風の大陸を通って、聖なるスピリットの強力な疾風が訪れ、科学、教育、恋愛だけでは与えられない、あらゆるもの——父の意思として顕現する父の愛——をこの文明に授けるでしょう。

この聖なる波動とともに、光の評議会の名において、またキリストの名において、私、ダージリン評議会のエル・モリヤはあなたがたに言います。偉大なる平安を。

1961年9月16日（土）
ニューヨーク州ロングアイランド
（メッセンジャー／マーク・L・プロフェット）

第15章 「私の意思ではなく、あなたの意思がなされよ」

ダイヤモンド色に輝く神の思考の平安が、無限の宇宙の目的という意思とともにあらゆる人を包み込んでいます。

親愛なる存在たちよ。私はダージリンからやってきました。至高の息子や娘であり、自らの神性が花開く美しさに気づいており、その無限の完全性を顕現することを何者にも邪魔させないと固く決心している、光の巡礼者たちに、神の聖なる名において挨拶します。アイ・アム、われらが父の意思を実行するすべての人が、無限の完全性を実現するでしょう。その中で、詩人たちが記したように、故郷である地球に天から降りる栄光の雲をたどるでしょう。[1] どうぞお座りください。

天に顕現する美しきものの素晴らしさと言ったら！　水平線から天の頂点へと到達する、アーチ状の天上を持つ光の青き聖堂が簡素な美しさを放ちます。そこでは、太陽が力強く輝き、夜には、神の指が無限の完全なる星の模様を描きます。そこでは、人間の思考が無限性の広大さについて想いをはせます。そこでは、人類は広大な光の宇宙の中の微小の点のような存在です。

それでも、あなたがたは、自身の神性という手のくぼみの中で包まれています。あなたがたは小さな存在であるのと同時に、鼓動する心臓の中心から髪の毛や足の裏に至るまで、広大な宇宙の一部でもあるのです。

あなたの存在の素晴らしさを認めましょう

あなたがたの小さな小宇宙《ミクロコスモス》★は、その完全性を意識するようになると、宇宙の偉大な大宇宙《マクロコスモス》★の世界になります。アリの思考に倣い、それを表現しましょう。「なまけ者よ、アリのところへ行け」[2]と誰が言ったのでしょう。人間が言ったのです。神ではありません。自身を完全性の小さき一部として認識することを願い、完全性そのものになり、それを表現することをなかなか想像できないのは、人間が限定的な概念の中にあるからです。では、この概念を壊しましょう！　エリコの障壁が崩れ落ちたように、この概念を壊し[3]、あなたの存在の素晴らしさを認めましょう！　内なる神性を高めることで、あなたがたは崇高な神の自由を手にした存在となります。他者の思考に汚染されたり、さらされたりすることにより、あなた方の中に植え付けられる無価値さが強まれば、あなたがたは他者のように小さき人になります。しかし、彼らはそのままの状態であり続ける運命にはありません。

ならば、あなたがたもそうあり続ける必要などあるでしょうか。

あなたがたにとって善である、神の意思はあらゆるところに存在します。それにもかかわらず、宇宙の目的の意思に反して、ダージリン評議会の意思に反して、現実という果てしなき海、人生の非現実、そしてその存在が人類を苦しめ続けています。私たちは時に、人間の意思に屈し続ける人類の姿に対して、「表面的」に疲労感を感じることがあります。神の自由の存在である私たちは、もちろん、いかなる疲労感にもさいなまれることはありません。宇宙から尽きることのない力を得ているからです。それでも、人間が、神の思考という素晴らしき恩恵よりもむしろ、誤った創造、不完全性、そして有限の思考という負担を受け入れ続けていることを考えると、私たちはやや疲労感を覚えざるを得ません。人間は自分たちを取り巻く神の思考を実のところ、自分のちっぽけさを表現するために使ってしまっているのです。

考え方を変化させるだけで、ちょっとしたことに心悩ませるつまらない世界から、宇宙の目的という広大な世界へと人間の世界を切り替えることができます。宇宙の目的がひとりの人間に与えられたからといって、別の人間のライフストリームからそれが奪われるということではありません。これはすべての人が生まれながら持つ権利です。すべての人がこれを受け取るには、自ら生命の扉をノックすることが求められます。

「世界はあなたと私以外は奇妙だと思うけれど、あなたが少し奇妙だと思う時もある」[4]という言葉のように、私は長きにわたり、そのようなちっぽけさ、好奇心、奇妙さを見つめてきました。私はこのような考えに幾分うんざりしています。人間は自分たちが完全でない限り、互いを批判する権利などないからです。完全な存在であれば、もはや互いを批判することはなくなります。分かっていただけますか。これはとても重要なことです。

神の意思が天へのパスポートです

現在のほとんどの宗教的活動が分裂や混乱の中にあるのは、天の門に入ることに対して人格が不安を感じているからです。人類は天国に行けないのではないかという恐れから、天国に行くためなら、自分の人生、財産、財布を明け渡すなど、どんなことでもしようとするでしょう。そしてしばしば、人は他者の声に耳を傾けます。しかし、彼らが連れていってくれるのはせいぜい中国くらいでしょう。

神の意思こそが天へのパスポートです。そして、神の意思は、起きている時も寝ている時も常にあなたがたを取り囲んでいます。「天にいます私たちの父よ[5]」と偉大なるマスターのイエスが語った言葉は、この意思に向けられたものです。

ならば、あなたがたは、キリストの目的を表現する至高の神の子どもとして、「私の願いではなく、みこころのままに行ってください[6]」と祈らなければなりません。そうすることで、どこへ行こうとも神の意思を表現するようになると、あなたの内側で変化が起こるでしょう。なぜなら、人間の意思で神の意思に対抗しようとする苦しみをもう味わわなくて済むからです。あなたがた人間の意思が神の意思となり、二つの間の抵抗が取り崩されるのです。葛藤もありません。

人間の意思が神の意思で苦しむのとは対極に、神の意思が人間の意思で苦しむことは絶対にありません。神の意思は神聖なる愛とエネルギー、そして輝きが完全なる姿で常に注ぎ続ける、広大な海のようなものです。一方、人間の意思は煮えたぎる感情や混乱の海であり、ほとんど予測不可能です。親愛なるサン＝ジェルマンは、人間の意思は予測不可能だと言いました。まさにその通りです。でも、私たちも時には一部の人についてわずかな希望を感じ、予測できるかもしれないと考えることがあります。そして、時に、人類は私たちの予想の範囲から飛び出すことを選択し、予想とは全く違うことをする決断をし、私たちの予想が外れるということもあります。お分かりですか。予測不能な人間の意思は、神性ですら予見することができないのです。

神の意思に気づきましょう

人間が陥るこのような動揺はとても分かりにくく、全く信頼できません。それなら、生命を永遠なる存在のハートにゆだね、「私の願いではなく、みこころのままに行ってくださいますか」と言うことで、大きな解放を感じられるのではないでしょうか。自分の存在を駆け抜ける偉大なる神の意思を感じるほうが、生命の泉に大きな安堵をもたらすのではないでしょうか。

人間の意思や知識に頼ったり、誰かを喜ばせたり、地球的な目的に向かってまい進することをもう止めることのほうが、生命の泉にとって大きな恩恵とならないでしょうか。神の意思がなされていることに気づくことは、素晴らしい恩恵ではないでしょうか。

イエスがヨルダン川の中に立ち、洗礼者ヨハネの前に現れた場面を思い出してください。「これは私の愛する子。私はこれを喜ぶ」[7]という声が天から聞こえたことを覚えていますか。「汝は私の愛する子。私はこれを喜ぶ」と自分に向けられた神の声を直接聞きたいと思いませんか。それならば、神の意思を敬愛してください。神の意思を敬愛し、状況がどのように変化するかを観察してください。

ダージリンにある光の神殿に立ち、光の要塞を囲む山岳地帯の松の木を駆け抜ける風を感じながら、私は山頂から穏やかな空気とともに訪れるかぐわしき香りに思いを馳せています。ダージリンの素晴らしさ、森、丘を感じさせる香りがアメリカをはじめ、世界中へと届けられています。香りという神の意思が、知らず知らずのうちに、多くの人々のハートを通り抜けていきます。多くの人は、この素晴らしき恵みが自分たちの土地を通り抜けていったことに気づくことはありません。彼らはそれに気づかず、それが起こったことを知りません。数か月前、親愛なるK‐17がＦＢＩという名で知られる、ここワシントンにある司法省（の調査部門）に入りました。彼はその建物内で3時間を過ごし、１４０人を超える人たちの目に留まったにもかかわらず、彼がそこにいることに気づいた人は誰ひとりとしていませんでした。彼の目的は、共産主義勢力からアメリカを守ることでした。親愛なる存在たちよ。アセンデッドマスターたちはしばしば、誰にも気づかれることなく、人々に紛れ込んでいます。

思いのままに吹く風[8]に乗って漂う松の香りのように。

神性のゆりかごは人類です

人は自分がどこからやってきたかも、どこへ向かっているのかも知りません。それでも、自分の運命や行動について考えるあなたがたは、実際の身体や母親の肉体をつうじて生まれてきたのではないことに気づいています。あなたがたは、自分たちが物理的に言えば、濃縮されたエネルギーであること、そして、心臓を鼓動させ、自分を持続させる生命が自分の唯一の現実であることに気づいています。その生命とは神です。神の意思とそれほど近い存在であるならば、その意思と友人になり、その高貴な意識の中に入り、不滅のエネルギーの浸透を感じ、神の力を認識し、自分の中にある人間の肉体的感覚と光の神性を識別できることは素晴らしい恩恵ではないでしょうか。

拡大するのです！　拡大するのです！　神の名において拡大するのです。不滅の三重の炎よ！　拡大するのです！　拡大するのです！　神の意思を。地球の国々に存在する宇宙の目的の意思を。そして、世界を不協和から解放するのです！　教会を不協和から解放するのです！　形而上学グループを不協和から解放するのです！　あらゆる生命の表現を不協和から解放するのです！　背を伸ばし、頭を上げ、目を高く上げ、神性のゆりかごが人類であること、そして、人類のゆりかごに中から、光の完全性の領域と神の法に則って、この地球の進化を司る幼き男が現れること[9]に気づきましょう。

宇宙の法則こそ唯一の現実です

神の法則は精確です。神の法則は、たとえどれだけ人類が願っても放棄することなどできません。天のもとにある唯一の現実が宇宙の法則です。宇宙の法則に沿って歩いて初めて、あなたがたは本当の意味で歩いていると言えるのです。

それ以外は、きちんと歩くこと知らず、足を引きずっているようなものです。

人類が歩くことを学ぶ時、神の人種が地球上を歩くようになるでしょう。そして彼らは、自分たちは取るに足らない存在であり、アリのような存在であり、獣のような存在であり、邪悪な存在であると語りかける、人生の物理的幻想を打ち砕くでしょう。そして、正義の言葉により、人類はもはや互いを責め、惑わせることがなくなり、内なるプレゼンスに向かってこう言うでしょう――「ここにわれあり。ここにわが宝あり。わがハートあり。わが生命あり。わが愛あり。われは旅立つ。なぜなら、われはその完全性へと今、上っているのだから」

勇気を持ち、心強くありましょう

ダージリン評議会の美しさと愛とともに、私は神の聖なる意思の天使たち、ダージリン・ダイヤモンドハートの兄弟たちに対して、生命の完全性という不滅の栄光をあなたがたに今宵はっきりと表現するよう、呼びかけます。親愛なる存在たちよ。勇気を持ち、心強くありましょう。あなたがたがこの輝くダイヤモンドを掴み、ハートの中に置く今この瞬間、こう言いましょう――「神の永遠なる目的の、ダイヤモンドハートの意思よ。私は宇宙の目的のための善き兵士となるために、あらゆる苦難を耐え忍んでいます。偉大なる宇宙の法則が私に課すあらゆる苦難を耐え抜く決意があります。偉大なる宇宙のマスターの完全性を極めるその時まで、彼らとともに見守る決意があります。私は彼らの完全性そのものです。そして、制限なき神の完全性そのものになります」――この宣言を心から行う時、あなたがたが知らない間に地球全体は大きく向上することでしょう。

では、この年明けから始めてはどうでしょう。今宵から始めてはどうでしょう。今この瞬間から始めてはどうでしょう。

天使の領域や光の完全なる領域からあなたがたを包む偉大なる宇宙の光が、今宵この部屋を円形競技場のように駆け抜けています。今始めない理由などあるでしょうか。

天使の素晴らしき恵み

宇宙の聖歌隊が、来たるべき人種――完全性の人種の到来を告げています。この中でこれから子どもを持つ人たちを含め、あなたがたは今宵、天使の素晴らしき恵みを授けられています。この恵みにはあなたがたが知らない意味があります。しかし、あなたがたの内側で燃え盛り、外側で神の意思として顕現する、永遠の炎の意味を理解する時、その真意を知ることになるでしょう。

今宵、ダイヤモンドハートの兄弟たち、ダージリンの光の神殿、この惑星に存在する光のブラザーフッドの神殿から輝く神の意思が放たれ、来たる年への期待の中で、特別なエネルギーで世界を満たします。世界にこのことを気づかせましょう。あなたがたの聖なる声が、神の王国、天の王国をこの世界にもたらすこととなる調和を形作るのです。

あなたがたに感謝します。あなたがたの内なる神の意思に敬意を表します。おやすみなさい。

1961年12月30日(土)夜
ワシントンDC
(メッセンジャー/マーク・L・プロフェット)

第16章 ダージリンへようこそ

わが聖なる炎の使徒たちよ、ようこそ。今宵、神の素晴らしき意思より、私はここに愛の光線――あなたがたのハートの中に在る永遠の存在の意思への愛の光線――を顕現します。どうぞ、お座りください。

はるか昔、わが故郷のインドにとても裕福なマハラジャが住んでいました。彼には若い息子がいました。息子は父に対する反抗心から、宮殿の門の外に出て、野獣たちが生息する不毛で危険な地域を放浪しようと出発しました。ある日、森の中の混乱に驚いた野生の象の群れが、息子の方向に向かって草原を駆け抜けてきました。息子は強い恐怖に駆られました。しかし、隠れる場所などないように思えました。象たちが大きな音を立てながらこちらに向かってきます。振動で地面が揺れているように感じられました。

鼓動が速まるのを感じながら、彼は左、右、そして、上へと視線を走らせました。すると、上のほうから、辺りをもっとしっかり見るようにというインスピレーションが訪れました。小さな目で周囲をもう一度見渡すと、彼は朽ち果てて穴の空いた古木の幹があることに気づきました。彼は木の幹に向かって一目散に走り、ちょうど彼がすっぽり収まる大きさの穴の中に身を沈めました。次の瞬間、象の群れが通り過ぎました。しかし、彼は攻撃されることはありませんでした。象たちが去った後、木の幹から出てきた彼は、木の幹に心から感謝しました。

親愛なる存在たちよ。すべての存在は神聖です。人間にとっては無駄に思えるものの多くは、神にとって価値があり、あなたがたの役に立つ場合もあるのです。識別する能力を持ち、物事の中に存在する価値を、特にあなたがたにゆだねられるギフトやグレースの中に存在する価値を感じ取れることこそ、学びの徒にとって最も価値あることです。

先ほどお話した若者のように、あなたがたもまた、さまざまな幻想やカルマによる大きな衝撃と無縁でいられる保証はどこにもありません。しかし、その若者のように、あなたがたもまた、木の幹を百万本合わせたよりもはるかに偉大な、この輝く光の管★をつうじて、父があなたがたを守ってくれるだろうという確信とともに、避難場所を探すことができます。弟子たちの多くは、極めて過酷な状況下において光の管の存在を試すという経験をしてきています。そして、それがどんな困難にも打ち勝つことを目の当たりにしました。

神の意思は光の巨大な壁です

親愛なる存在たちよ。神の意思を光の巨大な管として想像してみてください。神の意思は光の巨大な壁です。神の意思が光の巨大な壁であることに気づき、神の意思に包まれて歩き始める時、人は悪に対して完全に守られています。

すると、「悪より救い出したまえ」という言葉を口にすることで、時に、この言葉は神の意思に対する静かな服従となるのです。これこそ静寂の中で起こる聖なる経験です。この中で、使徒は神の意思を善なるものとして受け入れ、「こっちだぞ、こっちを歩け」と誰が耳元で囁こうが、聖なる静寂の中を、決意をもって歩き続けるのです。真の使徒は神の意思が善であることを知っています。そして、永遠の完全性を生み出すことのない、自らの外面的な意思や、人間の表面的な華やかさよりも、そちらを選びます。

マスターからの静かなるメッセージ

私のハートから静かに放たれる思考をあなたがたが吸収できるよう、ここで言葉を切ります。［沈黙。］
親愛なる存在たちよ。私たちは常に言葉を発する必要はありません。人のハートの中に具体的なメッセージを与えることを選ぶ場合もあります。耳のある者、[1] 目のある者、知覚力のある者がこうしたメッセージを受け取ることができます。目や耳が不自由な人は、霊的な聴覚や視覚という、特殊な能力を伸ばす必要があります。自らの欠陥に気づき、自分にあらゆる慎み深き善きギフトを授けてくれる神性の力に気づいた時、[2] 彼らはこれらのギフトを自分に授けてくれるよう、神に祈るのです。そして、ギフトを受け取った彼らは、自分がもはや天の息子のギフトを奪われた存在でないことに気づくのです。
このため、第一光線を司る私、エル・モリヤは、この部屋にいる、神の息子、娘、子どもである全員の耳に具体的なメッセージを囁くことを選択します。ひとりひとりに語りかけるメッセージを両耳でしっかりと聞いてください。私のメッセージを完全に理解できるかどうかは保証できません。しかし、内なる神のプレゼンスに呼びかければ、私が今宵あなたがたひとりひとりの耳に囁いたメッセージが遅かれ早かれあなたがたの意識に浸透し、永遠なる完全性の鼓動をもたらすでしょう。この鼓動は、あなたのライフストリームのために作成され、神の愛と意思を表現した、無限の神の計画に沿って順調に歩みを進めるために必要な神性です。さあ、エル・モリヤが囁いた言葉を聞いてください。［沈黙。］

あなたがたの内なる神性を讃えます

今宵、私はあなたがたを迎えます。あなたがた自身の愛であり、ハートから拡がる愛である、光の翼と愛の翼に乗って、この大陸を横断してニューヨークの港へ、そして大西洋の荒波を越えて愛するイングランドへ、そしてロシアの平野を越え、そして山々を越え、素晴らしきダージリンへとあなたがたをお迎えします。

今宵、光と愛の翼に乗って、そびえたつ尖塔を訪れ、私たちの愛と光の家の中に足を踏み入れ、神の慈悲とダージリンのブラザーフッドが至るところに存在することを、そして、私たちの最大級の歓迎を感じてください。

親愛なる存在たちよ。自分と同等の存在を認識できるのは、アセンションした存在が持つ才能です。今宵、私は存在の唯一の讃えるべき原則である、あなたがたの内なる神性を讃えます。そして、あなたがたの内なる神性を尊重し、神が意図した姿へとあなたがたを引き上げる霊的力により、あなたがたの存在の核にある、繭のような光を呼び起こし、私たちの平等なる同胞としてあなたがたを迎え入れます。全員がそうであるという訳ではありません。しかし、私はそのようなものとしてあなたがたを迎え入れます。

光のケープを受け入れましょう

次に、純粋な白色をした、光のケープをまず受け入れてください。この光のケープを私はあなたがたの肩に掛けます。首元はダイヤモンドの塊で留められています。ケープの裾やボーダーには白オコジョが使われています。最上級のホワイトシルクで裏打ちされ、ケープの背面には美しい青い炎が輝きます。この青い炎は、ピンク色のハートに在るダイヤモンドの中で燃え盛ります。こうして、聖なる愛という完全なる概念に満ちたハートの中に、神の意思は表現されるのです。

ちなみに、ダイヤモンドは、もともとは石炭の塊であり、植物にすぎません。自然の圧力をつうじて、植物が石炭になり、石炭の塊が、絶えず圧力を加えられることで、ダイヤモンドになるのです。そして、固くなった炭素が純粋なダイヤモンドへと結晶化し、太陽光をさまざまな角度から見事に反射します。それはまさに神の意思と同じです。

人類は、人間的意識の中で、互いを石炭の塊として認識します。今宵、私はあなたがたを石炭の塊としても、影のある存在としても見ることはありません。私はあなたがたをダイヤモンドのように輝く至高の創造物――光の兄弟、ダージリンの兄弟、光の姉妹、ダージリンの姉妹――として認識します。それ故に、私はあなたがたを歓迎します。［オーディエンス起立。］

光のダイヤモンドポイントが降り注ぐ

親愛なる存在たちよ。ありがとうございます。あなたがたの決意をダージリンのブラザーフッドが受理しました。そのお返しとして、彼らはこの部屋に光のダイヤモンドポイントのシャワーを発生させました。このシャワーは明日正午にあなたがたがこの部屋に物理的に入室するまで12時間にわたり降り注ぎ続け、神のハートから、あなたがたのハートにある、ダイヤモンドの結晶物質の壁へと流れ込みます。

明日、あなたがたがこの部屋に入る頃、新雪のように降り続けるこの物質が、あなたがたの身体を取り巻き、そして包み込むでしょう。そして、明日のクラス中ずっと、あなたがたの身体を通して輝き続けることでしょう。それは、私たちの輝きの中に居続ける人たちにより吸収され、あなたがたのライフストリームの調整を助けます。

この言葉を印刷物で読む人には、この恵みを授けることは残念ながらできません。今宵、偉大なる宇宙の法則は、物理的にここに居る人たちに限定しました。それでも、私はこの言葉を読むすべての人たちに、ダイヤモンドハートの特別な輝きを授けます。どうぞ、お座りください。

疑いは各自の神性への扉を閉ざします

親愛なる存在たちよ。人間のハートの中で懐疑や疑念を感じるのは楽しいかもしれません。しかし、それは楽しいものではないのです。疑いは壁のようなものです。疑いは各自の神性への扉を閉ざします。弟子のトマスはキリストの後を追い、死者の再生、ハンセン病患者の治癒、パンや魚を増やすことなど、キリストの手をつうじてなされた数々の素晴らしい奇跡を感じても、キリストの復活を受け入れることはできませんでした。

そして彼は「自分の目で見て、手にある釘の跡に自分の指で触れるまでは、信じない」と言いました。キリストは実際に彼の前に姿を現し、こう言いました――「あなたは私を見たから信じたのですか。見ずに信じる者は幸いです」[3]。第一光線を司る、私エル・モリヤは今宵、たとえ見えなくとも私を信じる者、神を信じる者、アセンデッドマスターを信じるものは、見て信じる者より幸いであることを宣言します。あなたがたの中には、実際に目にした人たちもいます。目の当たりにし、開眼した人たちです！　一方で、実際に目にしなくとも、信じている人たちも存在します。こうした完全なる信頼の中には、永遠なるエネルギーが放出されます。これは疑いのあるところに与えられることはありません。

親愛なる存在たちよ。これには外界の法則が関係しています。あなたが書いた小切手を誰かが受け取るのは、小切手が良好なものであり、口座には資金があるということをその人が信じているからです。もし後になって、小切手が無効であることが判明した場合、その人は幾分動揺するでしょう。多くの人は、自分が不渡り小切手を受け取るかもしれないことを恐れているのでしょう。親愛なる存在たちよ。私が不渡り小切手ではないことをお伝えしたいと思います。不渡りになった私をあなたがたが知るようになることもないでしょう。

スピリットの感覚器官を開かなければなりません

この法則が宇宙の深遠なる法則であることを知っていただきたいのです。素晴らしき光の光線が今この瞬間も、この場所に降り注いでいます。もし疑うなら、両目の間に意識を集中させてみてください。眉のすぐ上に意識を向け、私たちのエネルギーの波動を感じられるかどうか意識してみてください。

スピリットの感覚器官が開かれるまでには、時間が必要です。両腕を後ろに縛り、数か月使わないでいると、役に立たなくなります。人は大抵、寝たきりになると、数週間もしないうちに身体が動かなくなり、循環や力が戻るまで一定の時間を必要とします。親愛なる存在たちよ。肉体のさまざまな感覚器官の焦点に存在する霊的視力もまた、開かれ、そこに光が訪れなければなりません。あなたがたの、そして私たちの親愛なるメッセンジャーが、どうして霊的視力を開くことなく、私たちの領域に足を踏み入れることなどできるでしょうか。

このチャート（「聖なる自己のチャート」、219頁参照）には、さまざまなセンターや光の焦点が描かれています。これらの焦点は人間の中にはっきりと感じられます。これらはすべての人の中に存在するものの、眠った状態です。人はなぜ、目に見えないものを疑うのでしょうか。それは、見えないものを信じられないからです。

親愛なる存在たちよ。テレビはありふれた道具です。それでも今この瞬間に、ダージリンやルクソールから画像を映し出したり、ピラミッドやタージマハルや私たちの光の神殿の写真を伝送したりすることが可能です。これが明白であるということです。人類は自らの目でこれを見ることができます。しかし、チャンネルが正常に機能し、電流が流れるテレビという道具がなければ、人々ははるか遠方で何が起こっているかを知ることができません。

つまり、親愛なる存在たちよ。あなたがたが自然の法則を霊的法則と比較するのは無理もありません。あらゆるものは神の秩序の中で機能しなければなりません。神の計画とは、自己との完全な一体感へと人類を高めることです。

忠実さが必要です

世界のさまざまさまざまな宗教はこの世界に恩恵をもたらしてきました。現代の世界は世界中の宗教をつうじて、数多くの恩恵を受け取ってきたのです。しかし同時に、懐疑主義、不可知論、無神論、そして人類の頭上を覆う不信心が、世界の宗教から発せられてきました。それは、求められる忠実さを人類が必ずしも示さないからです。世界のさまざまな宗教により説かれ、誇張されたモラル上の法律は、地球の社会構造をしっかりと支えてきました。そして今、偉大な聖なる正義をつうじて顕現している自然の法則の法典化の恩恵に預かっているのです。神は公正です。宇宙は公正です。神の意思は公正です。

背を伸ばして座ってください。**さあ、背を伸ばして！**

あなたがたの内なる神のプレゼンスのハートから素晴らしき宇宙のエネルギーが発せられ、脊柱の周りを循環するのを感じてください。エネルギーが第三の目を通過する時に放出されるパワーを感じてください。自分に脊柱の神殿を引き寄せる力があることに気づいてください。脊柱の神殿を上下する宇宙の炎が、あなたがたの内なる神のプレゼンス、偉大なる霊的自己へと意識を向けさせ、内なる神を増幅させるでしょう。今宵、あなたがたの中で、肉体の状態で私たちの光の神殿へと旅をしたいと願う人は何人いるでしょう。私は今こうして話をしながら、あなたがたに霊的にこちらに来る機会を与えました。親愛なる存在たちよ。それは物理的に訪問することよりもさらにはっきりと感じられ、恩恵に満ちたものです。

弟子として生きることこそ最高の使命です

グレートホワイトブラザーフッドの弟子となることこそ、男性、女性、子ども、あらゆる人にとって最高の使命であることに、思いを馳せてください。これにまさる光栄はありません。しかし、世界はこのことを知りません。しかし、親愛なる存在たちよ。世界は「彼」のことを知りませんでした。[4] **知らなかったのです！**

親愛なる存在たちよ。神から光栄がもたらされるのに、世界に対して光栄を求めるのですか。神は本来公正です。これまでのどの転生においても、私はそうではないと証明することはできませんでした。光へとアセンションした時、私はそのようなことは誰にもできないことを、永遠なる確信をもって知りました。

神の正義、神の意思とハートに存在する完全なる愛は、あらゆるものを包み込む、それ自体がダイヤモンドのような炎なのです。あらゆる超自然的物質を通り抜けることができ、人間のあらゆるつまらない、取るに足らない感情を消散させます。あらゆる誤った物質をアセンデッドマスターの光へと変容させます。不調和や退廃を変容させて、無きものにします。

これを方便だと言う人もいるかもしれません。しかし、そうではありません。これはある方法で述べられた真理なのです。真理を述べるにはさまざまな方法があります。しかし、何より大切なのは、学びの徒がその真理を理解することです。真理がどのように述べられるかはあまり重要ではありません。どう理解されるかが重要なのです。このため、私たちはさまざまな方法で、さまざまな場所で自分たちを表現することを選びました。そして、ひとりひとりのアセンデッドマスターがそれぞれの特権を行使して、さまざまな波動的行動により自らを表現してきました。学びの徒のハートの中へと到達し、永遠なるキリスト意識のより偉大な顕現をもたらすために。

完全な信頼を持っているかのように行動しましょう

親愛なる存在たちよ。もし、アセンデッドマスターの現実に疑いの気持ちが湧いても、自分の現実は疑わないでください。あなたがたのハートを脈打たせている現実を疑わないでください。

自分が永遠の存在であるという現実を疑わないでください。疑いを持ちながらも、この道を追求し続けている人も、やがては神の完全性に心から気づく時が来るでしょう。たとえほんの少しの疑いを抱えていたとしても、完全な信頼を持っているかのように行動しましょう。やがては、完全なる信頼に到達するでしょう。

親愛なる存在たちよ。キリストに近づき、部下のための遠隔の癒しを求めた百人隊長の物語を思い出してください。彼は「私は部下を抱えています。私が『ここへ行け』と言えば、彼はそうし、『ここへ来い』

と言えば、彼はそうします」。すると、キリストは光を送り、癒しが起こりました。キリストは彼を見上げ、こう言いました――「イスラエルの中でさえ、私はこれほどの信仰を見たことがない」[5]

エーテル体へとキリストを受け入れましょう

親愛なる存在たちよ。あなたがたはハートの鼓動を瞬間ごとに受け入れながら、弟子として生きるという使命を完全な信頼とともに受け入れるよう求められています。このチャートで描かれているようにキリストそのものを完全に体現するまでにはあなたがたを高めることの決してなかった、空虚で惨めな諸々の経験を捨てなければなりません。聖なるキリストの導きにより、肉体、心、エーテル体の中に注がれるキリストのエネルギーを十分受け取るまで、あなたがたの存在そのものである聖なるキリスト自己から手を離さないでください。

ここで、一息つき、その意味について考えてみましょう。キリストのエネルギーは、完全性そのものです。エーテル体の記憶の中にキリストのエネルギーを受け入れる時、あなたがたは自身の聖なるキリスト自己の神聖な記憶の経験とつながることとなり、神聖なレベルで生じた霊的経験を自らの世界、思考、日常へと取り込みたいと願うでしょう。あなたがたはもはや、今回や過去の転生で起きたさまざまな不快な経験についてあれこれ考える欲求にとらわれなくなるでしょう。

その代わり、自身の聖なるキリスト自己が持つ英知を知りたいと願い、神の神秘性を体現し、知るものとして知られるようになるでしょう。永遠に学び続ける、神の執事となるでしょう。

キリストの記憶は、ひとつひとつのライフストリームの聖なるキリスト自己の中に存在しています。キリストの記憶は、あなたがたの意識の中へと降りることができます。あなたがたのメンタル・ボディは、人間の意識を維持できるのと同じくらい、神の意識を維持することができるのです。どう思いますか。

本が印刷される前、構成は著者によって決定されます。神は生命という本の著者です。聖なるキリスト自己が神の意識をあなたがたのマインドに降ろす時、神について知られるあらゆるものをあなたがたは知ることになります。永遠なるわれらが父は、自らの存在をかけて、あなたがたを彼の意識へと高めます。

1962年4月20日夜

ワシントンDC

（メッセンジャー／マーク・L・プロフェット）

注：親愛なるエル・モリヤによるこのメッセージは、録音機の不備のため、すべて収録されていません。このため、本書では録音されていた箇所のみを記載しています。

第17章　あなたがたのハートの中にある完全性が神なのです

親愛なる存在たちよ。神の絶え間なく輝き続ける永遠の意思がもたらす無限の平穏とともに、今日は特別なメッセージを携えてやってきました。親愛なるサン＝ジェルマンが、ダージリン評議会と、ここダージリンに存在するすべての光の兄弟たちの要請を受けて、極めて重要なメッセージを用意しています。このメッセージは今日の活動をつうじて与えられると同時に、将来的にはこの惑星の他の場所でも伝えられることになります。今私がお話ししているのは、そのメッセージが地球上のすべての存在、そして聖なる自由の精神を愛するすべての存在にとって非常に意味深いものとなるため、その心構えをあなたがたにしていただくためです。

今朝、私はダイヤモンドハートの兄弟たち、そして善意を愛するすべての存在たちが放つ輝きを携えてやってきました。神の意思は善である、と聞いたことがあるでしょう。神の意思は善である、と頭の中で信じてきたことでしょう。しかし、わが使徒たちは必ずしも感情や感覚を大切に生きてきた訳でも、完全性をもって外側の現実で活動してきた訳ではありません。私はまさにこのために今朝やってきたのです

――あなたがたが偉大なる法則とともに完全性へと前進することができるよう、偉大なる法則があなたがたに与えられたのだという事実に気づいてもらうために。偉大なる法則は、単に研究や好奇心の対象としてあなたがたに与えられたのではありません。法則は、あなたがたを良い気分にするために与えられたのではありません。法則に従わせるには、そういった要素も確かに必要ではありますが。

法則は、永遠なる自由をもたらすためにあなたがたに与えられたのです。法則は、あなたがたのハートに記された神の法則です。

日々の暮らしの中で神の意思を体現する時、あなたがたは神の完全性を具現化するとともに、アセンデッドマスター、そして父の目的を愛する存在たちに対して、喜びをもたらしているのです。親愛なる存在たちよ。永遠なる領域の完全性を体現することなく、闇の衝動や、地球上にはびこる否定主義のあらゆる勢力に屈する時、あなたがたは、今、全人類に明らかにされようとしている、素晴らしき永遠の計画の具現化を妨げていることになるのです。

自身のプレゼンスの完全性を讃えましょう

親愛なる存在たちよ。いわゆる存在の不思議は、私たちにとって不思議でも何でもありません。偉大なるアイ・アム・プレゼンス、生命のプレゼンスと一体となり、心を交わしている私たちにとって、それは不思議ではないのです。ただし、神の無限なる神秘性は、聖人やアセンションした存在に対しても、秩序的・漸進的な形で明らかにされます。しかし、私たちがこうして姿を現すことには何の不思議もありません。私たちはわれらが父の顔がどのようなものか知っているし、彼の善で純粋な意思という顔をいつも見つめているからです。

親愛なる存在たちよ。あなたがたの中で、純粋なハートを持ち、長年にわたり内なるプレゼンスを誠実に敬愛し続けてきた人たちを咎めることはできません。同じように、無知である者を咎めることも、いかなる人を咎めることもできません。そんなことよりも、あなたがたのハートの中にある完全性が外側の現実で体現されていない未来を変化させることを促すべく、私は声を上げるでしょう。あなたがたのハートの中にある完全性が神なのです。神の善を、あなたがたの生活の最も重要な力としてとらえる必要があります。しかしながら、親愛なる存在たちよ。多くの人々は内なるプレゼンスを敬愛することの大切さよりも、外側の状況にはるかに大きな関心を向けています。

プレゼンスは常にすぐそこに存在します

今朝こうしてあなたがたにお会いできて、心から嬉しく思います。イースターの強力なエネルギーの後、学びの徒たちがこうした集まりに強く引き付けられ、このような機会が単に慰めをもたらしたり、外側の自己をなだめたりするために開催されているのではないと気づくだろう、と私は期待していました。親愛なる存在たちよ。こうした集まりは、私たちが輝きをあなたがた、そして形ある世界、この都市へと注ぎ込むと共に、神の偉大なる霊的愛、神の意思、聖なる炎の力、法則のもとであなたがたが受け取ることを許されるあらゆる善き恩恵を、全人類に集中的にもたらすことのできる機会として開催されています。

プレゼンスは常にすぐそこに存在します。プレゼンスはあなたがたの頭上で、どんな時も、明るく輝く光を放っています。しかし、生命という素晴らしきプレゼンスが頭上であなたがたを見守っているにもかかわらず、学びの徒の中には、抑圧、落ち込み、疑い、恐れという感覚とともに夜中に目を覚ます人たちがいます。親愛なる存在たちよ。これが、内なるプレゼンスという太陽に雲がかかっているような状態であることに気づいてください。

たとえ幻想や闇、抑圧という雲がかかっていても、その後ろでは、プレゼンスが常に光り輝いていることに気づかなければなりません。そして、大天使ミカエルをはじめとする、私たちの領域の存在に対して、青い炎の剣、聖なる炎の力といった具体的な力で雲を突き刺し、消散させるよう求めなければなりません。自分の世界の主権は自ら握らなければなりません。神に与えられた権威を行使することを学び、こうすることによって初めて、あらゆる神秘性を理解する光、聖なる炎の子どもとして本来の自分へと立ち上がるのだ、ということに気づかなければなりません。

存在という無限の宇宙のドラマ

神の王国について、あなたがたが知らない一般的な神秘性について、奇妙なことも、隠されたことも、秘密にされていることは何ひとつありません。あなたがたがアセンションを果たす上で偉大なる法則があなたがたに知ってほしいと思うものを、あなたがたはすべて知ることになります。ここで重要なのが、この惑星に暮らす人にとって、アセンションを果たす前にすべてを知ることは全く不可能であるということです。永遠なる完全性の領域に存在する私たちでさえも、われらが父の用意しているものをすべて知っている訳ではありません。父はこれまでの認識を超越する新しい神秘性を私たちアセンデッドマスターに対して常に明らかにし続けてくれるからです。つまり、宇宙には最終地点というものはないのです。

しかし、親愛なる存在たちよ。法則はあなたがたにアセンションを果たすために必要なあらゆることを知るよう求めます。至るところに存在する全知の生命のプレゼンスに対して呼びかける時、自らを解放するためにあなたがたが知るべきことをもたらす力がプレゼンスにあることに気づかなければなりません。あなたがたが自由になるために必要なもの以上のエネルギーを宇宙は与えることはありません。一旦制限なく、足かせなく、光の領域へと自由に到達することができれば、人はより高い領域から生命に奉仕するための自分の役割を明らかにし、それを拡大させるために必要な知識へと続くすべての扉の鍵を開けることができるからです。

親愛なる存在たちよ。より高き領域へと移行した後は、人生は自動的に進展し、もはや具体的な奉仕を行う必要がなくなるのだろう、と感じている人が非常に多くいますが、それは少し違います。はるか昔にアセンションを果たした私たちでさえ、未だに光への奉仕を続けています。そして、全能なる神のグレースにより、私たちは永遠にそうし続けるでしょう。この宇宙は、数多の惑星や星、銀河系で文字通り溢れています。そして、われらが父の計画は永久に続くのです。

神の無限の光が霊的に開いた私たちの目の前で、存在という無限の宇宙のドラマを明らかにすること、そして、それが永遠のサイクルの中で続いていくことを、私たちは知っています。

そして、私たちには終焉に対する恐れや、自分が存在しなくなる時の悲しみというものがありません。それは、神の意識から放たれる、すべてを超越した、あらゆるものを知っているという完全性を常に感じているからです。同様に、アセンションを果たしていないあなたがたもまた、その状態に入ることができ、あなたがたをあまりにも長きにわたり縛ってきた、存在という足かせを脱ぎ捨てることが可能なのです。

思考を上昇させ、次元を上がる自分を感じてください

たとえ肉体の原子が純粋な光——宇宙の不死・不滅の炎が、あなたがたの存在を駆け抜けるほどまで肉体の波動が上がり、完全性へとアセンションする前でも、意識の中で完全性へとアセンションすることが可能です。その時が訪れる前に意識的にアセンションすることができるのです。そして、そうすることで、あなたがたはアセンションをサポートすることになります。

　親愛なる存在たちよ。これから数週間、今日アセンションを果たすのだという気持ちでベッドから起き上がり、そして、太陽に向かって、山の頂で光へと昇天するキリストになったような感覚を味わってみてはどうでしょうか。[1] 今から、この練習を試してみましょう。肉体がアセンションするのを感じてください。神の永遠の完全性へとアセンションする時に、どんなことが頭に浮かび、どんな感覚になるだろうか、と思い描いてみましょう。

　次に、自分がアセンションせずに、まだ地球に錨を降ろしていることに気づいてください。そうすると、あなたがたは自分が抱えている問題に対して、竜退治の英雄のような果敢さで向かっていくようになるか

もしれません。

　あなたがたは、長きにわたり自分を苦しめてきたドラゴンを退治することができるようになるでしょう。それは、あなたがたはこれから何が起きるのか、そして全能の神によって注がれる素晴らしき完全性がどのようなものかを理解するからです。神がただ愛の中で光の子をひとりひとり生み出したのは、太陽のように光り輝く、すべてを超越する神の光輝ですべての原子を満たし、アセンションの高揚を感じさせるためなのです。そして、それぞれの原子が波動を上げ、キリストがそうしたように、全体が完全な光の中で昇天し、人間の目で見える領域から目に見えない領域――光の領域へと迎えられるかもしれません。[2]そして、サン＝ジェルマンや偉大なるアセンデッドマスターたちが現在に至るまでそうしているように、目に見えない領域から人類のもとに訪れ、彼らに恩恵をもたらし、癒しを与え、この文明を素晴らしき達成の頂点へと高めるでしょう。

　親愛なる存在たちよ。これらはすべて可能です。それが神の意思だからです。それは善であり、夢ではなく、純粋な真実です。それは達成可能であり、到達可能です。あなたがたの手の届くところにあるのです。それは手の届かない果実ではなく、今朝こうして私の声に耳を傾けている人たち、そして神の完全性や大水のとどろきのような声[3]を受け入れることを選択するすべての人の手の届くところにあります。その声は私たちにこう語りかけます――「渇いている者には、命の水の泉から価《あたい》なしに飲ませよう[4]」

　自由という聖なる名のもとで、ダージリン評議会のテーブルより、あなたがた全員に感謝します。今朝、永遠性の感覚を時間が存在するこの領域へともたらしながら、あなたがたに祝福を授けます。あなたがたは時間に拘束されたはかない創造物ではなく、永遠の存在なのです。ありがとうございました。良き夜を。

1962年5月6日（金）朝

シオソフィカルホール、ワシントンDC

（メッセンジャー／マーク・L・プロフェット）

第18章　自由というたいまつにあなたがたの灯りをともしましょう

口述前のメッセンジャーによる神殿のシーリング※

※神聖な空間として封印すること（訳者）。

地球の中心にあるペルア（地のエレメントを司る宇宙的存在）の領域の核から紫の炎の巨大な柱がこの部屋の真下で燃え上がり、私たちの足の下に紫の炎の絨毯を広げるよう、求めます。この紫の炎の絨毯がペルアの領域から私たちの領域へ神の変容のエネルギーを流し続けるよう、求めます。

厚さ3フィート（約90センチ）の壁がアセンデッドマスターの力によって拡大され、まばゆいばかりに白い新雪の上で輝く太陽の色でこの部屋を囲み、外側のあらゆる状況による波動的行動から遮断するよう、求めます。これらの壁がアセンデッドマスターの領域まで高く伸び、天使の領域の中で光の勢力と出会うよう、求めます。

ひそやかな愛の星――ピンク色に輝く、聖なる愛の九角星――がこの部屋に浮かび、その聖なる愛の光線をあらゆる方向へ注ぎ、光の壁や紫の炎の絨毯を通り抜けて、神のハートの壮大な愛で地球を満たすよう、求めます。

クリスタルを散りばめた三角形が部屋の前面の祭壇の辺り、そして、すべてを見通す神の目の中心で輝くよう、求めます。神の目の中心から光の光線がこの部屋を通って放射され、私たちという神の映し鏡を見つめる神のプレゼンスたる全能の光が、すべての人の頭部を通過するよう求めます。

これで、私たちは人間の波動的行動から遮断されました。私はアセンデッドマスターたちの領域から放たれる、楕円形の光り輝く白い炎に包まれ、炎の守り手、その騎士、そして愛すべきアイ・アム・プレゼンスに仕える者として、聖なる炎への奉仕を開始します。モリヤの到着を待つ間、親愛なるドナが演奏します。

高価な真珠

はるかなる時代の心の友よ。第一光線を司る、私エル・モリヤは、自由という聖なる名において、神の聖なる意思よりここに集った多くの方々に挨拶します。

あなたがたの中にある高価な良き真珠により[1]、あらゆる人の善意があなたがたに毎時間与えられています。その真珠の輝きが放つ光沢や豊かさにより、光の中心から永遠なる恩恵をすべての人が感じられることでしょう。高価な良き真珠よ。それぞれのハートの中にある生命のプレゼンスが放つ素晴らしき輝きよ。

神の永遠なる完全性の象徴として地球の上にそびえたつ、至高の神の意思に敬礼します。それは、神のすべてを、そして、自らの創造物に込めた願いを余すことなく表現しています。

今日、私は第一光線を強く放ちながら、あなたがたに挨拶します。そして、あなたがたの中にある、光以外のものをすべて、神の全能の力で、そして神の完全性という無敵の力で制するよう、求めます。

私たちのプレゼンスという神聖な聖体

わが兄弟、サン＝ジェルマンよ。栄光の自由の友よ。はるかなる時代の友である、わが兄弟よ。今日、この命令を指揮する騎士司令官であるあなたを讃えます。そして、恵み深いあなたの輝き、あなたのプレゼンスを、ここに集った人々に、そして、ここに居なくとも、私たちとパンを分け合うことを厭《いと》わない人々に、惜しみなく与えてください。そして、天使たちの力により、私たちのプレゼンスという神聖な聖体を彼らに授けてください。

青き炎の天使たちよ。今ここに訪れ、貴重な光の聖体をワシントンから世界中へと運び、天界から降り立った聖なる贈り物を、世界中に存在する学びの徒に分け与えてください。さらに、天界の祭壇の石炭から生じる炎が、天使たちの腕によって、愛の旗によって世界中へ運ばれ、親愛なるサン＝ジェルマンの名を讃えたいと強く願う、あらゆる学びの徒を包むよう、求めます。宇宙の調和の精神が地球の大気に浸透し、その精神の意味をより強く人類に認識させますように。

第一の目的を私たちは忘れない

第一次世界大戦が終わった時、地球の人々はフランダースの野で幾列にも並んだ十字墓を見て、流血により膨大な数の命が失われたことを知りました。「私たちは忘れない」[2]という言葉の通り、私たちの目的は死んではいません。神の意思によって不滅性がすべての生命に授けられる、という今も息づいている目的なのです。たとえ低級な目的が地球に存在し、それに対して忠誠を誓う必要があったとしても、私たちの第一の目的が生命という聖なるプレゼンスであることを、そして、真心からなされた宗教的奉仕こそ、人が提供できる最高の奉仕であることを忘れないでおきましょう。

それは、光への奉仕です。人類が光に奉仕する時、宇宙の法則は、ライフストリームによる奉仕に仕えることを光に命じます。親愛なる存在たちよ。今日ここに観衆として居る人たちの中には、自らのライフストリームに対してなされた光の奉仕を証言できる人もいます。こうした人たちは、私が言っていることの真理を知っています。

あなたがたは、この部屋に入ることを許可されたからではなく、自らの行い故に、炎の守り手であるのです。私たちの力の秘密をあなたがたに授けることは非常に簡単です。秘密を語るだけで、そのギフトは与えられます。しかし、そのギフトを賢く正しく使えるかどうかは、全く別問題です。だからこそ、あなたがた自身の聖なるキリスト自己が持つ識別力をありのままに受け取り、光にどう最善に仕えられるかを判断できるようになってください。そして、誤ることなき神の光が、あなたがたの求めに応えて、聖なる理解を最良の時機に必ずやあなたがたに授けるということに、気づいてください。どうぞ、お座りください。

マスターたちの言葉を実行に移してください

あなたがたの中には、先日、ヴェネツィア派の画家パオロによるメッセージを聞いた人がいます。[3] 彼が長年にわたり取り組んできた、素晴らしき癒しの盃がついに完成し、マハ・チョーハンが彼のアシュラムで使えるよう、天使たちの手によってセイロンへと運ばれました。

また、昨日、ヴェネツィア派のパオロがパオロ・ヴェロネーゼとして生きた時代に生み出した作品を見た人もいます。近いうちに、ヴェネツィア派パオロの英知が散りばめられたメッセージを書き出したものを、あなたがた全員が受け取ることになっています。そして、この光に仕える組織が、録音されたメッセージを印刷物に移し、彼の貴重な言葉をこよなく求める人たちの手に届けられるよう、賢明に努力することでしょう。

今日、この組織が今必要とする助けに対して意欲的に応えてくれた、学びの徒たちに感謝を表します。天は決して忘れません。

親愛なる存在たちよ。わが霊的師であるグレート・ディバイン・ディレクターが昨夜、あなたがたに素晴らしい英知を授けました。そして今日、私は光の僕として、たくさんの英知を受け取ったことをあなたがたに改めて思い出してほしいのです。彼から授けられた滋養がメンタル・ボディへと吸収され、実行へと移されることを望みます。なぜなら、これまで私は、一部の人たちのハートの中で強情さが増大する様子を目撃してきたからです。これは、いわば進行性筋萎縮症のようなものです。こうした人たちは、自分の目標や努力に対する軽視が強くなるようです。このようなへだたりが小さくなり、あなたがたの目標や努力がさらに増大することを私は望んでいます。

求めの有効性

私はとりわけ、求めの欠如を懸念しています。現在、この地球上には、求めるということが私たちアセンデッドマスターにとってどのような意味を持つのかを認識しているグループはほとんどいません。うんざりして、求めを天に放つことを好まない人たちが多く存在します。親愛なる存在たちよ。求めという天にとっての原動力はまだ廃れていないし、あなたがたの原動力も廃《すた》れているとは思えません。あなたがたの生命は神の生命です。求めに応えが来ると確信し、求めることを決意している姿を見る時、私は大きな喜びを感じます。

迷える人たちには、求めに効果はないと言わせておけばいいのです。求めを理解しない人々には、不快だと言わせておけばいいのです。求めの時に発せられる声がうるさい、と言わせておけばいいのです。光のさまざまな活動に仕えてきた、世界中のアイ・アムの学びの徒たちが発した求めがなければ、この惑星は今頃、宇宙の一粒のちりになり果てていることでしょう。彼らの求めのおかげで、数多くの差し迫った大変動が鎮められ、人生というスクリーン上で具現化せずに済んでいます。

さあ、親愛なる存在たちよ。神の聖なる名において、求めに効果はないと思いますか。求めとはこの惑星に暮らす人類のエネルギーであり、法則を知らない兄弟たちに代わって、私たちアセンデッドマスターに与えられるエネルギーです。私たちはこのエネルギーを、内なるレベルで使い、時にマイナスのカルマによる崩壊や不可抗力が人類に降りかかることを要求する宇宙の法則を無効にするよう、世界の主やカルマ評議会に働きかけます。そして、私たちがこうした状況を無効にするよう呼びかけるには、変容の紫の炎に呼びかけ、慈悲と赦しの炎で外側の状況を変容するよう要求する、学びの徒による求めが必要なのです。人間のハートの率直な行動で法則を調和させることができなければ、私たちは人類が刈り取らなければならない運命を鎮静させることはできないのです。

師となる人たちは法則を知らなければなりません

これから指導する立場になる人たちは、自らの宣言に責任を持つことを求められます。誤ったことを人類に教えれば、彼らは自らの誤った教えに対して完全な責任を負います。将来の指導者は、自分が教えていることに注意を払わなければなりません。純粋な動機だけでは十分ではありません。法則について語る前に、法則について知っておくことが必要です。

天は、嘘であることを知らないまま、愛情一杯で、無邪気に嘘を語る人には心遣いをします。しかし、疑いを抱き、法則について確信を持たないまま、人類に対して完全な真理として宣言する者は、カルマの主の面前でカルマのバランスを取るよう求められます。

炎の守り手たちよ。地球の人々がさまざまな危険な状況に直面している今この瞬間にも、このメッセンジャーが述べたように、あなたがたが真理と正義を守る戦士となってください。

神の教えを実践し続けましょう

炎の守り手とは、全能なる神の教えを形ある世界において具現化させ続ける人たちです。神の教えをハートの中で燃やし続けるのは善きことであり、必要なことです。そして、マインドの中でもそうすることは、さまざまなひらめきをもたらします。しかし、行動の中で具現化させることこそ、私たちの願いです。**私は神の意思を愛します！　私は神の意思を愛します！**　神の意思は善であり、実際に実践されることが最高なのです。なぜなら、神の意思が実践されている時は動的だからです。神の意思が動的な時、ヘラクレスが光の力、第一光線の完全なる力である、神の統制を十分に注ぎ込むことができます。

するとグレート・ディバイン・ディレクターがカルマの主の前に立ち、こう言います――「これら幸いな学びの徒たちが行ったことを見てください。彼らの行動、情熱、愛を見てください。彼らのために私たちにできることはありませんか」。次に、グレート・コズミック・カウンシルの会合が持たれ、グレートホワイトブラザーフッドの評議会場は、天の使者や宇宙の使者で溢れかえります。私たちが彼らに対して自明の証拠とともに陳情を行うことで、陳情が聞き届けられる可能性がさらに大きくなります。親愛なる存在たちよ。生命は公平です。

あなたがたは、私たちがアセンデッドマスターだという理由で、世界の主、または、偉大なるヘリオスとベスタ、または偉大なるアルファとオメガの前に立つ時、実際にはそうでないのにこう言うことができると思いますか――「彼らは素晴らしき学びの徒です。光のために多大な努力をしています」

親愛なる存在たちよ。私たちは書かれたものに基づいてのみ行動できます。それはどのように書かれるのでしょう。それは、あなたがたの行動というペンによって書かれ、剣より偉大な力を持ちます。[4]「みこころのままに」という人生のスクリーン上では、行動というペンは剣より大きな威力を持つのです。

聖なる炎の儀式

親愛なる存在たちよ。これ以上詳しく述べるのは控えたいと思います。その代わり、私はサン＝ジェルマン、国際連盟、グランドティトンにたなびくアメリカの旗、ロイヤルティトンのブラザーフッドに敬意を表します。今日の午後、彼らが放つ輝きがこの場所に向けられ、光の女神のメッセージの間に特別なエネルギーがもたらされるでしょう。

今、自由の友、サン＝ジェルマンの友、そして炎を守り続けることを願う人たちに呼びかけます。［詠唱。］

エロヒム。7つの全能なるエロヒムよ。金星の静なる炎の主よ。聖なる炎に関わるすべての人々よ。サン＝ジェルマンの自由の炎よ。神、全能なるアイ・アム・プレゼンスの名において、この場所で燃え栄えよ。

神の意思という聖なる炎よ。自由を象徴するアイ・アムのたいまつに顕現し、神の光にたゆみなき奉仕を望むすべての人々、神の光を携え続けることを望むすべての人々を、生命という永遠なる調和をつうじて、彼らを導き、鮮やかに燃え盛る炎の泉から飲ませよ。神の聖なる名において、この自由のたいまつの火を自らのたいまつに移させ、そして、彼らが永遠に、無限に、彼らのハートの中で燃え続ける、全能なる神の炎の守り手であることを思い出させよ。

第一光線を司る、私エル・モリヤは、サン＝ジェルマンの摂政として、炎を愛するすべての人が今この瞬間に、この聖なる炎のたいまつで自らのたいまつに火を灯すことを、神の名において指示します。

さあ、どうぞ。［観衆ひとりひとりが前に出て、祭壇で燃える「自由の炎」で自分のろうそくに火を灯す。ピアノの演奏。］

悪が住む扉を封印することが、神の意思です。このため、炎の守り手全員が、自分たちのライフストリームの中へ、意識的または無意識的に侵入してくる、あらゆる厄介なエネルギーから自らを遮断することを、神の名において日常的に行わなければなりません。光こそ最大の防御だと言われてきました。しかし「もしあなたのうちにある光が闇なら、その闇はどれほどでしょうか」[5]。そして、誤ったエネルギーは神の絶えることのない光の役目を務めることは決してできません。泥水を飲むことはできません。日々、生命の水の透明な泉から飲まなければなりません。[6]生命の水は、あなたがた自身のプレゼンスのハートから放たれる純粋な物質です。私、エル・モリヤは言います――至高なる光の神殿の門に近づく時は、畏敬の念を抱きなさい。

あなたがたの中には、この令において、新参者である人も、熟練者である人もいる、ということを騎士司令官の名において、あなたがた全員に伝えます。しかし、あなたがたは、炎の騎士または淑女となり、最終的には、真の意味で完全なる炎の守り手となる運命なのです。この道を貫いてください。きっと実現するでしょう。

自身のたいまつを高く掲げ、勝利を得たライフストリームたちが灯す美しきたいまつの炎を見つめながら、そのひとつひとつが光を讃えている様子を眺めてください。毎日、光を掲げてください。もし、これらの炎をすべてまとめてひとつにすれば、個々の炎を区別することはできません。だからこそ、互いの違いを凝視するのではなく、それぞれのハートで燃え栄える真実の炎を見つめてください。日常的に、神を見るようになるでしょう。

さあ、自由の祭壇の周りに集まり、たいまつをハートの位置にまで降ろしましょう。［沈黙。］アメリカよ、愛しています。サン＝ジェルマンの名において、私は言います。光以外のあらゆるものからアメリカを切り離し、自由の鐘をすべての丘で鳴り響かせましょう。

サン＝ジェルマンの聖なる名において、これらの人々がこの祭壇に再び集まる時は、最後のひとりが着席するまで、「アメリカ」の歌を繰り返し唄うようお願いします。この生命の法則の学び手たちの高まる勇気を象徴するワシに近づく時は、神の名において、進歩に向かって歩みを進めてください。［メッセンジャーと観衆が歌いながら、神殿の周りに集まる。］さあ、親愛なる存在たちよ。着席する前に、私の合図で炎を消してください。炎は指で消すのが望ましいのですが、指で消せない人は、息を吹きかけて炎を消してもよいでしょう。

あなたがたの内なるレベルのハートの中、そしてグレートセントラルサンの中にある生命の炎を常に燃やし続けていてください。そして、あなたがたは今、永遠というヴェールに包まれ、グレートセントラルサンの中心で絶えず燃え続けるあなたがたの炎を定着させたのだということを、忘れないでください。その間も、自身の不滅性を象徴する炎を外面化させるためにあなたがたに授けられた、その炎を燃やし続けてください。これこそが神の意思です。

サン＝ジェルマン、炎の騎士司令官の名において、ありがとうございます。そして、ダージリンからごきげんよう。

あなたがたに感謝します。良い午後を。

1962年7月2日（月）午後3時
ワシントンDC
（メッセンジャー／マーク・L・プロフェット）

第19章　聖母マリアのアセンションの日に、彼女の荘厳さを讃えて

　ダージリンのブラザーフッドの温かき心とともに、素晴らしき神の母であるマリアに、ダージリン・ブラザーフッドより挨拶を申し上げるとともに、数多の魂を高め、地球上のハートたちに癒しの慈悲をもたらした、彼女の壮麗なプレゼンスを讃えます。ここに集う神聖な女性たちが、彼女を模範に、その実践に励むことを願っています。

　彼女が持つこの上なき完全性を体現するような、聖なる存在として生きることを自らの中で決断することは、公正な行為です。そうすることは、彼女の後に倣うことを望む人々への賛辞でもあります。そして今宵、今この瞬間、ダージリンのブラザーフッドから宇宙の母のケープを携えてやってきた、数多の聖なる存在たちをあなたがたのもとに迎えます。彼女の後に倣う人たちの肩にこのケープをかけ、光のための貴重な儀式をあなたがたに執り行いたいと思います。

　これはれっきとしたギフトであることを、忘れないでください。混み合った市場でエレベーターに乗り込む時は、砂や、他の人が踏んだ場所にこの聖なるケープが触れないよう、裾を持ち上げることを思い出

してください。宇宙的高揚の中でケープの裾を持ち上げ、人間の虚栄心に飲まれることなく、世間の汚れから自らを超越させましょう。

形ある世界が彼女の輝きの拡がりから恩恵を受けるよう、そして、彼女のような存在が増えるよう、商業的世界の賑やかな通りや店を歩く時は、宇宙の母の尊厳をかかげましょう。その結果、この地球に暮らす人々の成熟度は上がることでしょう。ここダージリンでは、寒い季節に巨大な暖炉の火で親愛なる兄弟たちが温まります。私たちが神、天上の事柄、調和の美しさ、沈む太陽の温かさ、松が奏でる音、星の輝き、神の平安、天の完全性について話す時、あなたがたをぜひここに歓迎したいと思います。

私は自分の勝利を収めるまで、数々の転生をこの惑星で経験しました。その勝利は、あらゆる人にとって価値があります。たとえ、とげのある植物でできた冠の上を歩くような道のりであったとしても。親愛なる存在たちよ。そのような道をあなたがたが歩く必要がないことを願います。聖なる道を歩むすべての人の道がより楽なものとなることを願います。あなたがたはこの道を歩き、人生がもたらすとげを折ったり、先端を丸くしたりすることで、その道を手に取って愛でることのできる、かぐわしいバラの道にすることができるからです。こうして、生命は高揚し、主のスピリットは聖杯の輝きとともに人のハートから卒業することでしょう。人は「どこにいるのか」とは訊ねず、こう言うでしょう――「私はここにいる！」と。

ありがとうございました。良き夜を。

1962年8月15日（水）夜
ワシントンDC

（メッセンジャー／マーク・L・プロフェット）

第20章　親愛なるサナート・クマラの紹介

皆さんようこそ。ここダージリンの暖炉の火で身体を温めてください。今回のクラスでは私が話をする予定はなく、ずっと静かにしていたのですが、さまざまな理由でどうしてもお話ししたいと思いました。加えて、私は親愛なるサナート・クマラを紹介するよう、太陽の指導者たちから求められたのです。そのため今日は、神の意思の聖なる名において、使徒たちが光に対して表明した素晴らしき調和と献身を讃えるエネルギーを放射するために、やってきました。

神の大切な子どもたちよ。国家という船にこれほど多くのメンバーが集うのはそうあることではありません。この偉大なる国家の首都には、丘の上にそびえる議会よりも、この惑星の霊的政府にとってはるかに重要な人たちがいます。

大切な光の存在たちよ。アメリカ全土で祈り、仲裁、祈祷《きとう》、献身を捧げている数百万の人々がいなければ、議会は混乱した人々の集団になり下がってしまうのだ、ということを想像してみてください。しかし、祈り、献身、神の意思の集中的な実践や召喚をつうじて、秩序とシステムが前進するのです。自分たちのさまざまな政治や体制に対して批判的視点を持つ人類は、世界中のすべての人のために政府や生活をより高次のものへ進化させることを求めます。ですが、神が人を統治する政府こそ、最高の形なのです。

その原理の中において、真理が尊厳とともに明らかになります。

今日こうして、世界の主に長年仕え、親愛なるゴータマ・ブッダの前任者であり、現在は世界の摂政であり、神聖なる金星ですべての人にその名を知られている、親愛なるサナート・クマラを紹介できることを、心から嬉しく思います。私は、太陽の主が放つとてつもない愛の炎とその放射を讃えて天のハートが頭を下げるほどの彼という存在を、この地球であなたがたに紹介する名誉を授かりました。

では、世界の摂政、サナート・クマラに語ってもらいましょう。

＊＊＊

太陽と銀河系の使者たち、グレートホワイトブラザーフッド評議会、親愛なるエル・モリヤ、そして、聖なる炎に関わるすべての人たちよ。

あなたがたの惑星と同じように、惑星のすべての物体を軌道内に保ち、個々の軌道内で神が顕現する場所を安全に守り、衝突から守っている、穏やかな無限の磁力により、起伏に富んだ地形の中に海が広がる、惑星金星に存在する光の集団の名において、あなたがたに挨拶します。どうぞ、お座りください。

今日、光の彗星が太陽系を通過しました。しかし、それはあまりにも素早く、その通過を外側の意識で認識できた天文学者はひとりとしていませんでした。その尾は美しいピンク色でした。その輝きこそ、グレートセントラルサンから密やかに放たれた愛の星だったのです。太陽系に栄光の偉大なる雲を残し、祝福が太陽系のハイウェイに漂い、あらゆる原子の核、そしてさまざまな世界の系に存在する巨大な太陽を突き抜けました。外側の思考では理解できないかもしれません。しかし、宇宙の次元の指標が絶えず拡大し続けていることを示す、意義ある出来事です。

太陽の炎の力により、聖なる意図と輝きが具現化しつつあります。

少し立ち止まって、考えてみてください。聖なる炎が持つ意味を。

人間の意識上では、多くの言葉の意味が失われます。人は語られるみことばが持つ内なる意味についてよく考える時間を取らないからです。語られるみことばは、まさに神の声です。それは、すべてのライフストリームにとって神聖なる権威です。だからこそ、求めることがそれほど重要なのです。

内なる神聖な自己と完全に同調した形で何らかの宣言を発する時、語られるみことばの力によってある状況を誓う時、人は自らの宇宙の中において神として行動し、人間の不完全性という混乱をそこに生み出すのです。しかし、神が完全性を意図するのと同じように、厳密に語られるみことばの力を用いる時、それは自分のためだけでなく、ここに存在するあらゆる生命のために行っているのです。

私たちの言葉が放つ輝きを保持し、分かち合いましょう

存在の意味と目的は、神へ自らを捧げる人たちだけに明かされています。それ以外の人たちは取り残さ

れ、宇宙的意味の豊かさについて思いを巡らすばかりです。親愛なる存在たちよ。今朝、あなたがたはその理由を知りました。だからこそ、この活動の学びの徒、世界中の光の使徒たちが、こうしたクラスで発せられた言葉を自分のためだけに活用するのではなく、聖なる計画の壮大さをまだ理解していない、聖なる計画の大きさをまだ理解していない、具現化の乏しい人々とその輝きを共有したいと思うよう、願っています。

何も知らない人たちに対して、言葉で言い表せないことを話せと言うつもりはありません。しかし、あなたがたは内なる炎の意識の中において、自身のハートの神殿の中で燃えている太陽の光を意識しながら前進することができるのです。

その光を守り、賢者たちが生まれたばかりのキリストに授けた、ミルラ、フランキンセンス、貴重な金で囲むことで、自らを神の無限の顕現として保つことができます。そして、人の中を歩く時も、自身のハートの中で燃え盛る、天の神聖なる炎の残り火を感じることができるでしょう。あなたがたは、残り火に聖なるスピリットの息を吹きかけ、大きな炎になるまで風を送り続けるよう親愛なるマハ・チョーハンに求めることができます。彼はあなたがたの脊柱を、太陽の炎が燃え盛る巨大な光の柱へと変換し、聖なる炎の電極として輝きを放たせるでしょう。

秘められた創造の力

秘められた創造の力が親愛なる宇宙のふたつの秘密の光線にいかりを降ろせるよう、金星の炎の主の力が、この地球の人たちの中で顕現することになります。こうして、金星でなされるのと同じように、語られるみことばが持つ力によって、男と女が聖なる祭壇の前で見つめ合い、内なるプレゼンスのハートから偉大なる光線を呼び出し、その光が神の祭壇の面前で、ふたりを完全に統合させることで、この地球上で幼き男が具現化することを可能にするでしょう。

それがこの惑星に顕現することで、やがて子どもの世話という重荷から女性が解放され、(聖なる意図の一部ではなかった)出産という困難なプロセスが取り除かれ、人間の意識が生と死を新たな側面からとらえられるようになります。つまり、今回の転生までにアセンションする運命にはない人の場合、地球上の太陽の炎の神殿を訪れ、聖なる炎の神官たちの前に立ち、そして、炎の中へと歩みを進め、純粋な本質へと吸収されるでしょう。そして、愛する家族たちは、涙を流したり、溜息をついたりすることなく、彼が人生という映画から意識的に去る様子を眺めるのです。男と女が神の聖なる祭壇の前にともに立つ、具現化と子宮による具現化という誓いの中で、彼が無形から有形の世界へと聖なる再生を遂げることを知っているからです。

こうして、人はもはや現在のように生と死というプロセスに苦しむことがなくなる代わりに、聖なる光の文化を愛し、讃える、進化した男女により新たな時代の栄光が放たれ、分かち合われることでしょう。

私の言わんとしていることを、あなたがたの多くは理解しているでしょう。私が言っていることをすべては理解しない人もいるかもしれません。私が語っていることは、通常の人間の理解力を超えた、偉大なる光の力に関係することです。どうか、あなたがたが知らないことを私が言っているとは、一瞬たりとも思わないでください。

肉体という牢屋から自由になっており、私の燃え盛る太陽の身体を見ることのできる人たちは、私の信頼性に疑問を抱くことはないでしょう。しかし、有限の形で転生し、私が語る言葉を通してでしか見たり、認識したりできない人たちは、こうして口述している存在の信頼性を必ずしも十分に認識できないかもしれません。だからこそ、あなたがたが、この惑星へ神がアクセスできるという永遠なる原理を否定することで、いつか自ら刈り取ることとなるカルマを生み出さないようにするためにも、このことについて念を押したいと思います。

レムリアやアトランティスの失われた大陸について理解することに熱中している人たちは、これらの古代文明では、誕生のプロセスが現在と違っていたことを理解しているでしょう。かつて、地球には巨人が存在し、神の子たちは人の娘たちの美しいのを見て、自分の好む者を妻にめとった、という古代の正典の中に記されている言葉の意味をあなたがたは理解しているでしょう。[1]

親愛なる存在たちよ。現在のような誕生プロセスは、人間が「マテリア」（ラテン語で「物質」の意）――つまり物質主義に堕ちたことでもたらされたのだということも、あなたがたは理解するでしょう。そうして、みことばは現在この惑星上で知られているプロセスをつうじて肉となったのです。しかし、サレムの祭司であり、聖なる炎の神官であるメルキゼデクは、通常の具現化プロセスのように父や母を介することなく生まれました。彼は、偉大なる光線が秘められた創造の光線として母と父のハートと喉を通過することで、形を創造するという驚異的な力によって、この世に誕生したのです。このことを改めて発表する必要があるのは、黄金時代の到来により、一部の高度な個人たちが、一定の太陽および宇宙による儀式を経ることで、これらの作業を執り行い、かつての神殿の境界線を再生させ、新たな聖技の神殿とすることができるようになるからです。

熟達と主権は、神の顕現として、全地球上の人間に対して授けられています。かつては、音階を上げ下げすることで花を咲かせる方法が知られていました。実際に、野では音楽に合わせてさまざまな色の花々が咲き、音階の持つ価に合わせて香りを放っていたのです。天使の楽隊はハープのコードを奏でることで、はるか遠くの野の花々を一気に咲かせることができたのです。

自由になることを選択するのです

神の力は、悪用されることで、人間にとってわずかなものとなりました。神の力は、意図された通り用いられることで、炎の主にとって輝かしい栄光となりました。

そして、炎の力、つまり、神の力によって、私たちは炎の主となりました。

今日私がここにやってきたのは、愛こそが永遠の鍵であることを、あなたがたに思い出してほしかったからです。今日私がここにやってきたのは、愛こそが永遠の鍵を差し込む、永遠なる扉であることを、あなたがたに思い出してほしかったからです。人間にとって馴染み深い、時間と空間の連続では、人は永遠性というチャンスを受け入れ、自由になることを自ら選択しなければなりません。私たちもそうしてきました。太陽の主はひとり残らず、そうすることが必要だと認識しています。これは、あなたがたが通過しなければならない儀式のひとつです。なぜなら、永遠なるわれらが父は、人間の自由意志を制限するような厳格さを人間の上に作ったのではないからです。その代わり、永遠なるわれらが父は、ひとりひとりのハートとマインドに自らの指で書き、生き生きとした光の文字でなぞった、神の法則を、ひとりひとりの手の中に、マインドとハートの中に授けたのです。

電気の神秘性

あらゆる経典や言葉は、口で語られたものであれ、他の方法で記録されたものであれ、何らかの道具を通して解釈されます。蝋《ろう》やプラスチック製の物質にプレスされた電子記録は、針や真空管を通して増幅されます。増幅という力を発揮しているのは、管内の聖なる炎の要素です。

親愛なる存在たちよ。真空管が炎とともに輝く様子に気づいたことがありますか。親愛なる存在たちよ。電球の電極やフィラメントが炎とともに輝く様子に気づいたことがありますか。それは、ワイヤーを移動している電子の流れ――聖なる炎の流れであり、電気の神秘です。このことを知っている科学者は世界でほとんどいません。彼らは依然として、電気の謎について憶測を続けているからです。

親愛なる存在たちよ。宇宙の電気とは、人間が建物を温めたり、世界の他の場所と交信したり、車を運転したり、エレベーターを昇降させたりするために使用している類いの電気よりはるかに偉大で強烈です。

電子動力はテープ上の記録をはじめ、無数の目的のために使用されています。さまざまなソースから情報を集めたり、電子的手段で編さんしたり、後のちや後世のために記録する等、データ処理で使用されます。現在、世界の人々はテープに記録された電子的刻印によって機器や構造を加工することが可能です。

それならば、考えてみてください。人々が神のアカシックレコード★の読み方を理解するようになったら、肉体という神殿を意識的に離れ、（調べものをする時に図書館に行くように）神のアカシックレコードへ完全な意識を保ったまま入る方法を理解し、そこで宇宙の源から情報を入手してから肉体へ戻り、アトランティスやレムリアの時代以降この惑星上に存在していなかったものを具現化する方法を理解するようになったなら、どのような未来が訪れるかを。

金星からの聖なる炎のギフト

金星の太陽の主たち――親愛なる宇宙の兄弟たち、聖なるクマラ〔創造神ブラフマーの4人の子ども〕である私、炎の主は、この惑星上の聖なる炎のエレメントを再生し、活気づけ、この地球上のさまざまなアシュラムや光の焦点に現在固定されている神のあらゆる炎を拡大させるための宇宙の光の交換・ギフトとして、この場所に、地球の中心へと、光の光線を放つ準備を整えています。

今あなたがたに語りかける間も、私は金星の聖なるクマラに対して、シャンバラの都市に降り立ち、ゴータマ・ブッダの神聖なる祭壇の前に私とともに立つよう、呼びかけています。降り立つひとりひとりのクマラの手には、金星の聖なる炎の性質が燃え盛るたいまつが握られています。

これらの性質はシャンバラにしっかりと固定され、この世界の人々を悩ませているさまざまな厄介な状況に聖なる調和を生み出すための、調和の条件として、ゴータマ・ブッダによって使用されます。

このメッセージが放たれる今日この日から来年にかけて、ゴータマ・ブッダに対してこれらの炎を毎日のように求めることで、学びの徒の強い願いと敬愛に応じて、その炎が地球全体により多く配布されるでしょう。偉大なる法則を破ることはできないからです。地球のあらゆる人たちと無条件に炎を共有したいという思いがあっても、私たちは宇宙の法則に従わなければなりません。そして、この地球上の誰かが炎を召喚しなければならないのです。私たちは、宇宙の法則により、炎をシャンバラにもたらすことができます。私たちは、シャンバラで炎の力を強め、維持することができます。しかし、日々炎を地上へと呼び起こすのは、人間がしなければなりません。

［1分50秒停止］

偉大な、偉大なる静寂の中より、聖なるクマラたちは今、レディーヴィーナスの聖なる名において、そして、人類の永遠なる定めを支援するため、地球全体に自分たちの輝きを注ぎ込みました。

最終的な勝利を信じ続けましょう

私は間もなく失礼しますが、金星の光の素晴らしき兄弟である、偉大なるビクトリーが、彼に代わって、ここに集うあなたがた、そして世界中の人々に挨拶するよう、私に求めています。彼は、あなたがた全員が最終的に勝利することを信じ続け、いかなる外側の様子によってもその信念がぐらつくことがないよう、願っています。

この日から一度たりとも信念を揺るがせることなく、最終的な勝利を信じ続けるあなたがたに対して、彼はこう言います――あなたがたがアセンションする時、または、人生というスクリーンから去る時、彼が内なるレベルではっきりとした形であなたの前に現れ、特別な支援を、そして、素晴らしき祈りをあなたに捧げると。


この支援は金星から、親愛なる双子の姉妹である、愛しき地球へとやってきます。

地球よ、聖なる自由の光とともに輝き続けよ。地球よ、聖なる神の愛とともに輝き続けよ。地球よ、聖なる神の英知とともに輝き続けよ。地球よ、無限のパワーとともに輝き続けよ。あなたは燃え盛る太陽。そして、あなたの人々はひとつ。いにしえのベツレヘムのように、希望の星は黄金の降臨――魔法の鍵で内なる全能のアイ・アム・プレゼンス、そして人生の調和へと、不滅の調和へと、決して壊すことのできない調和へと続く聖なるアイデンティティの扉を開くあらゆる人たちのもとへの黄金の降臨を象徴しています。

頭に「調和」という言葉が輝く天使、ミカよ、万歳。わが惑星から降り立つ黄金の鷲《わし》よ、万歳。自由の土地、アメリカよ、万歳。人々が自由になる運命にある地球よ、万歳。自由を愛するすべての存在よ、万歳。自由の友、サン＝ジェルマンよ、万歳。光のすべての息子、娘よ、万歳。あなたがたは天の騎士団によって祝福されています。そして、地球の騎士団は、永遠なる神の息子の不滅の降臨を讃える天空の聖歌隊に対して、うやうやしくお辞儀をするでしょう。神の名において、あなたがたの偉大なるアイ・アム・プレゼンスの名において、あなたがたに感謝し、そして、永遠なる至福の挨拶を送ります。
神とともにあられますように。さようなら。

１９６２年10月14日（日）朝
ドッジハウス、ワシントンＤＣ
（メッセンジャー／マーク・Ｌ・プロフェット）

第21章　過去はプロローグ

素晴らしき偉大なるアイ・アム・プレゼンス、親愛なるイエス、親愛なるサン＝ジェルマン、光のすべての兄弟たち！　今朝、私は堅牢なヒマラヤ山脈からあなたがたに向けてお話ししています。そして、最高神の慈悲をあなたがたにもたらします。

神の意思が、あなたがたのアイデンティティの力場の中で宇宙的行動に変換されると、それは神の慈悲になります。神の意思に抵抗すべきではないことに気づいてください。人が神の意思に抵抗する時、幸福を阻《はば》むカルマ的条件が設定され、自分の世界で完全性を具現化する妨げとなるからです。大勢の人々が自らの世界で幸福や善が具現化するのを妨げている限り、神の意思が人間の間で顕現することはありません。そして、人間の意思が優先されてしまうのです。何世紀にもわたり、このような冒瀆が行われてきました。それでも私たちは望み続けています――神の王国の完全な向上が人間の涙をすべてぬぐ拭い去り[1]、神の天国を人間の間で完全に実現する意識の理想郷を人類が最終的には達成することを。どうぞ、お座りください。

神のプレゼンスに意識を集中し続けましょう

親愛なるイエスがあなたがたに言ったように、私はかつて彼を崇拝するようになり、そして今、すべての人が持つキリストの概念を敬愛しています。

この活動を学ぶ人たちは、熱心でひたむきないにしえの学びの徒たちに似ています。彼らの意識状態はさまざまです。やや混乱している時や、物事がはっきりとしないように見える時があり、彼らはそれがなぜか分かりません。親愛なる存在たちよ。率直に言うと、原因はただひとつです。それは、彼らがどこかの時点で一時的に神の意識、内なる偉大なアイ・アム・プレゼンスから離れてしまったからです。

あなたがたは本道から逸れることを選ぶかもしれません。こうした不調和の状況を他の名で呼ぶことを選ぶかもしれません。それを怒りと呼ぶかもしれません。それを欺瞞《ぎまん》と呼ぶかもしれません。それを何かの悪や傲慢さと呼ぶかもしれません。それを思いつくままに呼ぶかもしれません。人間のあらゆる欺瞞、怒り、緊張は、神のプレゼンスから意識を逸らすことで生じます。

人間が内なる永遠の騎士道を、聖なる円卓の騎士道を開花させることを決断した時、そして、聖杯の探求の中で、自分こそが答えを知ると決断した時、その意味はひとつの意識という永遠なる純真さによって、人間に向けて変換されるでしょう。そして、彼らが十分なスピリットで満たされ、彼らの肉体のあらゆる毛穴をつうじて輝く時、彼らは自分こそが聖杯であることを理解するでしょう。そして、すべての他者の中にキリストを見るのです。なぜなら、彼らの中には普遍的なキリストが内在しているからです。

私たちは招かれない限り干渉しません

私はこれまで、人間がアセンデッドマスターたちの促しに意識を向けることを拒否し、破滅に向かって歩みを進める様子を、手をこまねいて見つめていることがよくありました。なぜ私がそうしてきたのか、あなたがたは不思議に思うでしょう。親愛なる存在たちよ。私たちはこの惑星上の神の学び舎を卒業した存在です。そして、私たちは神聖なる愛と奉仕への愛によって、しっかりと錨を下ろしています。

私たちは立ち去ろうと思えば、立ち去ることができます。私たちをここに留めている唯一の法則は、愛の法則です。

長い期間にわたり、私たちが学びの徒たちに対して、この世界から自由になり、永遠の自由を手にするために、内なる偉大なアイ・アム・プレゼンスの手に完全にゆだねるという、何らかの宇宙的行動、霊的行動、または物質的行動を取るよう忠告してきました。しかし、人が意のままにすることを求め、神の意思を支配することを求める時、彼らがやがて再び私たちを求めるまでカルマという壁に頭をぶつけ続ける様子を、何もしないで見つめることが必要になるのです。

たくさんの人たちがそれぞれのアセンデッドマスター観に沿って、アセンデッドマスターへの愛を表現することを望んでいることを私は十分知っています。そして、私たちが愛そのものであると彼らは感じている様子です。そして、それはまさにその通りです。しかし、素晴らしき光の存在たちよ。私たちは平衡《へいこう》も大切にします。自由意志を求め、与えられた人は、それを行使する権利を与えられます。それが宇宙の法則なのです。人が偉大なる宇宙の法則に反する、正しくないと分かっていることを行おうと主張した時、私たちに何ができるのでしょう。私たちにできることはありません。宇宙の法則を変えるためにできることはないのです。私たちに唯一できるのは、その人が私たちのもとに戻り、私たちの干渉を求めるまで、辛抱強く待つことです。

親愛なる存在たちよ。私たちは招かれ、歓迎されない限り干渉しないのです。中には、内なる偉大なアイ・アム・プレゼンスが常に傍に立ち、自分たちにさまざまなことを促し続けている、と考える人もいます。偉大な法則のもとでは、神から答えを期待するなら、神に対して呼びかけることが必要です。放蕩息子たちは永遠なる相続の取り分をくれるよう父親に求めたのです。そして、彼らは地球という領域に足を踏み入れ、その多くはこの惑星の物質主義に浸りきってしまいました。[2]

彼らが自由を見いだしたいなら、自由を見いだしたいと内なるプレゼンスに対して求める必要があるのです。彼らの世界で私たちの支援を受け取りたいなら、私たちに対して求める必要があるのです。

内なるプレゼンスと調和し続ければ、他人を非難しなくなります

先ほど、私は「干渉」という言葉を使いました。ここに集っている学びの徒のひとりに、私の「干渉」という言葉の使い方を不服に感じている人がいるようですが。素晴らしき存在たちよ。私が「干渉」という言葉を使った時、私はあなたがたが解釈したようなものではなく、キリスト的な識別という意味で用いました。偉大なる法則は、スピリットの永遠なる意味を理解しています。

あらゆる人が内なるプレゼンスと調和し続けることが必要です。そうすることで、誰かを――ましてや

アセンデッドマスターを――非難することがなくなるでしょう。なぜなら、自分でも正しくないと感じていることを行った時、人はハートの内側で光の均衡を保ち、もっと分別があれば、または神と完全に調和していたならば、大抵の人は偉大な法則に反することを決してしないだろうということに気づくからです。キリストはこのことを知っていました。そしてこう言ったのです。「われらが父よ、彼らを許しましょう。彼らは自分の行いが分かっていないのです」[3] そして、この言葉は地球上のすべての人に当てはまります。

意識的に、そして、悪意から悪を行うことを意図的に選択した人はわずかしかいません。人類の多くは、人間意識が放つ集合的な悪臭を吸収しているのです。彼らは自分が何をしているかを分からないまま、羊が互いの後を追うように、目的もなく彷徨っているのです。しかし、もし善い羊飼いの声[4]――内なるアイ・アム・プレゼンスの声、聖なるキリスト自己の声――を聞けば、自分が自ら招き入れない限り、アセンションした存在がやってきて、自分の世界を変えてくれることはない、と理解するでしょう。

もちろん、私たちは自分たちの輝きを放ちます。太陽が公正、不公正を問わず、すべてのものを照らすように、私たちは自分たちの輝きを送り出します。[5] 私たちは地球に完全性をもたらすために偉大なる宇宙の法則が許すあらゆることを行います。しかし、親愛なる存在たちよ。私たちは真摯に求められない限り、個人の領域に入り込むことはありません。

謙虚さが必要です

学びの徒の中には、私たちから十分な反応がなかった、イメージどおりに私たちが彼らに対して具現化しなかった、と感じた人もいます。私なら彼らにこう言うでしょう。私たちはこの惑星上で過去6か月の間に一部の学びの徒の前に姿を現しました。そして、私たちが目の前に姿を現した彼らの多くの外見はあなたがたほど立派ではありません。中には、あなたがたが学んできたような、光の教育を受けていない人たちもいます。私たちは、彼らの教育や知識が欠けていたから、彼らの前に現れたのではありません。それは、謙虚さという彼らのハートの中にしっかり根付いている宇宙的理由によるものです。

ここに集っているあなたがたの多くは非常に謙虚で、光に深く献身しています。キリストが私の前に語ったように、謙虚さは神性にとって必要な特質です。それは追従を意味するのではありません。外側の威圧的な状況に屈しなければならないとか、誰かが自分をドアマットのように不当に扱うことを許すことでもありません。あなたがたは神の威厳を持たなければなりません。それは、ハートとハートの間に存在する愛の法則に関する理解です。たとえ他者から光や愛を与えられなくても、自分は光や愛を彼らに与えなければならないということを理解することです。

もし、彼らが無知からあなたに光を与えない場合でも、彼らは短期間の間に目を覚ますかもしれないのです。彼らに対して誤った考えを持ち続けたとしたら、あなたは彼らの霊的な進歩を妨げることになるでしょう。思考には一定の力があるからです。すべての思考には力があります。どんな些細な行動に対しても、人は責任があるのです。[6]

意識を変えることで、人生が変わります！

人は時に、自分が電源につながれた機械のように感じているようです。まるで、プラグを抜いたり、スイッチを消したりすれば、機能しなくなるように。親愛なる存在たちよ。あなたがたはいわば、永遠なる機械です。あなたがたは常に生命の意識の上に印象を残しています。あなたがたに自由意志はあるものの、自分の世界を通過するその行動の質を管理できるかは自分次第なのです。

自分の意識やアイデンティティという機械のスイッチを自分勝手にオフにして、機能しないと決め付けることはしないでしょう。何かをしたくない時、すべてを見通す神の目★をオフにして、「神は今この瞬間を見ていないのだから、好き勝手するんだ」と呟いて、後になってからスイッチをオンにするといったことはしないでしょう。宇宙はあらゆるところで起きているあらゆる行動を常に見ているのです！　宇宙の法則を欺《あざむ》ける人はいません。そうしようと試みるのは、誤った思考にすぎません。

私は今日、普遍なる宇宙的アイデンティティの円卓とその法則の騎士となり、円卓に座る人はすべて平等であることを認識しているあなたがたにお願いします。内なる神の神性という不滅の意識の盃を空け、そして、人間の概念に浸ることで天の計画を阻もうとしないよう、あなたがたに訴えます。

人間の概念はこれまで一度も人類を自由にすることはありませんでした。数えきれない数の戦《いくさ》が起こり、人間は人間意識を用いることで究極の苦しみを通過してきました。しかし、神聖なる意識が人間を下落させたことはこれまで一度もありません。神聖なる意識は常に人間を引き上げてきました。そしてこれからも永遠にそうし続けます。だからこそ、あなたがたの意識を変えてください。そうすれば人生が変わるでしょう！

ともに、不滅の運命へと歩みを進めましょう

聖なるプレゼンスに向けて意識を向け続けましょう。アセンデッドマスターたちがあなたがたとともに歩いていることを忘れないでください。私たちはあなたがたの友人であり、敵ではありません。私たちはあなたがたを怒鳴りつけようとここにいるのではありません。私たちはあなたがたの世界をかき乱そうとここにいるのではありません。私たちはあなたがたを恐怖に陥れるためにここにいるのではありません。私たちはあらゆる恐れを軽減するためにここにいます。同時に、神、国、神の自由の国、真の騎士道や高潔さの普遍的繁栄といった、具体的な目的の達成のために、誠実なハートが具現化することを望んでいます。

私は誰かの行動を批評したり、判断したりするためではなく、率直さと誠実さを備えたアセンションした存在としてここに立っています。自分の真理を知りたいと願い、自己を完成させることを願うあなたがたにお願いします。今宵、眠る前に私に呼びかけてください。私は今宵から幾夜にわたり、ここダージリンの炎の傍にやってきます。炎の傍の椅子に座り、あなたがたを待ち続けます。そして、あなたがたがやってきた時、私は真の聖なる愛とともにあなたがたを迎え入れるでしょう。あなたがたの欠点や弱点を克服するのを助けるでしょう。神の意思のもとで、人間の孤独という冷たい突風からあなたがたを守るでしょう。

キリストとともにあなたがたの傷を縫合し、私たちはともに、不滅の運命へと歩みを進めるでしょう。

これまで起こった過去――それはプロローグです。あなたがたに感謝します。

1962年11月4日（日）朝

ワシントンDC
（メッセンジャー／マーク・L・プロフェット）

聖なる自己のチャート

聖なる自己のチャートはあなた、そして内なる神のポートレートです。あなたという存在を図にしたものであり、本来のあなたという可能性が描かれています。あなたの霊的構造が描かれています。

一番上の存在はあなたの内なる「アイ・アム・プレゼンス」（われ臨在す）——私たちひとりひとりの中に居る神のプレゼンスであり、あなたにとっての「われは在りて在るものなり」（I AM THAT I AM）が描かれています。「アイ・アム・プレゼンス」を囲むように、「コーザル・ボディ」と呼ばれる霊的エネルギーを構成する7つの同心円が存在します。エネルギーが脈動するこれらの円には、地球に初めて転生して以来のあなたの善行が記録されています。これらはまるで、宇宙の銀行口座のようなものです。

チャートの真ん中の存在は「聖なるキリスト自己」を象徴し、ハイヤーセルフ★とも呼ばれています。「聖なるキリスト自己」はあなたの最高位の守護天使であり、最愛の友であり、内なる師であり、良心の声です。「アイ・アム・プレゼンス」が私たちひとりひとりの中に存在する神のプレゼンスであるのと同じように、「聖なるキリスト自己」は私たちひとりひとりにとっての普遍的キリスト★の存在です。「キリスト」という名称は実は、自分のハイヤーセルフ、つまり、キリスト自己とのワンネスを達成した人たちに与えられる敬称です。イエスが「イエス・キリスト」と呼ばれたのはそのためです。

聖なる自己のチャート（巻頭カラー口絵も参照）

チャートには、私たちひとりひとりにハイヤーセルフ、または「内なるキリスト」が存在すること、そして、私たちひとりひとりがキリスト、ブッダ、タオ、アートマン等、どのような名前であろうと、ハイヤーセルフとひとつになる運命にあることが示されています。「内なるキリスト」はキリスト教の神秘主義者らによって「ハートの内なる人」と表現され、ウパニシャッドでは「ハートの奥深くに暮らす、親指ほどの存在」と謎めかして表現されています。

私たちには、クリエイティブである時や、愛情深くある時や、喜びに満ちている時など、ハイヤーセルフとのつながりを感じる瞬間があります。一方で、怒りを感じる時や、落胆している時や、途方に暮れている時など、ハイヤーセルフと同調していないように感じる瞬間もあります。霊的な道とは、人類に対して最大の貢献を行えるよう、自分自身の高次な部分とのつながりを維持するようになることです。「アイ・アム・プレゼンス」から聖なるキリスト自己をつうじて一番下の存在へと降りる白い光は、クリスタルコード★（シルバーコードとも呼ばれる）です。あなたとスピリットをつなぐ、への緒のようなものです。

クリスタルコードはまた、ハートの秘室★の中に安置されている神の輝く炎に滋養を与えます。その炎は三重の炎、または聖なる火花と呼ばれます。なぜなら、それは神が自らのハートからあなたのハートへと送っている聖なる炎の火花だからです。この炎が「三重の炎」と呼ばれるのは、力、英知、愛というスピリットの重要な特性を生み出すからです。

世界のさまざまな宗教の神秘主義者らは、この聖なる火花に触れ、それを内なる神性の種と表現しました。例えば、仏教徒らはすべての生物の中に存在する「悟りの境地の芽」について語っています。ヒンズー教では、『カタ・ウパニシャッド』に、すべての存在の「ハートの中の秘密の高位の場所」に隠されている「スピリットの光」について書かれています。

同様に、14世紀のキリスト教神学者で神秘主義者のマイスター・エックハルトは「神の種は私たちの中にある」と言い、聖なる火花について説いています。

私たちは布告を行う時、ハートの秘室にある炎に意識を向けて瞑想します。この秘室はあなただけの瞑想部屋であり、アビラのテレサが言ったように、あなたの内なる城です。ヒンズー教では、信者はハートの中にある宝石がちりばめられた島を思い描きます。そこでは、美しい祭壇の前に立ち、深い瞑想の中で師を崇敬します。イエスはハートの秘室に入ることについて、こう述べています――

「あなたが祈りを捧げる時、あなたの祈りの部屋に入りなさい。そして、扉をしめたら、そこで静かにあなたを見ているわれらが父に向かって祈りなさい。

そうすれば、父は明らかにあなたに応えてくれるでしょう」

聖なる自己チャートの一番下の存在は、紫の炎とあなたを守る神の白い光に包まれて霊的道を歩むあなた自身を表しています。魂は神の可能性を生き生きと表現する存在であり、あなたの中にある死を逃れられないと同時に不滅にもなりうる部分です。

地球上での魂の進化の目的は、自己をマスターし、カルマのバランスを取り、地球上での自分の使命を全うすることで、本当の故郷である霊的次元に還ることができるようにすることです。魂が最終的に飛び立ち、神や天上の世界へと還る時、あなたは一連のカルマや再生から解放された、「アセンデッド」マスターになります。紫の炎の高波動のエネルギーは、より早くその目的地に到達することを助けてくれます。

第22章 上昇し続けましょう、それ以外に道はありません！

いにしえの無限のハートの持ち主たちよ。聖なる英知が無限に湧き続ける泉の友たちよ。私は今日、そして時差のある地域の場合は今宵、愛の無限のエネルギーをもたらし、聖なる炎の意識であなたがたのハート、世界、存在を包み込むためにやってきました。

親愛なる存在たちよ。私は今日、あなたがたの中に神聖なる意図を見ています。それらは非常に明瞭で、とても美しく輝いています。それはまるで、忘れな草の小さな青い花が、あなたがたの世界の中、あなたがたのハートの中、そしてあなたがたの存在の力場の中に存在する、神聖なる意図を決して忘れないよう、あなたがたに語りかけているように見えます。ここダージリンの兄弟たち、ダイヤモンドハートの兄弟たちは、神の決意とも言える、神聖な決意の中で神の意思を保ち続けています。私たちは上辺の不協和に動かされることも、現世的な思考に動かされることもありません。人類は高次の領域からもたらされる光の言葉の滋養によってのみ霊的に成長できるのであり、人間の創造物によっては決して自由を見いだすことはできない——私たちはこのような認識のもとで、永遠なる領域の完全性に意識を合わせ続けています。

見上げれば、あなたの完全性の源が見えます

親愛なる存在たちよ。「身を起こし、頭をもたげなさい。あなたがたの救いが近づいているのだから」という表現にはいつもどこかワクワクするものがあります。[1]聖なる魂に触れ、悟りを開いた存在たちによって長年にわたり記されてきた、美しき聖書の文字を眺めることで、人類は預言者や、聖なる炎や神の法則の師として生きた人々をつうじて、生命の美しきスピリットを感じることができるのです。親愛なる存在たちよ。見上げれば、あなたがたの完全性の源が見えるはずです。

あなたの完全性の源こそ、内なる神のプレゼンス、アイ・アムの真髄です。しかし、そのことは、人間の意識からは簡単に隠されてしまうようです。なぜなら、人間の感情という海で荒れ狂い、外側の世界の事象として表現される不協和に、人間の意識はしばしば向いてしまうからです。親愛なる存在たちよ。イエス・キリストは風や波を制することで、数百万人の心を掴みました。[2]こうしたあらゆる混乱に向かって「黙れ、静まれ」と言えることこそ、[3]聖なる男イエス・キリストの強みであり、力であり、神の素晴らしき制御の行使だと言えます。

貫通性の神秘について考えてみましょう

親愛なる存在たちよ。ここから、貫通性の偉大な神秘について考えてみましょう。壮大な光線によって焼成された物質や形状に浸透できる能力は、宇宙の密度の法則によって制御されています。ある条件の硬

さや軟らかさによって、形状や物質を貫通するために必要なエネルギーが決まります。ここで、偉大なる霊的法則を理解する必要があります。この法則に沿って、アセンデッドマスターたちは、人間の創造物に密度があるため、とてつもないエネルギーを用いることがあります。

親愛なる存在たちよ。あらゆる形状や物質には原子構造があります。原子と電子の中心には、神の太陽が輝いています。しかし、こうした小さな光の点を囲む空間領域の蓄積が状況を厄介なものにしています。なぜなら、こうした蓄積もまた中心の光からエネルギーを引き出し、密度という性質を生み出すからです。こうした条件こそが、人間が流動的領域の偉大なる力を活用することを難しくしているのです。あなたがたはもしかすると、私が今何を言っているのか完全に理解していないかもしれません。しかし、私はアセンションした存在にとって可能な、そして、貫通性の法則が意識の上昇した人間により十分に理解され、活用されることで、まだアセンションしていない人々にとっても可能となる、神の制御というものが何であるかを理解してもらいたいと願っています。

宇宙の光で物質を貫通する力

素晴らしき光の存在たちよ。ここで、虹の美しさについて考えてみましょう。私は、あなたがたが超自然的な世界と接触するよう、求めているのではありません。私が言う虹とは、アストラル世界の幻像にすぎない光や色や形状を感知する、アストラル体験のことではありません。私が言う虹とは、純粋な完全性の中で虹色に輝く、永遠なる輝きや色彩がプリズムを描く、純粋な神性なるキリストの光のことです。親愛なる存在たちよ。白い光にはあらゆる色が含まれています。しかし、それが神性な悟りに達した意識のプリズムを通して具現化する時、特定の色の特質がそのプリズムを通して放出され、青い光線、ピンク色の光線、黄金の炎の光線として具現化します。

このような光が物質を通過することにより、人間の意識は放出されるこの偉大な宇宙の光を認識し、理解し、恩恵を受けることができるのです。

素晴らしき存在たちよ。私たちの領域は非常に流動的です。このため、ピンク色の輝きを表現したいと願えば、私たちのハートの中心にある神の炎からその輝きが溢れだし、私たちが望む色や性質で周りのすべてを照らすのです。匂いについても同じです。どのような化学的特性を放出することを願うかにより匂いも変化します。花の香りを放出したいと思えば、そう願うだけで、私たちのハートからその香りが瞬時に放出されます。なぜなら、一切の障害なく光の力が私たちを貫通するからです。アセンデッドマスターの世界では密度は存在しません。アセンデッドマスターは神の完全性を表現します。それ以外のすべては一掃されているのです。

神の力が悪用されてきました

素晴らしき光の存在たちよ。今現在も、アセンション前の人でも神の光によって自らの世界を浄化することで、アセンデッドマスターが持つ力の多くを行使することが可能です。なぜなら、完全性の法則を教える神の制御をマスターすることで、害を及ぼさない形で神の尽きることのない光を表現するからです。

言い換えれば、彼らには人類に害を及ぼす欲求も、不完全性を生み出す欲求もなく、こうした法則を神の完全性のためだけに用いるのです。

親愛なる存在たちよ。この宇宙の優れた力を不協和な人々の手に授けることがどれほど危険なことであるかが分かりますか。原子の知識の到来が人類に対して放出された時、人間の創造により支配されていた破壊的要素が、全世界の理解や調和にどれほどの脅威となったか、記憶に新しいと思います。

親愛なる存在たちよ。神のエドム――不滅の領域の英知――が人類に与えられることがどれだけ危険なことか理解できますか。かつてアトランティスやレムリアに広がり、不純で不完全な人々のハートが原因で、こうした文明に破滅をもたらした混乱を再び生み出すかもしれないのです。

当時、人々は互いに対して批判的で破壊的でした。競い合っていました。常に形状、物質、物体を掌握しようと争っていました。彼らは創造の領域さえも侵略し、ある意識状態に入りました。そこで、彼らはいっぺんに生命を創造したのです。その後、偉大なる宇宙の法則がヘリオスとベスタのハートから許可を発し、「神の意思が物質に行き渡り、破壊的個人がもはや地球とその物質に対して支配力を持たなくなるものとする」という要請を発したのです。それに対して許可が発せられた時、悪意ある人々は虚栄心に満ちたよこしまな力を剥《は》ぎ取られ、現在のような争いの絶えない人間の世界へ入るよう強いられることとなりました。こうした反逆的な魂たち[4]は力を奪われた状態に満足していなかったため、現在あるような破壊的な支配の手段をマスターしました。催眠術やさまざまな支配手段を行使することで人類を洗脳し、人間にとって、そしてアセンデッドマスターにとっても不運かつ疑わしい特権となった、極めておぞましい単一理想主義の浸透を自らに強いることとなったのです。

しかし、素晴らしき親愛なる光の存在たちよ。そのようなアルマゲドン[5]が人間の意識に与えられるたび、天の力が揺り動かされ、第一光線が人類に対して再び放出されます。

だからこそ、私は今日ダージリンのブラザーフッドより、こうした状況の崩壊を見届けるべく、神の思考から完全なる援助を放出しているのです。私たちにはあらゆるアセンデッドマスターたちや宇宙的存在の力がついています。そして、私たちは人間の悪質さをこの惑星上でこれ以上蔓延させないよう決意しています。地球は本来、光が煌めく完全な光の星であるはずなのです。

今日、貴重な支援が人類に対して放出されます

親愛なる聖母マリアは、来たるクリスマスシーズンに非常に浸透力の強い支援のケープで世界を包む決心をしました。このため、この季節は聖なる母性のスピリットが子どものいるすべての母親を覆うことになるでしょう。そして、宇宙の法則の偉大なる尺度がカルマ評議会に掛け合い、可能な限り、素晴らしき魂の祝福が今からクリスマスシーズンにかけて子どもを出産する母親たちに授けられることになります。

素晴らしき親愛なる存在たちよ。今日、貴重な支援が地球の人類に対して放出されています。過去の恐怖や反逆を覆し、聖なる炎という調和的な支援を人類に提供することで、人間が自身の中にある善を信じるようになり、他者の中にある善を信じるようになるでしょう。

素晴らしき親愛なる存在たちよ。いにしえの識別力のある宇宙的キリスト知識はすべての人に与えられています。そして、すべての人が法則やエネルギーの正しい使い方を自ら判断できるのです。したがって、

光の虹色光線で物質を貫通する力、宇宙のキリスト的完全性という奇跡を生み出す力、宇宙的領域の流動性が作用していることに気づく力、そしてこの流動性は形ある領域へも拡大できることを知覚する力が、キリスト意識を熱心に追求する人々に授けられます。こうして、彼らは偉大なる化身である、親愛なるイエスが顕現したような、風や波に対する神の支配を自らの中に取り入れることができるでしょう。

ダージリン評議会からの宇宙的行動

親愛なる存在たちよ。ダージリンのブラザーフッドは、普遍的キリストに調和している人々のキリスト意識の力場の中に、普遍的なキリスト精神を起動させることを決意しています。これにより、クリスマスシーズンだけでなく一年を通して、神の永遠なる輝きと神の意思が注がれ続けるでしょう。その意思は人類のハートの中に光の王冠として納められます。ハートは祭壇となり、人々はそこで親愛なる主マハ・チョーハンをはじめ、高次の存在と交流し、彼らが人間として初めて呼吸した瞬間に、そして、グレートセントラルサンの神の中心から彼らが炎のスピリットとして送り出された瞬間に与えられた、偉大なる生命の役割を聖なる尊厳の中で具現化させることができるでしょう。

親愛なる存在たちよ。天のすべてが地球の人類が永遠の自由を見いだすのを助けるという決意を新たにしたため、ダージリン評議会は今日、壮大な宇宙的行動を遂行しました。親愛なるサン＝ジェルマンをはじめ、あらゆるアセンデッドマスターたちは反逆的な魂や、知らず知らずのうちに物質的支配の道を追求してきた人たちに対して、非常に忍耐強くあってきました。とりわけ、私たちはこの活動全体において、学びの徒に対して極めて忍耐強くあってきました。

しかし、親愛なる存在たちよ。私たちは光の力を、そして光の学びの徒の力を守る決断を下す必要があります。

この活動は、決して平凡な活動ではありません。世界の自由が、アセンデッドマスターの光の世界への放出にかかっています。これは世界が必要としている、聖なるエネルギーの貴重な注入です。そして、世界が永遠の完全性へと上昇し続けるには、そのエネルギーが必要なのです。上昇し続ける以外に道はありません！つまり、私たちは生命という素晴らしきオルガンから音栓をすべて引き抜き、不協和、苦悩、そして憎しみの速度を加速させ、混沌や混乱の創造を加速させるために用いられている、好ましくないあらゆる音楽に代わって、宇宙の音楽で人間のハートを一杯にしなければなりません。そして、それはダージリンのブラザーフッドがあなたがたに自由をもたらすのだという決意を新たにして放射し続けている、アセンデッドマスターの光と愛によって置き換えられなければなりません。

内なる神の源を原動力に前進しましょう。それ以外の原動力はありません

素晴らしき光の存在たちよ。今日の口述の冒頭に、私は忘れな草の話を皆さんにしましたが、皆さんに別れを告げる前に、改めてそのことを思い出していただきたいのです。あなたがたのハートは善なる意図で満ちています。私たちはそれを見つめ、愛《め》で、そして拡大します。同時に、私たちがこれらの意図の具現化を助けるために日々注ぎ続けているエネルギーによって、これらの意図が強化されるよう、注意を払っ

ていただく必要があります。これらの意図が行動へと変換される時、それはあなたがたの神が行動している時です。行動しているのは、あなたがたの内なるアイ・アム・プレゼンスです。それ以外の原動力はありません。

人間的なあらゆる批判から自由になり、人間の思考や、あなた方に関して人間が生み出した思想を忘れなければなりません。人生という大きな舞台の中で、囚われることなく前進し、神の源があなたがたの原動力であることを認識しなければなりません。内なる神の源を原動力にすれば、それに代わる力は存在しません。そして、それ以外の力があなた方の世界で優勢になることはできないのです。どうぞ、神の源が制限なく神の意思という祝福であなたの存在すべてを強化するまで、神の源を希釈し、自分の世界で広げていってください。

親愛なる存在たちよ。私はあなたがたの世界の力場において、神の意思の完全性を宇宙的行動として顕現させた存在です。あなたがたが内なる偉大な神の源に意識を集中させ続ける限り、これは顕現し続けるでしょう。内なる神の源以外の原動力は存在しません！　内なる神の源以外の原動力は存在しえません。なぜなら、神の意思は人間の中に存在し、指揮を司る最高の知性だからです。世界は神の源をつうじて自由を知るでしょう。それこそが、誰も否定することも、阻止することもできない宇宙の定めなのです。それはやがて顕現するでしょう。なぜなら、神の光が失敗することなどなく、あなたがたの偉大なる内なるアイ・アム・プレゼンスこそがその光だからです。

親愛なる存在たちよ。ダージリンのブラザーフッドが今、永遠の松のエッセンス――私たちの領域の宇宙的行動、神の意思への私たちの専心が放つ芳香――であなたがたを取り囲んでいます。あなたがたひとりひとりが、内なるプレゼンスの中心へとよりしっかり入り、そして、そうすることで互いの、そして地球上のあらゆる建設的な人々との調和的な絆を強いものにできること、そして、人間の道が神の道となり、人類に新たな時代の到来をもたらす道の上をその美しき素晴らしき放出が進む時、その準備を整えられるよう、私たちは願い、祈ります。サン＝ジェルマンの完全性と悟りの黄金時代は、宇宙のキリストの祝福を世界に放ちます。

ありがとうございました。良き午前を。

1962年12月2日（日）朝
ワシントンDC
（メッセンジャー／マーク・L・プロフェット）

第23章 ハートの中にあるキリスト意識の聖杯

今宵、私はここダージリンにある広間より、内なる親愛なるアイ・アム・プレゼンスの無限の素晴らしき愛の意識を携えて、この部屋、そして、私たちの存在の力場内にいるすべての人たちへとやってきました。インドにある私たちの広間に旅をしたいと願う人たちがいます。彼らは私たちの領域を見つけようと、頻繁に試みてきました。彼らは偉大なるマスターたちの足元に座り続けることを苦痛に感じ、自らキリスト意識を表現することを願ってきました。中には、自分がより偉くなることを願ってそうした人たちもいます。

親愛なる存在たちよ。あなたがたにはそれよりもまっとうな理由が必要です。エゴを喜ばせるためでなく、人類への奉仕を行えるよう、われらが父の仕事をしたいと願わなければなりません。物や形あるものに対して情熱を感じるから聖なるものになることを願うのは、光に奉仕する理由には一切なりません。光に奉仕するには、その光が自分たちを生み出した宇宙の力であることに気づかなければなりません。魂の高貴さを高めることのない束の間の思考から霊的に保護するための鎧を身に付けたいにしえの騎士となり、手には人間の悪意から守ってくれるキリスト知性の剣を持ち、光に仕えるべきなのです。

親愛なる存在たちよ。騎士として輝く鎧を身に付け、保護と不死身の力とともに古き門を走り抜けることの意味を考えたことはありますか。今宵からぜひ、考えてみてください。今こそ、この活動の学びの徒たちが、自由意志を侵害しようと試みる悪意ある心霊的勢力に立ち向かう必要があることに気づく時です。そして、自らその鎧を身に付ける時がやってきました。

法則を実践する時がやってきました

親愛なる存在たちよ。やり方をよく知っているのに、それを差し控えることは罪深いことであると聞いたことがあるでしょう。今こそ、この活動の学びの徒たちが、アセンデッドマスターによって伝授された法則を堂々と外面化させる時です。そして、このゲートウェイを通過する時は、今宵そしてこのクラスをつうじて愛を注ぎ続けてくれた偉大なるアセンデッドマスターに対して感謝の気持ちを表すことも、決して忘れないでください。

親愛なる存在たちよ。信頼することにはそれなりのメリットや恩恵があります。私たちの階級の聖なる盃から飲むことは特権であり、それを自分に否定しないことは素晴らしきことです。自分という存在の完全性を否定する時、人は気づかないうちに今以上の可能性というものを否定しているのです。そうして、人はしばしば、なぜそれまで追い求めていた特定のものが自分から失われたのか、それまで簡単だった特定の状況を達成することがもはやできなくなったのか、気づかないのです。親愛なる存在たちよ。

その原因は、霊的仕事に対する軽視を、法則がそのまま映し出しているからです。なぜ私がこの時間を使って、健全なお仕置きとも感じられることをあなたがたに行っているかと、疑問に思う人もいるでしょう。親愛なる存在たちよ。新年に、子どもがより元気に泣くようにとの願いから、子どもの尻を叩く習慣がありますね。今宵の私の動機もまた善良なものであることを、あなたがたに気づいていただきたいのです。私は学びの徒たちが素晴らしきマンチャイルドそのものとなり、今後数か月にわたり、神のハートへの帰還の旅路や、この惑星上におけるグレートホワイトブラザーフッドの目的の達成を妨害しようとするあらゆる外的条件に対して、難攻不落の完全な状態を体現していただきたいのです。

あなたがたは試されています

ここからは、もうすこし穏やかに話します。親愛なる存在たちよ。私は内なるキリストの知性と英知を使って、さまざまな形であなたがたとコミュニケーションすることができます。そして、時に、私たちは特定の状況に対してあなたがたがどう反応するかを見極めるため、あなたがたを試すことがあります。そして、あなたがたが人生を通してずっと試されているという事実を今宵明らかにしたいと思います。

親愛なる存在たちよ。時に、無名の人があなたの前に現れることがあります。そしてその人はあなたの人生にとって取るに足らない存在のように思えます。そして、あなたは居心地の悪さのようなものをはっきりと感じ、その人から距離を置きたいと願います。そしてあなたはこう呟きます――「あの人と付き合わなければいけないのか」。親愛なる存在たちよ。その人は特定の月や年において、あなたの人生が展開するための鍵を握っている存在かもしれません。その時は気づかないかもしれません。

邪悪で悪意ある交友関係を奨励しているのではありません。他者から発せられる望ましくないものに屈するよう推奨しているのでもありません。内側の感覚を大切にしてほしいのです。言っていることが分かりますか。あるライフストリームから別のライフストリームへと与えられる、望ましくない提案のことを言っているのではありません。もし誰かがあなたに「一緒に出かけて、酒を飲んで酔っぱらおう」と今宵この国で多くの人たちがやっていることをやろうと提案したとしたら、私はこれをあなたがたが受け入れるべき提案だとは思わないでしょう。しかし、もしだれかがあなたの世界に接触してきて、その人の外観があなたの好みには幾分合わなかったとしても、私なら、その人があなたの思うような行動や反応を取らないという理由だけで、その人を拒絶しないでしょう。

あなたの才能を外面化させる機会をおろそかにしないでください

親愛なる存在たちよ。あなたがたがひとつとしてこの世界にやってきたことを忘れないでください。霊的かつ天界のパン――エ・プルリブス・ウヌム――は小さく分けられ、神の顕現である人間は数多くになりました。世界中のさまざまな工芸に携わる職人や労働者たちを守護する、カイン、トバルカイン[1]の魂は、人類を分け、彼らを技能、文化、職業によって分割しました。

人類はこうした技を用いることで、世界の文化に潤いを与えるよう意図されました。中には、その意図に立派に応え、自らの才能を活かすことで、自分の領域で優れた職人になった人たちもいます。そして、そうならなかった人たちもいます。親愛なる存在たちよ。彼らは自分の才能をナプキンの中に埋めました。[2]彼らは怠惰というナプキンの中に才能を慎重に折り畳み、自らの世界の中心に、地球のハートの中心に置いたのです。[3]彼らは自分の素晴らしい条件を自らの世界の中に外面化させる機会をおろそかにしたのです。彼らは大衆の思考の巨大な圧力により強いられた外側の条件を受け入れることに満足していたのです。彼らはいいかげんに生きることに満足していたのです。親愛なる存在たちよ。彼らは大衆意識の一部となり、植物（無気力な人間）として生きることに満足していたのです。彼らの中には上質な植物となり、現在に至る人もいます。しかし、私たちが関心を持つのはそういった人たちではなく、植物よりはるかに優れた存在になることを望む人々、そして、勝利という庭園の中で神の美しさを表現することを望む人たちです。

五感を超えて、神に意識を置きましょう

親愛なる存在たちよ。今宵私があなたがたに言っていることは嘆願のように聞こえるかもしれません。しかし、私の言葉はそれをはるかに超えています。人間の思考の愚かさをあなたがたに示すという目的があるからです。人間の思考や推論はそれ自体、非常に不完全なものです。五感が知らせてくれるものや、人間の意識の中で分類される人生経験だけを根拠としているからです。人間の思考や感情という整理棚の中で、人は遭遇するさまざまな外的状況に対応し、判断することを素早く学びます。

中には、猫のように、通りすがる世界と接触するためにひげを外側へと広げている人たちもいます。親愛なる存在たちよ。彼らがそうしたいのであれば、そうさせておくことです。彼らには自由意志があるの

ですから。しかし私は、学びの徒たちには神に、アセンデッドマスターに、そして純粋なキリストの光に意識を置いてほしいと思います。これにより、この活動やあらゆる関連する活動に関わっている学びの徒全員の世界において、素晴らしき変化が起こるからです。

サン＝ジェルマンがこれまで幾度となくあなたがたに言ってきたように、現在の世界は人間のジャングルです。そして、人々は互いのために祈るのではなく、互いを食い物にしています。今宵集まっているあなたがたは素晴らしきライフストリームです。そして、私の言っていることに興味があるのだと思います。私が学びの徒にどこに意識を置いてほしいと思っているのか、率直に聞きたいと思っているでしょう。

時に私は、自分はそれに適任でないと感じるような役割を遂行するよう、カルマ評議会から要請されることがあります。このグループの学びの徒のひとりは、数年前に親愛なるマハ・チョーハンが学びの徒に向けて話をし、もてなすよう私に依頼した時、非常に喜んでいました。親愛なる存在たちよ。新年の今宵、私はあなたがたをもてなそうとしています。法則を非常に厳格な形で述べるのではなく、どちらかというと滑稽さを添えて述べようとしています。それでも、私のハートの中は非常に厳粛です。なぜなら、これまで人類は数多くの過ちを犯してきました。そしてそれらは主に、自分たちがよく知っているはずの法則に対する無関心が原因で起こってきたのです。彼らは幾度となく言い訳をしてきました。その言い訳があまりにも滑らかであるあまり、彼らは自分が言い訳していることすらもはや気づかないのです。もうたくさんですよね。

わが回勅を放出する機が熟しました

親愛なる存在たちよ。ダージリンの近くには、格別に美しい山がそびえています。私はよくその山に登ります。つい一週間前にも、白い馬に乗ってダージリン周辺の山々を駆け抜け、世界の状況について瞑想し、思いを巡らしていました。今、かつて私がサミット・ライトハウスに宛てて送った回勅《かいちょく》を放出する機が熟しました。感謝祭辺りにクラスが召集される頃には、この回勅を学びの徒たちの手へと放出する必要があります。回勅には、私のより厳粛な熟考が記されています。そこには滑稽さや軽率さはなく、現在の状況を変え、世界の調和や霊的力が人間の思考や心に作用し、神の王国、そしてサン＝ジェルマンの黄金時代を迎え入れるための方法や手段に人類の関心を向けるための、具体的なアイディアを世界、そして世界中のリーダーたちに勧めています。

あなたがたの多くは、こうした言葉を熱心に読むことでしょう。そこに記されている言葉は私の考えやアイディアだけを表現しているのではなく、ダージリン評議会全体の力添えを象徴しています。ダージリン評議会は、人間の思考やハートを、感情や恐れというスクリーンではなく、麗しき生命の本に記されている事柄、いにしえの英知、そして永遠なるひとつのスピリットに照らして評価してきました。

新年への希望

今宵、こうして新年を迎えながら、私があなたがたとともにあることを知ってください。そして、アセンションしたすべての存在もまた、地球の人類とともに新年を迎えていること、そして、あなたがたの世界、あなたがたの思考やハートへと放出されている光り輝くエネルギーを私たちが喜んでいること、こうしたエネルギーが純粋で清いものであるよう意図されていることを私たちが喜んでいること、こうしたエネルギーが純潔の女神の祝福を受けており、光の女神から強力に送り出されていること、そして、さまざまな混乱が世界中で起こった昨年を経て、私たちが今年は不吉な予感を抱いていないことを、知ってください。

私たちはこの放出の中で、いかなる混沌とした状況についても表現しないよう決意しています。このクラスで見事に外面化している、ピンク色の愛の輝きがこの活動全体に行き渡り、あなたがたひとりひとりの中で聖なる作用を起こすように、そして、地球の人類がハートから望んでいる自由に到達するよう、私たちは希望とともに新年を見つめています。

私たちの世界観

親愛なる存在たちよ。時に、私たちは馬に乗ってダージリンの周りの山々を駆け巡りたいと思わないことがあります。私たちが神の力を用いて、意識を空間へと拡大しても、大きな成果が得られない時もあります。意識を空間へと拡大する時、私たちは言うなれば、宇宙の領域、スペースステーションにある光のハスの王冠の上に鎮座し、はるか高い場所から地球の人類を観察しています。

人の祈りが放つ美しい輝きが世界を包む雲を抜けて、神に向かって上昇するのを見る時、揺れ動くこの惑星に聖なる王国が誕生することを切望する地球の人々のエネルギーに私たちは心揺さぶられます。親愛なる存在たちよ。私たちがその空間に座る時、世界の意識をはっきりと感じることができます。私たちは世界を、巨大な円形の弧——希望という虹に囲まれた聖なる契約の箱——として見ています。私たちは世界を、神のみことばが外面化されたものとして見ています。私たちは世界を、そのみことばが命をもって転生したものとして見ています。私たちは世界を、数十億人の人類にとっての家、避難所として見ています。私たちは、数十億人の人類が誕生のポータルを通って下降し、生命を発見する様子を見つめています。私たちは地球の人類が転生間の学びを受け取ったり、アセンションという素晴らしきイニシエーションを経験したりするために、死と呼ばれる変化、または高次の領域への昇天をつうじて、次元上昇する様子を見つめています。私たちは地球の人類を見つめながら、この惑星に存在するひとつひとつのライフストリームとのつながりを感じています。

あなたがたの中には、私たちがひとりひとりを知ることなど可能なのだろうか、と疑問に思う人もいるでしょう。素晴らしき神のハートの存在たちよ。私たちには、一分を千年にする力があります。そして、あなたがたにも同様の力があります。千年あれば、たくさんの人と握手することができます。千年あれば、たくさんの人のハートに触れることができます。親愛なる存在たちよ。私たちは時間を無限に拡大させる力を使うことで、あなたがたひとりひとりと接触し、理解し、愛し、慈しみ、そしてあなたがたが自分の世界の権威となる、自助の状態へとあなたがたを高めようとすることができるのです。

ハートの中の聖杯はまだ探し求められていません

今宵あなたがたに向けて話を始めた時、あなたがたがすでに多くの言葉を耳にしたことに気づき、私が話すことを遠慮したほうがいいのか迷いました。しかし、そうしないことを決めたのは、私の言葉から皆さんが何らかの恩恵を受けるだろうと感じたからです。そう決めたのは驕《おご》りからではなく愛からです。その愛は私が差し出す手とともにあなたがたに差し出されています。神の聖なる名のもとに、私の手をあなたに差し出します。円卓の騎士として、私の手をあなたに差し出します。聖なる大義の活動者として、私の手をあなたに差し出します。まだ探し求めていない聖杯を、私はあなた自身の心の杯として露わにします。

聖杯は実際に存在するのです！　かつて、それはグラストンベリーに在りました。しかし、素晴らしき存在たちよ。現在聖杯は霊的に増幅され、キリスト意識の杯となることを目指す人間ひとりひとりの心の周りに、光の金線の輝きとして置かれています。今宵、聖杯はあなたがたのハートの中に在ります。あなたがたは不純な思考、動機、欲求、あらゆる不純な考えから聖杯を守る騎士なのです。

奉仕の機会に目覚めましょう

神の完全なる輝きとともにあなたがたひとりひとりのハートの聖杯の中へと降りていくことこそ、マハ・チョーハンの願いです。神の完全性は、あなたがたを真の兄弟にします。

親愛なる存在たちよ。なぜなら、人間という形の内側には世界の光があります。しかし、人間の形の外側には、太陽の輝く光があるからです。

人が高次元の存在となるその時まで、大宇宙と小宇宙は人間のハートセンターを通って交流し続けます。上にいる神が人間の中に顕現し、下にいる人間が神の中に顕現します。見よ――「私と父とはひとつである！」[4]。あなたがたは皆ひとつであり、決して独りではなく、すべてがひとつなのです。自由という目的に仕える時や、聖なる現実という目的に仕える時はいつでも、あなたがたは円卓の騎士です。

この惑星には奉仕の機会が存在しないと、今宵私の目を見て言うことができますか。自身のハートの中を見つめ、人生はゲームにすぎない――偉大なる太陽の目的に仕える機会のない、楽しいことをするだけのゲームだと私に言うことができますか。世界の状況を見つめる時、天の力が揺さぶられ、かき乱されている間も、こういった状況を放置しておくべきだと言うことができますか。あなたがたがアロンの杖〔モーセの兄弟アロンが持っていた奇跡を起こす杖〕を手にした時[5]、あなたがたは脊柱を強化し、太陽のエネルギーがその脊柱を流れ、キリストの知性があなたがたの額から炎として立ち上がり、どんな時も何をするのが最善かを示してくれるでしょう。

そのような機会が天の風としてあなたがたの前に訪れた時は、それが自分の魂を流れるのに任せ、あなたがたが新しい葉鞘《はざや》――宇宙の目的の永久なる理解という葉鞘――を待つ裸木のような存在になるまで、人間的な概念を浄化させてください。親愛なる存在たちよ。神の名において、この一年がもたらす機会に目覚めましょう。

あなたがたに感謝します。

1962年12月31日（月）夜
ワシントンDC
（メッセンジャー／マーク・L・プロフェット）

第24章　探求の必要性

大陸全体を照らす神の意思である平和の光が、ダージリンの中心から私たちが贈る挨拶とともに、あなたがたの存在を満たしますように。

とりわけ希望のダイヤモンドを見つめてきた人たちは関心を持っているかと思いますが、私が世界最大のダイヤモンドを所有しているのは本当のことです。親愛なる存在たちよ。神の意思を象徴する、そのダイヤモンドはとにかく美しいのです。このダイヤモンドの青い輝きは朝日に似た輝きで満たされ、あらゆる色彩を含んだ白い光が納められています。そして、このダイヤモンドが広く放つ光の天蓋となり、神の意思を惑星の中心やその人々へと広げています。

今日、私は神の意思の安らぎ、愛、輝き、力、素晴らしさを発しながらやってきました。アセンデッドマスターの思いやりがあなたがたのすぐ傍にあります。私たちは地球の人々に対して、至福、挨拶の言葉を送るとともに、人類を悩ませている多くの問題を完全に理解することを望んでいます。「探求」の必要性に人類が一斉に気づいた時、人類の問題は減少し、人間を奴隷化している紐は緩まるでしょう。

聖杯は人類自体が捧げる杯になります

騎士道がこの惑星で栄え、永遠の騎士道精神の要素について人々が何らかの理解を得ていた頃、人間の心は探求の精神で満ち、精進により到達しうるものを求め、人生を本源に捧げていました。彼らの存在を満たし続けた希望は、この眼で見ることを切望したものの豊かさに気づくまで、彼らが常にその本源と歩む原動力となりました。聖杯について思い出していただきたいことがあります。

親愛なる存在たちよ。かつて多くの騎士の心をとらえた聖杯の探求はまだ完了していません。聖杯が何を象徴するかを今ここで率直に説明することで、人間の心にとって聖杯が持つ素晴らしく神秘的な意味を奪い去るつもりはありません。それでも尚、私は今ここであなたがたに伝えなければならなりません。聖杯は人類自らによってもたらされるものであることを。そして、聖杯を追い求める人は、たとえ聖杯が実際に存在しても、その人の光の表現（肉体、エモーショナル・ボディ、メンタル・ボディ、メモリー・ボディ）の浄化に思いやりをもって専念することで、これらのボディが神の聖霊が顕現する杯とならない限り、たとえ聖杯を目の前にしても、それに気づくことはできないということを。

つまり、全人類にとって何より大切なのは、神が永遠の鼓動を自分たちに送っていること、そしてその鼓動こそが自らの素晴らしき心臓の鼓動であることに気づくことなのです。

内なる生命力を維持している、この神との接点にまず気づくことが、天の美徳が神の意思として鮮やかに具現化する無限の領域への扉となります。

この惑星に奉仕してください

ここダージリンで私が持っている（しばしばターバンの中に納めている）このダイヤモンドが放つ神の意思という穏やかな輝きは、このダイヤモンドを手にしたあらゆる人のハートとマインドを輝きで満たすことでしょう。それは、自分の都合の良いように物事を考える人たちをどこか居心地悪くさせてしまうかもしれない、軽やかな輝きです。しかし、神聖な愛をありのまま心から求める人たちは、その輝きをまるで夜明けを迎えるように歓迎することでしょう。日の出から日の入り後まで奉仕が続く、機会に溢れた一日であることを知っているかのように。

光り輝く存在たちよ。聖なる目的に仕えることを誓った手やハートを人々が差し出すのに私たちが気づいていないとは思わないでください。私はかつて、ハート、手、頭、エネルギーをさまざまな聖なる目的のために捧げてきました。そして、これからも、この地球のために奉仕し続けるつもりです。今後も、自分がゆったりとくつろげる、休息の時期に入るとは思っていません。私はもっと人類に奉仕することを楽しみにしています。なぜなら、畑は色づいて、刈り取るばかりになっているのに[1]、収穫のための働き手が少なすぎるからです[2]。

ハートの中にある不屈の炎

今この瞬間、私はアーサー王として生きた人生を思い出しています。親愛なる存在たちよ。騎士たちの輝く甲冑の下には、数多くの素晴らしきハートが脈動していました。そして、その勇姿は現在も衰えていません。なぜなら、現在もなお、人々のハートに脈打つ生命の炎が、人々がハートの中に携え、自らの人生で顕現させている神の意思を守り、霊的保護の無敵の甲冑を呼び起こしているからです。

親愛なるヒラリオンが聖パウロとして生きた時代に宣言したように、彼らのライフストリームを踏みにじり、押し倒し、再び立ち上がらせないことを望み、魂の不公平さの中に未だ存在し続けている、悪しき者たちが放つ矢を信仰の盾で消すことができます。[3]

親愛なる存在たちよ。これ以上の真理はありません。あなたがたひとりひとりの内側には、鋼鉄の塊を切り裂く巨大なたいまつのような、不屈の生命の炎が存在するのです。あなたがたのハートの中にあるこの炎が、あなたの存在すべてを呼び覚ます時、あなたがたの中にあるすべての要素が瞬時にして変容するほどの力があることに気づいていますか。平均的な使徒がこのような力を一度に召集できるとは思いません。しかし、私は不断の努力にはそれなりの恩恵があること、そしてそのことに気づき、光へ向かって強い信念で着実に前進する人々の中に、神の意思という心地よき輝きが生まれると、固く信じています。この輝きは、彼らが自らの中で、人間という野蛮な獣を鎖でつなぎ、心優しき神の子羊を解放させられる方法を見いだすのを助けるでしょう。そうすれば、地球は正しきもののための牧草地となり、彼らは憩いの水のほとりで草を食《は》み[4]、魂の芳香や命の水を取り込み[5]、永遠の若さ、純粋さ、勇気、癒しを生涯与えられることでしょう。

理解が劣っている人たちのために呼びかけを行ってください

人類は依然として、政治的手腕や政府が中心となる領域で繁栄し続け、地球を取り巻く恐ろしき状況に政府が狼狽し続けています。その中で、私たちは地球の人類の保護を一貫して求め続けることの必要性を使徒らに伝えたいという願いとともに、静観しています。親愛なる存在たちよ。呼びかけは応えを促します。しかし、人々は自分たちで呼びかけを起こすための十分な理解を有していない兄弟たちのためにも呼びかけを行わなければなりません。

各時代に特定の個人の転生が必要な訳を理解していますか。親愛なる存在たちよ。それは、十分な理解を有している、価値ある個人やライフストリームが、ハートの内なる炎の輝きは決して劣っていないものの、その顕現や自己理解という点では劣っている兄弟たちを支援できるようにするためです。そうした兄弟たちは、自分の存在の純粋さや神の意思の輝きを反映しない役割に自らをはめ込んできました。そうすることで、彼らは自らのアイデンティティや存在という力場の中で神の意思が顕現するのを妨げてきたのです。

やがて、彼らの呼びかけに応えて、こうした状況が変化する時が来るでしょう。しかし、その時が来るまでは、誰かがその橋を支えなければなりません。誰かがたいまつを掲げなければなりません。誰かが地球のために神の意思を支え続けることに専心しなければなりません。あなたがたの中には、自分自身の中でこの神の意思を顕現することを選択した人たちもいます。あなたがたの中には、それを他者の中に呼び起こすことを選択した人たちもいます。あなたがたは全員、永遠の目的のために仕えることを選択した人たちです。そのことに感謝します。

私たちの現実を世界と分かち合いたいのです

親愛なる存在たちよ。私は時としてあなたがたへ手を差し出し、私が今立っているこの部屋を実際に歩くあなたがたを見つめ、この柔らかく白いカーペットの上を歩くあなたがたを眺め、今日私が身に付けている白い衣をあなたがたに見てもらい、あなたがたの両手を取り、「親愛なる者よ。霊的栄光の騎士道が人類に出現し続けています。あなたは、神とその意思を人間として表現するよう、あなたの内なる生命の炎によって選ばれた存在です」と言いたい気持ちに駆られます。

私たちは呼吸し、命と形ある存在です。そして、あなたがたをつうじて、この現実を世界の人たちと分かち合いたいのです。神の意思を受け入れる素晴らしき使徒たちよ。神の意思を認識する素晴らしき使徒たちよ。神の意思を守り続けることを願う素晴らしき使徒たちよ。私たち、ダージリンのブラザーフッドは神の意思に関する私たちの考えの真髄をあなたがたの中へと吹き込みたいと願っています。天上の祭壇からもたらされた、あなたがたのハートの中にある炭に息を吹きかけ、風を送ることで、あなたがたの中にある人間的な意思を象徴する不純物を炎が焼きつくすまで、炎を大きく燃え上がらせたいと願っています。

人間の意思と聖なる意思の闘いを終結させましょう

親愛なる存在たちよ。人間の意思と聖なる意思との間で戦いが起こる原因は何でしょう。それは、人間の不協和な意思です。それは、あなたがたを常に束縛しようとする、人間の意思です。それは、あなたがたの中に神の意思が完全に顕現することを妨げる、人間の機運です。親愛なる存在たちよ。人は人間の意思に屈してしまいがちです。そのため、神の意思はその素晴らしき思考や感覚の勢いを人類に与えられないまま、サイドラインに立ち続けているのです。なぜなら、人々は数世紀にわたり、そして、今回の転生の初めから、そうして育まれてきた古い機運にせわしなく耳を傾けているからです。

親愛なる存在たちよ。あなたの内なる聖なるプレゼンスの手をしっかり握り、神の意思をあなたのハートにしっかり近づけ、神の意思を上にも下にも掲げ、両者の間で繰り広げられてきた衝突を取り除くことで、この戦いを終結させることができます。

素晴らしき光の存在たちよ。この取り除くプロセスによって、あなたがたの中の炎が強まっていくことで、永遠の自由をあなたがたは手にするでしょう。内側で自由の炎を燃やす時、あなたがたはすべての人の存在の中にある自由と良心の炎を空高く燃やすことになるでしょう。あなたがたの内側でなされることは、地球上でもなされるのです。

ダージリンへようこそ

親愛なる存在たちよ。あなたがたに別れを告げる前に、歓迎のマットが敷かれている、ということをもう一度言わせてください。ここダージリンで、私たちは自分が持つ権利に気づく使徒たちの到来を待ち望んでいます。繰り返される人間の過去の深い感情や機運を退け、神の意思に対する穏やかな愛や思いやりの気持ちを内側から湧きあがらせ、その中に、親愛なるイエスが見た「私の意思ではなく、あなたの意思がなされよ」[6]という思考を見ることができるという権利を。

この素晴らしき考えを受け入れることで、人は自由を見いだすでしょう。それを単なるビジョンとして、はるか未来の可能性、神話、存在しない幻の聖杯として見ているうちは、それは起こりません。それが手、足、鼓動のように身近なものであると気づくことで、人は自由を自分の中に、そしてあらゆるところに見いだすのです。

そのような人たちに対してダージリンが扉を閉じることなどあるでしょうか。そのような人たちに対してアセンデッドマスターのアシュラムが扉を閉ざすことなどあるでしょうか。一か所を訪れる価値のある人は、すべてを訪れる価値があります。一か所を訪れる価値のない人は、どこも訪れる価値はありません。親愛なる存在たちよ。無価値観とは人間だけが持つ概念です。それは、たとえアセンデッドマスターのアシュラムの中心に足を踏み入れたとしても、そこから日々神の意思を知り、愛し、慈しむことができる道にあるその場所へと導いてくれる無限の愛や、それをありのままに引き出せる解放の力を神の中に認めようとしない姿勢です。

そして、神の意思は彼らを大切にします。あなたがたの求めに応えるように、神の意思があなたがたを大切にする時、あなたがたはダイヤモンドハートの兄弟たちの輝きを日々身にまとうようになるでしょう。

ありがとうございました。良き夜を。

1963年2月24日（日）朝

ワシントンDC
（メッセンジャー／マーク・L・プロフェット）

第25章　世界の善意に関する回勅——地球に向けた報告

前書き

この回勅に記されている見解および提言は、グレートホワイトブラザーフッドのダージリン評議会の貴重な支援を受けて、私自身の長期にわたる調査から編纂されたものです。現在の世界秩序を保ち、前進することを願うならば今すぐにでも対応が必要であるという視点から行った調査をつうじて明らかになった特定の問題領域に関して、私たちが行った審議の結果を、簡潔な文書という形態で地球の人々に届けることが、長きにわたり私の願いでした。地域社会が辿る道を導く科学、政府、宗教、教育、社会福祉の分野のリーダーたちが、差し迫る必要性に適切かつ効果的に応えたいと思うのであれば、生命とその重要な目的に関する正確な知識や理解をより広く普及させなければならないというのが、私たちが到達した厳然たる結論です。したがって、本報告書に記載されている9点のプログラムを世界的に実施すると同時に、この回勅の提言を人々の動機や事柄に取り入れることで、私たちが記した最重点領域へと「世界市民」の努力がより建設的に向けられることとなるでしょう。
私たちは信じています——その内容を受け止めるすべての人が、生命の重要な目的の達成に関するより明確な理解が回勅から得られるとの信念から、世界で長引く問題を解決し、生命というパン種を発酵させ、世界的善意という地域社会のパンを膨らませるまで、力を合わせ続ける意思を新たにすることを。

検討中の問題の性質——現在あるリソースは現在の需要には十分

組織化された労働力、そして、有効性、知識、スキルを輸送・動員する設備、そして、考えを伝達する手段といった、国際経済に存在する資源は、世界のあらゆる苦しみを修正するのに十分です。このタスクに対して、私たちは人生を、財産を、聖なる名誉を懸けて取り組んできました。

人類のエネルギーや資産が政治、宗教、経済の手段や目的という逆流の中で無益に浪費されている、この残念な傾向は、私たち全員が共有するべき自由という調和、理解という心の安らぎ、豊かさという悟りを国際社会から奪い続けています。あらゆる個人的そして国際的な緊張や不満、そして、普遍的善意に満ちた、新たな研究、洞察、決定的行動を求める気持ちこそ、人間を気高き存在にするという普遍的目標において、私たちが何より真っ先に考慮すべきことなのです。

手身近にある豊富な機会を率直に評価することで、世界が抱えている困難の解決に必要かつ十分な要素がすでに揃っていることが改めて分かるでしょう。したがって、現在のマトリクスをより全面的に活用することこそ、国際的秩序とより良い人生のための唯一の健全なアプローチです。それにより、現在対処が必要な事柄を延期するいかなる傾向も一掃しなければなりません――もし望むような現実を実現したいのならば。

複雑に入り組んだ政治的・経済的要素

世界の二大勢力間の直接的な政治的・軍事的衝突※――キューバ、ベルリン、インド、ラオス、フォルモサ［台湾］では、イデオロギー的なブロックが衰えるところを知りません。人間の偏見や行動に関するイデオロギー的衝突の高まりはアジア、アフリカ諸国、とりわけ中南米で顕著に見られます。西ヨーロッパやその他の地域の経済統合に対するためらいからも明らかなように、共通の外的脅威や内的要求により特定のグループが団結し、排他的な地方主義、国家的名誉、国家の安全の機運が一部に維持されています。

強大な力を持つ国々は、一方的な行動には限界があることにますます気づきつつある一方で、新たに台頭しつつあるアフリカや極東の国家は、独立国家の栄光を手にすることを真摯に目指しています。これら国家のリーダーたちの多くが政治的争いに耽っている事実は、空腹や貧困、病気、無知に苦しむ自国の人々に対する人道的思いやりを持つ余地を奪うとともに、長年放置されてきた社会的、政治的、経済的不均衡の改善をさらに遅らせています。かつて植民地だった土地では、適切な基準の公平な公共サービスが存在せず、コンゴに見られるような混沌とした状況を生み出しています。あらゆる市民を国家のもとで完全に統合する努力は、法のもとの真の平等に対する一部勢力の抵抗にもかかわらず、継続しています。

人口学的な問題がこの状況をさらに複雑なものにしています。なぜなら、自国の国民を適切に支えることが最もできていない地域で人口増加が起こっているからです。マルサス〔過剰人口の脅威を唱えた18～19世紀イギリスの経済学者〕のドグマが人間の中に恐怖を煽ることがあってはなりません。なぜなら、神意には、あらゆる問題に対処するために必要な英知を、世界の管理機関をつうじて放出する用意ができているからです。

これは、公益のために個人的考慮を払拭する、受容力あるリーダーたちの育成・組織が増えることにかかっています。

※1990年のベルリンの壁崩壊とともに地政学的情勢は大きな転換を迎えたものの、中東でのイスラム原理主義の台頭、イデオロギー的ブロック間の対立は21世紀になっても続いています（訳者）。

問題が増え続ける主な原因

地球上に存在する修正すべき、継続的な混乱の主要原因は、あまりにも長きにわたり維持されてきた、人生を単なる観戦スポーツとして見なす姿勢であることは明白な事実です。歴史的状況を見れば、これまでさまざまな困難が人々を苦しみの中に巻き込み、それが現在のように修正や改革が必要な状況を生み出しています。同様に、現代文明の穏やかな暮らしは、世界を変革する能力があるだけでなく、建設的かつ進歩的変革の先駆者となるにふさわしい人々の中に無関心やよそよそしさを生み出しています。

自由を守ること

人間の生活様式や考え方の大きな変化は、マグナカルタの発布、封建主義から資本主義への移行、産業改革、自治に関する条約、ルネサンスや宗教改革の人間の霊的目覚めを擁護した期間をつうじて、西洋の社会構造へと注入されてきました。イングランドのコモンロー、メイフラワー誓約、独立宣言、民権条例、米国憲法をはじめとする、自由のためのさまざまな法律文書により表現されてきた、こうした傾向は、個人の権利が自由裁量によってではなく、良心によって統制される価値のあるものだという認識を急速に広げることとなりました。

民主国家の一員としての責任をもち、情報につうじ、道理の分かる国民は、効率化されたコミュニケーションや輸送が、社会的、政治的、軍事的勢力と、辺境な地域との相互作用を作り変え、したがって、ようやく実現した自由を積極的に守るためには、世界的調和や良心に現代的にアプローチしなければならないという共通の必要性が生まれたことを認識しています。

各勢力のブロックが互いに譲歩するつもりがないのは明らかです。同じように、硬直状態は自国の原理の拡大が進歩的人権の強化につながると考える、好戦的で共産主義的な国家の心に訴えるものでもありません。科学的判断は一部の問題を深刻化させた一方で、いくつかの問題を解決に導きました。しかし、人道主義の台頭は少数の人たちの中で見られている現象にすぎず、地域社会に支援をもたらす体制や能力を備えている社会的組織や個人の無知蒙昧な利己主義が大衆の思考を扇動することによって、無関心がむしろ増大しています。歴史をつうじて、個人的利得の強調は、平和と成就という勝利の栄誉を世界から奪ってきました。現在存在するさまざまな機会や、過去に得られた進歩が、これまでのような世俗的な誤った指示によって人類から奪われないようにすることが、何より重要です。

検討中の問題に対する解決策の性質――世界連邦が世界共産主義に取って代わる

最終的に世界連邦の樹立が失敗するとは考えられません。それこそが、責任ある法と政権のもとで権威を統合するための唯一の適切な方法だからです。これまで、自国の利害やイデオロギーを維持することを断固として好む姿勢が、戦争の土台を作ってきました。現在、国々にとって唯一戦争の抑止力となっているのは、核攻撃能力を有する国によるせん滅の脅威です。民主主義と自由は、被統治者の同意から力を得る、適切な世界連邦の中で大切に守られなければなりません。

そのような基盤は、共産主義や、言論の自由、宗教の自由、報道と集会の自由を人々から奪う軍事的独裁政権を自動的に排除します。

神の前において納得のいく原理をベースとした世界連邦を樹立するには、人類による一般市民の育成や協力が必要です。善を広める人を装う、身勝手で欺瞞に満ちた人たちによって自分の継承物がかじり取られるのを、手をこまねいて見つめることを受け入れない人々により、現在の世界秩序の現実的かつ機能する形が保持・拡大されていく必要があります。真の進化に逆行する人たちは常に、人々がやっと手にした民主的自由や必要な改革を高め、守る権利を破壊しようとします。

国際共産主義の擁護者らは、進歩的進化という民主的で秩序立った道を辿りながら既存の合法的政府の形態を変えることを嫌がります。彼らは政治的混乱の中や、時には一見文明的で秩序立った方法によって、ある種の世界的反抗を生み出すことを好みます。これは、たとえレーニンやマルクスの思想があろうとなかろうと、数世紀にわたり成文化された法律を有してきた人類に何の恩恵も保護ももたらさない、単なる海賊行為とも言えるようなブルジョアおよび似非《えせ》の文化を基盤としています。彼らは文字通り、世界の労働階級を奴隷化することを目指しており、彼らに自由を約束しながらも恐るべき新たな圧制を敷いているのです。それは、消滅することなく成長し続ける癌《がん》のように、地球上のさまざまな国で見られます。このため、世界共産主義は人間と社会に対する史上最大の脅威なのです。

新時代の文化や模範的政府により育成される、普遍的兄弟愛

世界の人々は自分たちが世界情勢を傍観するだけの存在にすぎないという感覚から自らを集合的に解放し、仲間たちの守り手でありたいという、人間が本来持っている欲求を引き出す必要があります。仲間への真心からの愛は、市民、国内、国外の問題に対する建設的かつ積極的な関心を生み出し、時に、軍事的かつ手強い悪にさらされたとしても、歴史的不公平に果敢に立ち向かおうとする力を人間に与えます。

いかがわしい利得が絡んだ活動に人々を縛り続ける無益な判断を最小化し、新時代の文化の誕生によって取って代えなければなりません。そうした真の文化の第一の目的は、人々の姿勢の中に、思いやりに満ちた世界に存在することの安心感を、子ども時代のできるだけ早期に形成することです。それは、人々の

重荷を軽減し、全体的な信念と個人的充足という徳を意識的に具現化できる状態へと彼らを引き上げるためです。敵対的な世界で安心感を抱くことなどできるでしょうか。

国家や人々の間により調和的な状態が生まれる時、現在始まっている軌道飛行は人類にとってより大きな意味と普遍的目的を持つことになります。世界のほとんどの建設的宗教は兄弟愛を唱道していますが、ハートから来る真心の愛をベースにした本物の普遍的兄弟愛がひとりひとりのあらゆる思考、感情、動機、行為に浸透することが何より大切です。国際舞台で指揮的役割を担っている世界的指導者たちは、通常の模範的特質以上のものを示すことが求められます。もしそのような存在がいない場合は、一般市民――そして非凡だと見なされる人々――に、団結的行動の力によって、より適した男性や女性が地球を統治する権威となるよう布告を行わせましょう。

世界的な誠実さをつうじて世界は進歩する

国際外交においては、一見必要と思われる欺瞞的な反撃を基盤としない相互理解が、利己的に正当化された戦術に取って代わらなければなりません。世界の誠実さこそ、世界の進歩のための癒しとなります。人々は、どれだけ無関心の状態にあっても、そのようないかがわしい戦術を見分けるものです。だからこそ、正しい行動の舞台で優れた政治家としての特性を発揮しようと努力していない人はすべて、誠実な人々に取って代わられるべきなのです。政府や社交における善は、人々が揺るがず、妥協することなく、真実、誠実さ、正義を求め続けることで初めて、広く受け入れられる行動や契約の基準となり得ます。

黄金律に基づいた教育プログラム

社会に深く染み込んだ過ちを正し、文明というスクリーン上により良い生き方を新たに生み出すためにも、世界の子どもたちのために丁寧に計画された新たな教育プログラムを設立する必要があることを、皆さんに強く言いたいと思います。新たな教育プログラムは「ノブレス・オブリージュ」(高貴たるものの義務)の姿勢を強調し、自己の尊厳を生み出し、普遍的目的に対する健全に明らかにされた信頼を組み込むべきです。そのような目的論的概念は世界のさまざまな宗教をつうじて、宗派ごとに特定の偏向を付け加えて、非常に自然に分配されています。世界の公共教育システムの学習カリキュラムは倫理的育成をより強調し、優しさや他者への思いやりや尊重の自然な表現としての礼儀の練習により重点を置く必要があります。個人と政治的単位の間のあらゆる関係を導く行動規範として、黄金律は責任ある市民としての姿勢を社会のモラル構造に吹き込む、ポジティブな行動の指針で在り続けます。

生命に対する畏敬の念――応用宗教・科学の真髄

若者の非行や犯罪の増加は、いわゆる社会的のけ者や不毛な人生に対して、より深く配慮する必要性を示しているはずです。こうした存在は、無謀さにつながる過剰な身勝手さを世界中に生み出します。生命に対する普遍的な畏敬の念は、人種的偏見、敵対感情、政治的乱用、イデオロギー的対立、宗教に対する過剰な熱意という壁をあらゆる場所で突き崩します。地球上で人間にとって至高の象徴である、生命に対する畏敬の念が、応用宗教・科学の真髄となるべきです。

決して縛ることのできない人間の自由意志を征服・管理しようという劣った動機は、良心の自由、そして神に与えられし才能を増幅するという自由の前に没しなければなりません。宗教と科学の共通の目標が、人々の精神的士気を高め、彼らの意識を啓発し、彼らの重荷を軽くする手段であると適切に理解された時、このふたつは相違する信条や方法に取って代わり、生命の木の一部であるこのふたつの枝が融合することで、国家の癒しがなされるでしょう。

人間と社会の中の善と悪

悪の本質

社会的であれ、個人的であれ、悪は普遍的なものでも、実在するものでもありません。どれほど広範に広がっていたり、極悪非動で、陰険に見えたりしたとしても、それは一次的なものであり、善により正され、置き換えられるまでしか存在することはできません。悪は過ちであり、無知で、悪意に満ちています。悪は教会や国家内など、高位な場所から低位な場所にまで存在します。しかし、それは悪に代わって善を確立し、維持することによってのみ永久に克服することができます。善は、漠然とした状態では、悪や過ちのように見える場合もあります。なぜなら、悪や過ちは一見無害に見えるからです。同様に、無害さは、善を生み出さない状態では、明らかな不公平の犠牲になりがちです。

善の本質

このため、善が善の本質を維持するためには、善が聖なるポジティブな行動の中に存在し、必要な時には軍事的に守られる必要があります。正しい信念には、すなわち、正しい行動が伴います。純粋な動機と崇高な行動、理想と現実のギャップが狭まることで、善の一貫性や連続性により、分離主義や非生産性といった特徴を持つ、恥ずべき偽者たちの正体が暴かれるでしょう。したがって、世界の宗教指導者らが、何世紀にもわたる無益な競争や分割的な労働の原因や結果を根絶するという共通の信念を誓うことで、世界的な信仰の融和が偉大なるチームワークとして発揮される必要があります。

忠告

人間は、知識層の分裂や社会的不平等に存在する不正な抑圧に自分たちをがんじがらめにしている恐れや疑念という松葉杖を手放すかもしれません！　人間の理性という密度を貫通し、その屈折した考えをより壮大で強力な概念のもとで解消できる、世界的善であるキリストの光が持つ力を受け入れるかもしれません。たとえ、普遍的真実というレンズを通して太陽がより激しく輝いたとしても！

人間と社会の中の勢力間の作用

陰と陽

光と闇のコントラストが静と動の日々のバランスを人間にもたらすように、政治や宗教の領域においても、さまざまな勢力の相互作用もまた、陰と陽の原理の枠組みの中で理解することができます。

人生にはポジティブとネガティブの両極があるというこの概念はまた、経験、行動と怠惰、命題と反対命題、人間の事柄の満ち引き、大衆の動きを決定づける個々の傾向が持つ意味を浮き彫りにします。

住む当てのない人から、企業、政府、社会という、より複雑な組織に至るまで、人間はそれぞれの時代の出来事について、善悪や損得という尺度で自分たちがどの利害グループに属するかを確認したがります。政治や宗教では、人々は「リベラル」または「保守」といったポジションに――多くの場合、かたくななまでに――固定されます。一方、選択の自由を軽率かつ無分別に行使した場合や、十分な情報に基づかない事実の判断は危険な揺らぎを引き起こします。

普遍的真実の統合をつうじた安定的現実

人間の全人格が安定した現実とつながれば、選択の権利を適切に行使することにより、より偉大な進歩が訪れる可能性があります。人は、思考の全体系の一部または大部分が自分の強い信念と合致するからという理由だけで、全体系を受け入れる必要を感じる一方で、その教義の一部に同意できないという理由だけで、全体系を拒絶することもよくあります。しかし、真実は真実として受け入れながら、その他のすべてを受け入れないようにする必要があります。同様に、人は真実の価値を判断する際、概念から人格を切り離して考えなければなりません。そして、概念や教義に沿って行動できる、またはできないという理由だけで、宗教や哲学のシステムを批判することも控えなければなりません。

概念の擬人化を試みた結果として人間の幻想が剥がれ落ち、幻滅が訪れる時、忘れてはならないのは、人間の組織とは試験場のような存在であって、究極の真理の基準ではないこと、そしてその基準は人間の偏った理解や実践の失敗とは無関係に存在していることです。

調和は、競争を取り囲むさまざまな問題に対抗する有効な手段です。自身が被っているものであれ、隣人が被っているものであれ、病気、貧困など、あらゆる形式の不完全さを拭い去るという共通の責任を象徴するシンボルとして、ブラザーフッドの旗を翻す勇気のある人々が求められています。その際、神聖なる安定として顕現する「ひとつの世界という真理」の平和や勝利への扉へつながるカギとなるのが客観性です。

さまざまな教義の中で述べられている善の多くは、時代の流儀に応じてさまざまに表現されています。同様に、マルクスやレーニン、そして共産主義全体においても、その中にはめ込まれている善の多くは、その体系だけに限定されているものではありません。むしろ、それは現代文明に普遍的な倫理、具体的にはキリスト教や民主的な生き方の中に含まれています。しかし、弁術巧みな物質主義をつうじた、本質的真理のあからさまな粗悪化により、共産主義は誠実なハートを持つ者にとって受け入れがたい、個人または国家の一種の進化のパターンとして描写されています。

アメリカをはじめとする民主国家はすでに、国家支援による福祉、社会保障や、住宅、高速道路、テネシー川流域開発公社といった州間事業において、いわゆる共産主義発祥の進歩的な概念をいくつかを取り入れています。同様に、共産国家は、民主主義に公然と反対しているにもかかわらず、歴史をつうじて人民の解放の始まりであった、能力に応じた大衆教育をつうじた自由という新風の影響を受けています。対立するシステムの要素が融合することは、現在の社会的ニーズへの普遍的真理の適用です。妥協や、過ちとの平和的共存と混同されてはなりません。

規律ある愛と神聖なる識別がアンバランスを正す

奉仕に対して無反応に献身する、世界中の共産主義、そしてロシアの人々が、あらゆる人同様に、共産主義という国際的な恐怖の被害者であることを、忘れてはなりません。そして、彼らは洗脳や見当違いの熱烈さのせいで軽蔑される代わりに、その本質的な人間性故に愛されなければなりません。そして、愛を積極的に活用して、理解の受け皿を生み出さなければなりません。そうすることで、嫌悪と歓喜が交互に訪れる陰陽のアンバランスを回避することになります。規律あるマインドとハートという冷静な測定器を用いて、人生のさまざまな側面を推し量り、心をかき乱すような勢力によって感情的にも心理的にも揺らぐことがないようにしなければなりません。

「汝が欲するところを人に施せ」という言葉が象徴している純粋な真理は、複雑な社会学的・哲学的体系よりもはるかに公正な法律を容易にかつ正確に言い表しています。外的状況の事柄を適切に理解することとは、陰陽は法則全体の一部の側面が顕現したものにすぎず、そのため、こうした側面は善でも悪でもありません。提唱されている概念は、世界秩序という目的に照らして適切であるかどうかによって善悪が決まる、ということを認識することです。

パワーポリティクス、哲学、さらには宗教の世界の現状は、激しい感情的混乱や危機的なジレンマを生み出しており、人々は片方の側に明らかな忠誠をもって反応することを求められています。実際のところ、人はバランスの取れた神聖なる識別を表現するよう意図されています。自由意志により選択ができる自然で流動的な状態においては、人は自らの法則、真の幸福、内なる導きと相入れないいかなる概念も、権威主義的なシステムも、選択することも、前もって選択することも、そして必要とあれば、拒絶することもできるのです。

私たちが主張するこの自由を、決して明け渡してはなりません。

エサウ〔イスラエルの族長のひとり〕の相続権が一杯のスープのために売られたように、飢えた人々が共産主義のキャンプへと召集されています。一方で、組織化された宗教が聖なる原理を守ろうと待機しているものの、自らの自由を愛する心を眠らせてしまったことによる無関心や受け身の姿勢が見られることが多くあります。したがって、人間の怠慢こそが、欠乏という現状の原因なのです。

黄金時代の青写真

秩序と完全性

世界の完全性と真の秩序という概念の炎の中から、そして、（対立する2勢力が経験しているような）古くなり廃れた陰陽の文明の瓦礫の中から、黄金時代の文明という不死鳥が羽ばたくでしょう。左派と右派の命題と反対命題は、ひとりひとりの才能がコミュニティ全体のそれと調和的に融合し、作用し合う中で解消されるでしょう。

救済の加速、ハートの交流

全人類の救済の加速は、世界中のハート間の内なる深きコミュニケーションラインを再び確立することにより、国家の外側の側面に本来の調和を回復させる、聖なる脈動を分け与えることになるでしょう。そのような交流が十分になされた時、分離主義が存在する余地はもはや存在しなくなり、完全性という共通の追求が最も純粋な正確性を持つ科学的法律となります。そして、その法律は、強烈かつ不屈の普遍的品位により結束した、統一的行動を特徴とします。

ひとつの生命、ひとつの身体

キリスト教徒、その他の宗教の信徒、無宗教者は、民主的世界の活性化に極めて必要な霊的エネルギーの自由な流れを妨げている無関心や無気力という重荷を覆さなければなりません。飢餓、無知、苦しみ、病気が豊かさや機会と隣り合わせに存在するような状況を良しとする社会を生み出したのは、まさに自己満足がもたらす停滞です。

賢明で愛情深い思いやりを世界の隅々にまで与え、ひとりでも手を差し伸べられない人がいる間は、全体性は完成しないという認識に立った慈悲心とともに、社会的不平等はこれっきり破棄しなければなりません。偉大なる師イエスが「私の兄弟であるこの最も小さい者のひとりにしたのは、私にしてくれたことなのである」と言った時、彼はすべての生命の本質的調和に基づいた、普遍的兄弟愛の法則を述べたのではないでしょうか。

エネルギーの実用的保全

時は満ちました。世界の民が教育的、霊的、経済的に他者のニーズを即座に供給するべく進み出なければ、現在享受している自由は、人間の欲というモレク〔恐ろしい犠牲を要求する異教の神〕の手に堕ちる可能性があります。そして、無関心や自己欺瞞による報いが、自由な宗教コミュニティを含む、世界を構成するすべての人々の上に降りかかるでしょう。

世界のリーダーたちのエネルギーにはすでに重い負担がかかっています。一方で、国家や人々、企業組織、政治制度、さらには宗教組織や文化的組織の間に存在する利害の衝突に、世界の建設的エネルギーの約50パーセントが費やされているという現実があります！　このエネルギーと、それが持つ可能性が、世界情勢に調和をもたらすための正しさや正義へと向けられれば、さまざまな苦しみは耐えるべきものとして続く代わりに癒されるでしょう。

社会的苦しみとその救済

回帰の法則によりビジネスの欺瞞を正す

現在、ビジネスを取り巻く深刻な問題のひとつに、繰り返し購入させるために劣った製品を意図的に生産する傾向が高まっていることがあります。企業はエンジニアリングのノウハウを用いて、本来生産できる優れた製品を消費者から奪うだけでなく、高品質製品の製造や流通によって生じる余暇の増加というメリットをも奪い去ってしまっています。人類は知識の増大に伴う責任の増大を引き受ける代わりに、より高次の法則や英知という貴重なギフトを欺くことで、一般大衆を出し抜き、個人の財を膨らませてきました。

科学的発明や技能は、競争的な経済的利害によって抑圧されるのではなく、人類全般の福祉のために最も効果的な形で活用される必要があります。たとえイングランドの紡績工場での児童労働の悪用はずっと以前に終わっていても、世界の大部分では依然として十分な対策がなされていません。世界が持つ科学的資源により人類のニーズに応えることで、不必要な重労働から世界を解放しましょう。衣服、機械類、その他いわゆる耐久製品は、最小限ではなく最大限の耐久性を発揮するよう作られるべきです。

バビロニアの商人たちは、共感がもたらす引き寄せの普遍的法則を知らずに、聖なる目的を放棄することで、不名誉にも世界の人々を首にしました。彼らは、人生になされたあらゆる善はそれを為した者へと戻るという真理から目をそむけたのです。たとえ基本的な人道主義に意欲が湧かずとも、人は少なくとも見識ある自己利益を基盤に、取消不能なこの法則を尊重すべきです。

自然の法則が人生に課された苦しみを正す

これまで、世界の精神的リーダーをつうじて表現されてきた神聖なる愛、そして、彼らが奮い起こした祈りの偉大なる力によって、惑星規模の大変動が一度ならず未然に防がれてきました。人類は自分たちに代わって祈りにより仲裁を行ってきた、真の霊的守護者たちに絶えず感謝する必要があります。地球の人々よ、このままの状況ではいけません！　地球に負わせた歪みに対して個々人が負う責任は、自然の法則によって清算を迫られることでしょう。

人々が愛の穏やかな奉仕という秩序立ったプロセスをつうじて神の法則に応えようとしない限り、自然によってこれらの悪用を修正するという唯一の代替的方法を発動させることになります。そうなると、より高貴な姿が再びもたらされるよう、地球が人間の歪んだ創造物を振り落とす中、自然の法則が災害、火災、洪水、病気の流行をつうじて作用します。本質はシンプルです。法則はより穏やかな形を常に望みます！

世界の善意で守られる神聖なる継承

祝福されたこの惑星の男女よ。あなたがたはあらゆる暴力、戦争、欲、虚偽広告、悪習慣、くだらないエンターテインメントへの飽くなき欲求の鎖を、力を合わせて断ち切るべく立ち上がらなければなりません。あなたがたの神聖なる継承を略奪するこうした存在たちを許すのではなく、より永続的な幸福の状態を各自の魂の中で拡大する、霊的・文化的探求を行いましょう。こうした幸福の状態は、ひとりひとりの全存在、そして、宇宙の秩序における自分の位置に関する真理や素晴らしき気づきから生まれるものです。

世界の広大な通信システム網をつうじて、適切な文化的・宗教的研修を公平に行うことで、それに直接比例するように、犯罪は減っていくでしょう。誠実さや正義といった優れた概念を掲げたドラマや指示がラジオやテレビをつうじてどんなにつつましい掘っ立て小屋にももたらされ得るアメリカにおいて、不滅性を知らないことは言い訳にしかなりません。

個人や家族は国家とつながっており、個人の安全はその人にとって非常に重要です。そのため、ひとりひとりの完全性が、政府のすべての階層の公務員が守るべき基準として、草の根レベルで維持されることが大切です。公職に就く大臣らは国民との約束を守ることにより、同様に、国民にも約束を守らせるべきです。

問題のほとんどは、基本的な生活必需品の市場を中心に起こっています。このため、知識、パン、機会をすべての人に与えることで、戦争や共産主義に対する最も自然な抑止力を強化してください。簡単に言うと、世界の善と幸福の処方はこう表現できます。飢えた人々に食べ物を与え、無知の人々に教え、全世界の人々を自分自身として愛すること。この善意の融合をサポートしてください。そうすれば、地球は繁栄するでしょう。

活性化された霊性が持つ武装解除力

政治への宗教の活用

自由世界の政治に真の宗教を活用することこそ、あらゆる国家にとって最強の防衛です。そして、宗教と政治は混ぜるべきではないという決まり文句にかかわらず、私はこのことを肯定します。宗教と政治を混ぜましょう！　ただし、善く混ぜること、そして、党派といったちっぽけな要素を超えて、誠実さ、融和、そして公益に尽くすことを忘れないでください。よって私は、戦争と平和という世界が直面する問題の解決策として、活性化された霊性が持つ武装解除力を推奨します。宗派を超えてあらゆる宗教グループが参加することが好ましいのです。なぜなら、この活動はやりすぎになるということはありません。

普遍的霊性は競争的な宗教を排除する

これまでは、教会に新風を吹き込もうとする試みは、陳腐な言葉や偏愛的な無気力によって不十分に終わってきました。普遍的霊性の領域は、人々の関心や忠誠心をめぐる宗派間の争いの余地を与えません。信仰ではなく恐れに根付いていることの多い、一般的な考えとは対照的に、教会の強さや持続力は数ではなく、ハート、マインド、目的の純粋さにあります。人生と意識が癒しや善き行いに捧げられ、神聖なる観想によって強化された時、そこには霊的力の偉大なる流れを受け取る場所が存在します。そして、それは都市、国家、大陸の救済のために結集させることができるのです。

純粋性が力の霊的バランスを決定する

このため、一握りの献身的かつ無私無欲の個人が、この惑星全体の力の霊的バランスに違いをもたらすことができます。特定の宗教組織に属しているか否かは関係ありません。なぜなら、すべての人があらゆる善と完璧な才能という豊かさに恵まれるよう、神は不毛の地にも、花々が咲き誇る庭にも、自らの種を植えたからです。神が特定の人やシステムをえこひいきしないということは、愛という共通の理念のもとであらゆる時代や千差万別の身分から天へと昇った聖人たちの存在によっても証明されています。神である生命、そして愛そのものである神への至高の忠誠こそが、彼らの信条なのです。

共通の奉仕という絆

人々と国家は、戦争や危機において、戦場で共通の危険に直面すると団結できることを証明してきました。これからは、普遍的な自由や兄弟愛という差し迫った目標のために原理的な分裂を止めることを誓う有志たちを心待ちにする、霊的収穫という豊穣の穀物で黄金色に輝く草原で、その能力を発揮させようではありませんか。

すべての男性、女性、子どもの不可分の権利が「人生、自由、幸福の追求」を掲げる法律や公正な正義をつうじて確保される、その時まで。

そうして初めて、人は立ち止まり、自分自身の信条に兄弟が同意してくれるかについて考えるようになるのです。そうして、自分たちがずっと同じ考えであったことに気づくでしょう。共通の奉仕という絆は、教義的解釈や重箱の隅をつつくような決疑論〔画一的な法律ではなく、宗教的・道徳的規範を個々の行為に適用する考えのこと〕という分断的な路線より強力です。「彼らは剣を打ち直して鋤《すき》とし、槍を打ち直して鎌とする。国は国に向かって、剣を上げず、もはや戦うことを学ばない」というイザヤの預言は、人々が全体の善のために劣った目的を脇にのけ、ひとつの世界という普遍的目標を見つめ続ける時に実現します。

今後開催される教会統一運動の会議の参加者らにこの真理を深く心に刻ませましょう。そして、劣った目的のために躊躇することすら想像しなくなるような、輝かしい約束をもたらすベツレヘムの星を掲げさせましょう。人類の兄弟愛が実現した時、教義に関する争いの解決はそれほど緊急でなくなるでしょう。隣人間や国家間の調和を破壊する選択はどれも、人類に相応しいものではなく、地球に対する神の意思も象徴してはいません。

「人の生涯は草のよう。野の花のように咲く。風がその上に吹けば、消えうせ、生えていたところを知る者もなくなる」と詩人や賢者がたくみに表現したように、人の生命は創造主のハートの中で永遠に存在しますが、地球上での滞在は時間や年月といった束の間の領域の中にはめ込まれています。だからこそ、人の子らの間に神の都市を外在化させるというこの束の間の機会を最大限活用させ、われらの父の数多の家のひとつである人生の中で公正な恩恵を見いださせましょう。公益という概念が心から受け入れられた時、「いと高きところには栄光、神にあれ、地には平和、みこころに適う人にあれ」の賛美歌がすべての人々の口から出でて、真理と兄弟愛が証明されるでしょう。

宗教でも、政治同様、生命の永遠なる現実に心を注ぐ代わりに、傍観者の姿勢が見られます。世界の親善に積極的に参加する意欲を人々が持つことが今求められています。この世界の親善という感覚は、普遍的不一致に見える状況に対して、深い普遍的友好により自然に表現されなければなりません。

文書の発効

一部の人は文書化することは効果がないと主張しますが、その広範に及ぶ影響力だけでなく、そのような文書の必要性を示す、自由のための法律文書が数多く存在します。歴史の重要な時期において、こうした文書は国家の前進を助ける崇高な概念に民の意識を集中させることに役立ちました。こうしたビジョンがなければ、民は消滅していたことでしょう。従って、私は神の勝利というビジョンとともに、この回勅を発布します。これが世界中で誠実かつ正確に訳され、配布されることと私は信じています。なぜなら、この文書に含まれる善がダージリン評議会のメンバーたちのハートから溢れんばかりに満ちているからです。彼らのあらゆる思考はまさに善意、そして、あらゆる形態の専制から人類を解放することへの献身で満たされています。

これまでも悪用が修正されることはなかったのだから、そんなことは無理だ、または、この文書に効果はないという、悲観的な提案を受け入れる人が一切いないようにしましょう。その意図の核心が何百万人という人々により尊重され、実践されたなら、宇宙から正しい行動の強制命令を発することが可能になります。そして、ヒマラヤの丘を転げ落ちる雪だるまのように、こうした正しい行動が持つ磁力が、神聖なる愛の活力に満たされ、世界全体に進歩の雪崩を引き起こすだけの勢いを持つようになるでしょう。

それこそが私たちの望みです。

私のアイディアを発効するための実際的なステップとして、次のプログラムを敬意と愛を込めて提出します。これらのアイディアが将来的に根を張った時、自然事象のすう勢に偉大なる影響を与え、平穏を推し進め、ハートとハートの間に大きな愛情を構築することでしょう。

ナインポイント・プログラム

1　教育をつうじた国際的市民とその責任

幼少期よりさまざまな国や文化の習慣、民話、言語に自由に触れることで世界的な視野を獲得することの重要性を強調する、国際的市民の理念を体現した教育プログラムを作成しましょう。こうした態度は、母国への忠誠心をうち壊すものではなく、子どもたちが自分の生活様式を他の土地の子どもたちの生活様式と比較することで、他の人々と喜びを分かち合いながら、自分の伝統を大切にする気持ちを高めることを可能にします。新しい概念や生活様式に触れさせることで、子どもたちの愛情の境界線を広げることに努めましょう。

そして、世界の主要な教育政策立案者、教師、そして若者や国家の未来に関心のあるあらゆる成人にこの草案を検討してもらいましょう。さらに、国際的な委員会、国家機関、国家、各地の教育委員会、宗教組織にもこのプログラムを検討してもらいましょう。また、日常で自分の影響の及ぶ範囲にいる若者が、国際理解をつうじて人生とその重要な目的に関して理解を育むよう支援することを、責任あるすべての市民の義務にしてください。

自国や家族のメンバーに対する責任を受け入れるのと同様に、他国に対する自分たちの責任を受け入れることをすべての人々に理解させましょう。他国固有の問題について関心を持ち、自分の家庭や一族が直面する問題であるかのように真摯に解決策に取り組む習慣を養いましょう。いつも顔を合わせる遊び友達のためだけでなく、会ったことのない何百万人の人たちのために祈ることを子どもたちに教えましょう。そして何よりも、何人のために祈ろうと、彼らの祈りは叶えられるということを教えてください。

2　誠実さに関する作文をつうじた自己表現

市民グループ、宗教団体、文化団体は「世界の友好にとってなぜ誠実さが不可欠なのか」に関する作文コンテストを主催しましょう。優秀な作文はさまざまな記事に印刷し、その後に世界の文芸遺産として所蔵しましょう。こうした作文の目的は、共産主義、貪欲さ、エゴによる動機が生きながらえることのできない、新たなモラル環境を生み出すことです。地球の英知のアーカイブに、徳の大切さを説く記述をプラスしようと決意する男性、女性たちは、まさに天の名誉に値します。

3　世界情勢への普遍的参画をつうじた普遍的良心

受容力のあるあらゆる組織に、平和と友好の円卓組織を構成させ、その中で現在の世界調和の欠如の主要な原因について建設的に議論、調査、分析する時間を設けさせましょう。各グループが検討する問題の性質に応じて、国際フォーラム、国家政府、州・市町村自治体の代表者に対して共同の解決策を提示させましょう。

こうした力添えにより、大きな結果を伴う政策の形成や実行を担当する役所の人々に対する、建設的思考を持つ多数の人々の圧力が高まることになります。このため、世界情勢において建設的かつ啓蒙的な思考力が大幅に増加し、さまざまな政府機関に利するだけでなく、参画する個人の進化も助けることになります。

政治的・文化的事柄に対する大衆の参画は、ギリシャの都市国家の栄光の基盤でした。それらの都市国家の崩壊は不統一と競争によって引き起こされました。もし後者を排除し、前者を回復させることができれば、世界は有史に類を見ない黄金時代の幕開けを見ることでしょう。これは普遍的良心によって生み出されます。

4　統一行動をつうじた調和的信念

今後開催されるすべての教会・宗教統一会議において、運営委員会に重要性の劣る個人的教義を理想化する代わりに、普遍的に同意されている信念の教義を強調しましょう。必要な場合は、世界調和のために組織的利益の一部を犠牲にすることを決定させましょう。そうすることで、これまで延び延びになってきた友好のプログラムを実行し、奉仕の絆を強化することで、あらゆる場所に存在する、真心を尽くす人々のハートを統一することになります。

そして、こうした会議を、生活水準の向上、文化理解の広がり、この地球に神の愛をもたらした多くの化身、聖人、預言者の人生や取組みを手本にした生き方を広めるための、共同の人道的取り組みを発見・実行する目的のもとで開催しましょう。秩序立った奉仕という洗礼をつうじて、すべての人々が生命の真の法則に関する知識と、人間を取り巻くあらゆる困難の解決のための法則の実践について向き合うために団結するその日まで、教義に関する同意は十分待てるはずです。

5　文化交流プログラムをつうじた世界市民

兄弟愛を示すことこそが唯一の武装解除であるという認識に立ち、国家間のさまざまな文化交流プログラムを継続的に拡大することで、こうした愛を育成しましょう。このようなプログラムを世界中の若者を対象とし、プログラムへの参加を何らかの形で教育の必須カリキュラムの一部にしましょう。

世界中の学校、大学、労働環境の若者たちの自由な交流を組織する国際機関を設立しましょう。学生たちに、海外の学生たちとともに学び、働き、楽しむ機会を与え、さまざまな種類の個人や環境との交流をつうじて、パリ、カルカッタ、東京、シドニー、ブエノスアイレス、ロサンゼルスを拠点とした世界市民になるよう支援しましょう。

また、科学の分野や、音楽、芸術、演劇といった普遍的言語の分野との協力により、プロフェッショナルなレベルでもこうした交流を促進しましょう。すでにこの方向性にある取組みに対して、国家政府や民間財団からの経済支援を拡大することで、慣れ親しんだ環境から出た経験のない多くの人々にも十分なチャンスが行き渡るようにしましょう。

6　貨幣制度の検証をつうじた社会悪に対する取り組み

世界の貨幣制度をより厳しい監視化に置きましょう。現在、貨幣の利用は必要悪となっています。このため、人間の厳しい監視下に置くことで、貨幣がいかに地球上でより完全な文明の表現を妨げているのかを判断する必要があります。

この回勅を作成している間も、私はこの点について調査を行い、世界金融システムに厳密な調査を寄せ付けない性質があること、とりわけ、こうしたシステムが人々の事柄に広範な影響を及ぼす性質があることが見えてきました。さまざまな因果関係が明らかになった時、私はこうした事実をすべて公開することによって大きな混乱が生じるため、差し当たりは公開しないほうが良いと判断しました。このため、こうした状況を生み出した人類自らが経済というパズルを少しずつ切り取りながら、無理なく適切に消化し、可能な限り迅速に害悪を正すことで、地球上に存在するその他ほとんどの社会上・モラル上の悪の根本原因を終わらせることを提言します。善意の人々よ、このチャレンジを受け入れてください！

7　オンブズマンをつうじて市民の不公平を早急に解決する

あらゆる国の裁判所は概して、多数の公判や調査を抱えており、多くのケースで迅速な司法の実現がほぼ不可能となっているため、法的救済が妨げられています。北欧諸国で採用されているオンブズマン制度は、こうした問題をはじめとする官僚主義的弊害の緩和に役立ちます。オンブズマンは、特定の任期のために任命される特別議会検査官です。オンブズマンは、公的活動または司法活動によって権利を侵害された市民から苦情を受理し、完全な調査権、および必要な場合は、直接の法的支援を要請する完全な権限を有します。

こうした苦情に対応する情報交換所的な役職は、市民と政府・自治体の間の調停を行うだけでなく、担当の公務員が不当な公的攻撃や上司による独断的行動にさらされることを防ぎます。

これは自由のための手段であり、司法という臼《うす》がゆっくりと削り取られている中で、専制と悲劇が幅をきかせないようにするための安全弁および直接行動の手段として、すべての国家および政府制度の枠組み内にある組織によって検討されるべきです。

8　国選弁護人制度をつうじた、法のもとの普遍的平等

いわれなき罪で処刑される人々の話はあらゆる誠実な裁判官や判事の良心を悩ませ、数多くの逸話のテーマにもなってきました。急激な人口拡大と都市の過密化により、たとえどれだけ慎重に真実という灰をふるいにかけても、人間という回路《チャネル》をつうじた正義の失敗という可能性は依然として高いままです。

誠実でありながら持たざる多くの人々の心を、貧困や先行きの不透明感が悩ませています。このため、国選弁護人制度の活用が広く導入され、評価される必要があります。被告の誠実な弁護や、法のもとで認められているあらゆる権利を被告のために確保することを目的とした、公的な弁護人の提供は、世界中の良識ある政府によって導入されるべきです。政府が提供するこうした機能は、すべての人に自由、生命、

幸福の権利を確保するための重要な試金石となります。

9　普遍的善意のキャッチフレーズ「私は同胞の守り手です」

最後となる9つめの提言は、各個人に向けたものです。特に、各自の規則や目的がより良い世界の創出への貢献と合致する個人や組織によって、広く検討されることを求めます。

あなたがたの人生は「現実」への扉です。しかし、その扉は誤解によってしばしば閉ざされた状態です。個人の理解と正しい理解の間に存在する障壁の大部分は、他者の考えや行動を模倣することに端を発します。賢明かつ観察力のある意思があれば、人間の思考や感情という灰をふるいにかけ、内なる価値によって受け入れるべき、不滅の概念という宝を抽出しようとするようになります。また、人々は習慣から、実際には間違っていることを多く学んできたことに気づかなければなりません。生まれながら持つ真の権利である高潔さを価値観に反映させるのであれば、これらを捨て去る必要があります。いずれ、人間の理解が及ばないほどに広大な世界が無限に存在することが、天文学によって明らかにされるでしょう。

現在のように三次元的世界で存在する人類は、今この瞬間の世界で自分自身をマスターし、何よりも、あらゆる形式の誤った支配の犠牲になることを防いでくれる感情の制御に努めなければなりません。自由の力によって、全世界はあらゆる誤った概念を克服し、多様な世界の中であらゆるものが調和する美の概念をひとりひとりの中で進化させ、互いに調和する社会を生み出すことでしょう。

あらゆる宗教が追い求める普遍的カギは、思いやりある愛の中に存在します。それは、他者の進歩を容認するだけでなく、それを促すのです。慈悲と自由の精神において、すべての人が同胞の守り手となりますように。

最後に

この報告の締めくくりに、この社会の右派的要素も左派的要素も、正統派も非正統派も、世界のすべての問題に対する解決策を有していないものの、その概念や教義が持つ側面は、人々を素晴らしき善や悟りへと導く希望を備えている、という点を強調したいと思います。

ただし、こうした希望を信じる心を人々が日々の生活の中で実践しない限り、希望を維持することは難しくなります。自分には教義や権威をつうじて世界の苦しみを解消することができると人や組織が考えることに、私は異議を唱えるつもりはありません。私は人間の意思に影響を与えることは好みませんが、全能なる神が自らの聖なる意思と至高の理解をすべての人々のマインドとハートにもたらすよう祈っています。

寛容な調和という糸の束があれば、永遠かつ普遍のワンネスを織り上げることが可能です。これを賢明かつこの瞬間に行うには、調和は達成可能であるという信念の必要性に気づくことが大切です。そのためにもまず、原理的な相違という現在の混乱から、適切な行動を呼び覚ます、明晰さへとつながる国際的善意を実現することが求められます。

一定の普遍的理解が顕現するその時まで、人類の切望を欺いたり、落胆させたりすることのない霊的な愛を、すべての生命の中で拡大させましょう。黄金時代の実現につながる普遍的理解を十分に地球上で誕生・再生させるために、神の思考ができることはわずかなのです。
我々は神の恩寵とともにあります。

エル・モリヤ

1963年4月9日

（メッセンジャー／マーク・L・プロフェット）

第26章「あなたがたは今、神とひとつです」

ダージリンのブラザーフッドより、ごきげんよう。今宵、この音楽が流れている間、私はあなたがたが心を注いでいる善意という永遠の炎であなたがたを包みます。そして、もうひとつ。善意の炎の中に現れる永遠の愛の素晴らしさをあなたがたにお伝えしたいと思います。

カルマという鞭は人類にとって最も辛いもののようです。そして、人々は絶えず、修正の必要性に抵抗しています。トマス・モア卿として生きた頃の私の性格に関して意見が述べられている間、私は静かに観察していました。親愛なる存在たちよ。現代において鞭打ちが必要だとは言いませんが、自己を正すことの大切さをあなたがたに伝えたいと思います。それはすべての人を神の子にするからです。永遠なる魂の意識の中に輝きを呼び覚ますようデザインされたスピリットの規律が、男性であれ、女性であれ、その聖なる表現の中で顕現することを私は支持します。

「あなたがたは神だ」とモーゼがイスラエルの民に宣言したように[1]、あなたがたは神に属するという意味においてだけでなく、あなたがたはその神聖なる存在において同じく神であると、私はあなたがたに言います。あなたがたは聖なる存在です。それ以外に生命を解釈することはできません。そして、あなたがたのハートのつぶやきに耳を傾けながら、私はあなたがたの生命の躍動を感じます。そして、その鼓動の中から神聖なる愛が今宵私へと注がれているのを感じます。恐らく、私の厳しさもあなたがたにとってはさほど不快ではないのでしょう。そして、あなたがたが真理を真理として受け入れ、神を神として愛し、讃え、誠実な人間であることを選択していることを感じます。

霊的誠実さという輝く光を授けます

親愛なる存在たちよ。人類は友を得て、他者に影響を与えたいという欲求から、人の助言を求めてきました。しかし同時に、平等な目で記録を検討し、数多の人々の存在を照らしてきた、尽きることのない宇宙の光のために各人が行ってきた奉仕の特性をその中に見いだすことのできる、天上の友人を得ることもできたはずです。現在、人々はしばしば尊大な気持ちを抱いています。しかし、天上の領域ではそれは彼らに恩恵をもたらしません。聖なる者は人間的な観点でとらえられるものではありません。人間が別の人間から恩恵を得ようとするように、神に対して恩恵を求める必要などないのです。神聖なる恩恵は、神の心地よき意思を、あなたがた自らの輝くライフストリームとして受け入れることで与えられます。

さあ、親愛なる存在たちよ。真理という明白で神聖なる名のもとに、それ以外のことはありうるのでしょうか。今朝、光の女神があなたがたに語ったように、透明なプリズムがあなたがたに示される時、それはただ純粋な光線を構成する補色に分割されるでしょう。親愛なる存在たちよ。人類の神に示すことができるのは真理のみです。神は真理そのものだからです。人間の認識という眼鏡を通して起こる歪みは、ライフストリームに混乱を生じさせ、自ら正しい道を見いだすことなく誤った道へと導くだけです。

正しい道とは、実は易しい道なのです。私たちにとって、それは常に善意が具現化し続ける、最も易しい道です。善意というテストに合格しないものは、受け入れないでください。もし、それまでずっと大切にしてきた概念の中に、善意を見いだせないのなら、それは人間的な要素です。受け入れる必要はありません。


ある要素をあなたが表現したり、吟味したりする時、そこに神や人類への偉大なる愛が感じられるなら、あなたが正しい方向に進んでいるという印です。

欺く必要性を頻繁に感じる、偽善が横行する現代において、私は霊的誠実さという光り輝く光をあなたがたに授けます。私は、この活動や他のどの活動においても、学びの徒を欺こうとしたことはありません。私はこれまで、どのような相手に対しても、恐れることなく、恩恵を求めることなく語ってきました。その代わり、私は彼らに対して、それぞれのキリスト意識の達成、勝利の顕現、人類への奉仕へと彼らを導くであろう、特質を表現してきました。わが同胞たちも、同じようにしてきました。私たちの言葉によく耳を傾けていたら、私たちが皆、存在という永遠なる真理についてあなたがたにひらめきを与えるよう努めてきたことに、気づくでしょう。

世界の問題の解決が私たちの願い

ダージリン評議会の長として、私は今宵、ここワシントンで生み出された力場にわがエネルギーを授けます。この行為が自由のため、そして、全人類のために自由の手段を生み出すためのものであることを、あなたがたは理解するでしょう。

現在、世界は争いと混乱の状態にあります。政界や宗教界において、深刻な緊張状態が数多く存在します。一部の地域では恐れが蔓延しています。これは、人類が自らの源を忘れてしまったからです。こうした恐れを軽減し、緊張状態を解き、こうしたあらゆる問題を正し、解決することが私たちの願いです。

多くの場合、私たちは各国指導者らの聖なるキリスト自己の協力を取り付けています。その中で、こうした指導者らはダージリンにある私たちのアシュラムに連れていかれ、真理と正義の名において政府運営するための特別なコースを受けています。しかし、彼らは肉体に戻った後は、内なるレベルでここダージリンの兄弟たちから得た指示や提案を必ずしも実行してはいません。残念なことに、学びの徒の中にも同様の人たちがいます。そのため、無気力の状態が続いているのです。

強く、そして具体的に求めてください

政府のさまざまな事柄は、しばしば膠着状態にあります。例えば、これまで政治というフィールドでサッカーボールのようにパスされてきた核実験禁止の問題があります。地球の人類の目には、誰も核実験の禁

止を求めていないように映ります。それでも、学びの徒の求めにより、彼らは核実験禁止の会議の開催を止めることは許されないのです。なぜなら、学びの徒らが核実験禁止を求め、偉大なる法則がそれに応えたからです。解決策が見えない現状において、核実験禁止会議が開催され続けている理由を理解している人はいません。しかし、親愛なる存在たちよ。あなたがたの求めに効果があることを忘れてはいけません。しかし、問題はなぜ解決策がまだ訪れていないかという点です。

皆さん。求めの強さや具体性が十分でないという事実について、考えたことはありますか。勢いが十分高まっていないのだということを、考えたことはありますか。私がこのことを示唆するのは、核実験禁止は、効果的かつ適切に行えば、アトランティスをはじめとする都市でかつて起こった、原子力の乱用による破壊や混乱を回避できる正しい方法だからなのです。

あなたがたに助言を与えなければなりません

人類は現在、アカシャに記録されている壮大な歴史に気づいていません。いにしえの時代に滅んだ文明や文化は、現在の歴史家や世界にとって貴重な、数々の素晴らしい歴史的助言を自分たちの記録の中に保存してきました。残念なことに、歴史の連続性はさまざまな激変によって絶たれています。あなたがたも聞いたことがあるかもしれませんが、グランドティトンの記録室には、こうした古代の記録が黄金のページに現在も記されています。しかし、親愛なる存在たちよ。現在、世間一般の人は身体を離れて、親愛なるレトの指示に沿って記録室へと移動することができず、たとえ記録を手渡されたとしても、それを読むことができません。だからこそ、あなたがたの光の友人である私たちが、あなたがたが肩に羽織っているケープを見つけるのです。そして、あなたがたが学びの徒としてこの惑星の神聖なる計画の実行するヒエラルキーを支援できるよう、助言や情報をあなたがたに提供しなければならないのです。

人類はしばしば、世界情勢に困惑しています。しかし、世界情勢を自分たちの手が及ばないものとして考えるのはもはや止めにしましょう。あなたがたには、この地球のために自らの権限を行使する権利があります。しかし、親愛なる存在たちよ。この地球にはあなたがたのように考えない人たちも数多く存在することを覚えておいてください。彼らは平和にも善意にも関心がありません。なぜなら、彼らは戦争の術、欲の術、混乱の術を教えられており、人類の思考の錯乱を意図的に助長するからです。彼らは地球の数多の人々を欺き、自分たちの都合の良いように人々を操作できるよう、意図的にそのような嘘を作り出します。これは神の意思ではありません。故に、彼らは自らの蒔《ま》いた種を刈り取る時が来るでしょう。しかし、親愛なる存在たちよ。彼らが何を刈り取るかをあなたがたが心配する必要はありません。

感情という世界において慎重さを行使しましょう

学びの徒らが心霊的力の罠にはまったり、世界情勢に気持ちを乱されたりすることがあまりにも多く見られます。世界情勢に怒りを抱くことで、彼らはその状況を正す代わりに、怒りのエネルギーをその状況に注いでいるのです。すると、邪悪な勢力がそのエネルギーをとらえ、アメリカ軍兵士の多くが、自国が他国に販売した鋼《はがね》によって殺されたのと同じように、そのエネルギーを彼らに向けるのです。人々の心に湧き上がる義憤はしばしば、結局はその人たちに帰ってきます。だからこそ、親愛なる光の学び手たちよ。感情という世界において慎重さを行使するようにしてください。

人類が自然に感じ取っている、こうした波動的作用をかわす方法があります。欲深い人々、金の亡者等、人間の意識を操る人々によって生み出された困難な状況を認識した時、あなたがたがある種の怒りに襲われるのは無理のないことです。それでも、それが自分には関係ない行動であることを心に留め、彼らは自分自身のことにしか関心がなく、無知の中に存在するのだということを忘れないでください。底知れぬ無知の中で、彼らはこうしたネガティブな概念を解き放ち、そうした概念や、自らのエネルギー、そして、精神的屈服、催眠、黒魔術といった服従の力によって従属化した数多の人々のエネルギーをつうじて、物理的世界を操っているのです。

親愛なる存在たちよ。私たちはそのような状態を終わらせることを望んでいます。そして、この部屋にいるあなたがた学びの徒には、社会をあまりに長きにわたり苦しめてきた、こうした政治的不平等を一掃するために、私たちを支援する力があります。そのことに気づいてください。ひとつできることは、見聞きすることに対して怒るのではなく、問題を認識することです。そして、その不平等は正す必要があるという単純な視点から、バイオレットフレーム★と自分自身の求めの力により、こうした蝕まれた状況を、外科医が行うように切除するのです。

神聖なる愛から来る行為

あなたがたがキリスト自己から来る決意とともに、両替人を神殿から一掃する決意を持った時、[2]それを愛の行動としてなさなければならないことに気づくでしょう。この講話の前に私がこの部屋に注ぎ込んだ神聖なる愛は、無限の光の力です。そして、光は強さを増していきます。そのような偉大な光に対して人類は立ち向かうことはできません。このため、人類は偉大なる宇宙の法則の作用により、惑星のスピリチュアル・ボディの指示に従うよう強いられるのです。法則が悪用されれば、そのエネルギーは学びの徒自身に対して跳ね返り、光に対して奉仕することは一切ありません。親愛なる学びの徒たちよ。こうした理由からも、望ましくない状況に抵抗する時は、自分の思考に注意を払ってください。

法則の作用を観察してください。第一光線を司る存在として申し上げます。法則の作用を観察し、キリストによるものではない状況があればそれに気づいてください。そして、内なるアイ・アム・プレゼンスの法則に呼びかけ、その状況に対処するようプレゼンスに求めましょう。ただし、この呼びかけは真摯に行わなければなりません。正したいと願う特定の状況に敵《かな》う、力強い呼びかけが必要です。そして、人間の感情が意識に入り込み、一見善き行いに映ることを行うよう駆り立てようとしても、一瞬たりともそれを許してはなりません。なぜなら、正そうとする行為の中に人間の怒りが用いられたなら、それは善き行いではないからです。

サン＝ジェルマンやその他のヒエラルキーが霊的勢力と光の戦線をもって、何世紀にもわたって人類を高次の自己の奉仕者や息子としてではなく、最悪の従属下に置き続けてきた破壊的で無秩序の勢力を軍事的に攻撃する準備を進めているとは言え、学びの徒のあなたがたなら、この微妙な違いを理解し、私がこのことを指摘した理由を理解するでしょう。

立ち上がり、行動しましょう

親愛なる存在たちよ。私が真心からこのことを話していることを感じてくれていることでしょう。なぜなら、私の光線の中には霊的な正義と全体性があるからです。私を「父モリヤ」と呼ぶほどに慕ってくれているあなたがたが、ダージリンにある私たちの光の神殿を訪れる時、私はいつもより力を込めてあなたがたの肩に右手を置くでしょう。人生というスクリーンに映る幽霊のように何もせず通り過ぎるのではなく、立ち上がり行動するあなたがたの率直さに、私は大きな愛情を感じているからです。あなたがたの中には、テレビ番組で幽霊を見たことがあるでしょう。しかし、実際の幽霊は、人間のホラーストーリーほど効果的な現れ方はしません。

親愛なる存在たちよ。私はホラーストーリーに興味があるのではありません。私が興味を持っているのは、神のキリスト意識の輝きが地上に顕現する、無限の美の物語です。その輝きは常に宇宙の法則に沿った、健全で調和的なものです。この法則の作用において、奇妙な顕現というものはありません。公正さにおいて、奇妙な顕現というものはありません。人類は長きにわたり不正の中で生き続けてきたあまり、公正さを目撃してもそれに気づくことができないだけなのです。

キリストへの専心に努めましょう

親愛なる存在たちよ。ヒエラルキーが永遠の生命のトランペットとともに、神を愛する人々を聖なる奉仕に召集する時が訪れました。霊的達成というこの活動により、人類は長年の不協和を振り払い、この惑星を勝利へと高めることでしょう。

このカリ・ユガの時代[3]にそれが未だ起こっていないからという理由で、光がヴェールを割《さ》き、人類が長きにわたり求めてきたものをもたらすことはないだろう、とあなたがたは考えていますか。親愛なる存在たちよ。もし誰かが人生というスクリーンを卒業したら、この惑星上での永遠性が途切れると考えていますか。ひとりが人生のスクリーンから外れたからといって、生命の進歩はそこでストップすることはありません。

あなたがたひとりひとりが大切な存在です。有限の存在としてあなたがたが具現化する前から、生命は存在していました。そして、あなたがたが人生というスクリーンから旅立ったり、アセンションを遂げたりしてからも、生命は続きます。大切なのは、あなたがたが肉体をまとって具現化する時から肉体を去るまでの間です。闇雲に何でもやるのではなく、公正さ、純粋性、神の王国という目的のために、光という聖なる名において前進できるよう、あふれ出る聖なる英知や啓蒙に専念することで、キリストへの専心を行いましょう。

錬金術的結婚が神の王国への扉を開く

親愛なる存在たちよ。たった今、サン＝ジェルマンがこの部屋にやってきて、神の王国について一言話すよう、私に言いました。人々はずっと、おとぎ話のように王子様やお姫様が現れ、社交界へと自分を連れていってくれるのを願ってきました。しかし、霊的な結婚、つまり高次の自己との錬金術的結婚こそが、神の王国への扉を開いてくれるのです。人はそれぞれ、自分自身の広大な神性とのつながりを感じることで、それまで人生で経験したことのないサポートを受け取るようになります。

親愛なる存在たちよ。私がこのことを述べるのは不思議な感じがするかもしれませんね。

しかし、聖なる統合、人と神との神秘的結婚は、神聖かつ他には代えがたい絆です。霊的司祭としての立場は、このステップを踏む意思のある、自らを光に捧げるすべての人に開かれています。そして、これは犠牲ではありません。なぜなら、人がなし得る最大の犠牲とは、天国の王国へと足を踏み入れる機会をないがしろにして、スープを飲み、自分の生まれながらの特権を嫌悪する[4]ことで、その場しのぎの行動をすることです。長年にわたり、人類はそのようにしてきました。私たちは、そのような人たちを、非難めいて見つめることはありません。批判的に見つめることもありません。ただ、思いやりをもって見つめるだけです。

わがコーザル・ボディからあなたがたに祝福を与えます

今宵、もし私が厳格に見えるなら、それは愛から来る厳しさです。今宵、私の中には、それまで私があなたがたに対して行ってきた講話で発してきたどんな愛よりも強烈な愛があります。どれだけの人々が苦労して山肌を昇り、旅の中であざや怪我を負ったかを考える時、私の心は慈悲で一杯になります。今宵、私があなたがたに与えられるのは祝福だけです。

そして、わが偉大なるコーザル・ボディに呼びかけます。私が獲得した光の推進力――神より賜った素晴らしきエッセンス――に呼びかけます。そして、あなたがたひとりひとりにそのギフトの一部を授けるよう、神の聖なる名において祈ります。わがコーザル・ボディにあるダイヤモンド色に輝く光線を、わが愛の波動に呼応する、ここにいるすべての人々のハートに置いてください。今宵、私からあなたがたへ贈るこのギフトが――あなたがたが魂で慈しむ永遠の素晴らしき宝石が――あなたがたがこの領域の岸から宇宙の光へと旅立つその日まで、勢いを高め続けることを祈ります。

あなたがたがこれを単なる人間の想像として片付けないことを祈ります。今宵、あなたがたがエル・モリヤと呼ぶ存在が、神の意思とともにあなたがたの足を清める子としてあなたがたのもとを訪れ、数多くの転生をつうじて神から授けられ、私自身のアセンションを支えてくれた、永遠に感謝すべき、素晴らしき神の愛を、あなたがたひとりひとりに授けるためにやってきたことを理解してくれますように。

この聖なるイースターの季節に、あなたがたの意識、スピリットが満たされ、思考が純粋になるあまり、あなたがたが天使的要素を備えた身体となり、永遠なる霊的存在があなたがたの中へと降り立ち、あなたがたが世界の中に生けるキリストのプレゼンスを見ますように。

そして、キリストの身体と本質を自分の存在の中で体現してください。彼の生命の潮流をあなたがたの中に取り入れてください。ダージリンで、それは偉大なる川のように常に流れています。グレートホワイトブラザーフッドのすべてのアシュラムで流れています。その神の栄光はここにある百合の花々にも、キリスト意識の理想にも反映されています。それは騎士道を象徴する真の花であり、サン＝ジェルマンが放つ、あらゆる高貴さでもあります。

自分自身の聖なるプレゼンスとの統合

親愛なるサン＝ジェルマンよ。自由を愛するわが兄弟よ。今宵、お元気ですか。あなたは光り輝く白い衣をまとい、自らの聖なるプレゼンスとの統合を望む、親愛なる人々に、大きな愛を注ぐためにやってきてくれました。
さあ、親愛なる存在たちよ。あらゆる生命を包み込む、この偉大な聖なるプレゼンスを受け入れてくれますか。［観客が「受け入れます」と答える。］「受け入れます」と答えた人は、あなたがた自身の偉大なるアイ・アム・プレゼンスの指示を尊重し、従いますか。「受け入れます」と答えてください。［観客が「受け入れます」と答える。］
あなたがたは今、神とひとつです。自由のハートとひとつです。そうあらしめよ。永遠なる領域の星の輝きの中に立つその日まで。そうあらしめよ。地球が自由になるその日まで。そうあらしめよ。ゴータマ・

ブッダが最高位に高められ、世界の主としての職を手放すその日まで。そうあらしめよ。サナート・クマラのケープと金星が、地球の姉妹星とされる金星の祝福でこの惑星を照らすその日まで。そうあらしめよ。地球がアセンションを遂げるその日まで。なぜなら、神はひとつです。永遠性のしずくが今この瞬間も存在します。いかなる時も、そのしずくを讃えましょう。それらはあなたがたの生命です。

ダイヤモンドハートの兄弟たちよ。善の熱き魂たちよ。全人類の世界を燃え盛る十字架で満たしてください。あなたに忠誠を誓うためにやってくる、神聖なる者たちを祝福してください。彼らを高め、あなたの生命への忠誠に捧げてください。ひとりひとりに永遠の平安とグレースがもたらされますように。ありがとうございました。

ダージリンでお会いする日まで、さようなら。

1963年4月13日(土)夜
ワシントンDC
(メッセンジャー/マーク・L・プロフェット)

第27章　神の栄光のための政府

私はあなたの神、主であって、あなたをエジプトの地、奴隷の家から自由の約束の地へと導き出した者である。[1]

親愛なる存在たちよ。人類が辿ってきた物語は私たちの領域から見ても驚嘆することばかりです。私たちは、自らを鎖に縛り付ける人々の苦境に同情を抱く時があります。同時に、自ら課した鎖から人類が自由になり、より良き日を望みながら、自由あふれる光のもとに立ち上がろうとする人々を支援する解放者たちを讃え、祝福します。

今朝、私は人類が過去の混乱から抜け出し、法と秩序の道を見いだそうと長きにわたり奮闘してきたことを思い出していただくためにやってきました。人類の奮闘は史学者らによってしっかりと記録されています。そして、あなたがたが記録の仕組みを詳しく知りたいと思えば、知ることも可能です。しかし、大まかに知るべき歴史の事柄はどんな児童も知るところです。それでも、人類はあまりに明白な教訓すらも習得していません。

親愛なる存在たちよ。法と秩序は神によってもたらされ、それらは人民の、人民による、人民のための政府として各国において顕現するよう意図されています。[2]政府は神の栄光と人類の祝福のため、人類とその事柄に関する秩序を維持することを目的に創られています。

親愛なる存在たちよ。神の法則を破り、軽視するたび、人は当然ながらカルマの法則を発動させることとなり、法則が確実に実行される時まで、絶対的な正義の力として[3]作用し続けることでしょう。人類は抵抗するかもしれません。法則を撤回しようとしたり、無視しようとしたりするかもしれません。しかし、彼らにそのようなことはできないのです。彼らは法則という石につまずき、傷つく以外ないのです。[4]しかし、こうなることは宇宙の意思ではありません。

非常に穏やかな道というものが人類にとって存在します。それは柔軟で、人間の個性に沿い、偉大なる法則がそれを許す道です。すなわち、あてがわれた定めを突破しようと希望で打ち震える人たちのハートに合わせて法則という鋼が調質されるのです。

親愛なる存在たちよ。あてがわれた定めとは、自ら課したもので、神聖な定めではありません。なぜなら、人類は自ら望んだ道を選択してきたからです。その道が聖なる模様に沿っているか否かについては、別の機会に改めてお話ししたいと思います。今、私が関心を持つのは、世界の政府と人類に求められている役割を理解してもらうことです。

法則は神の行為です

親愛なる存在たちよ。素晴らしき師である、親愛なるイエスとクートフーミが最新の『パールズ・オブ・ウィズダム』★の中で、政府について素晴らしい見解を述べてくれています。このため、今週の『パールズ・オブ・ウィズダム』[5]を熟読し、地球全体を包んでいる偉大なる神の法則に関する必要な指示をぜひ受け取ってください。

法則を尊重するよう努めてください。なぜなら、法則は神の行為です。親愛なる存在たちよ。自由が必要です。自由とは法則を破る自由ではありません。

自由とはその素晴らしき教えに沿って歩くことです。現在の世界の政府は、そのように自らを律しなければなりません。

人類はどの声に耳を傾けるのでしょうか

親愛なる存在たちよ。今こそ立ち止まり、考えてみましょう。人には自らの法を変えるだけの力がどれだけあるのでしょう。それは非常に小さなものに見えます。だからこそ、各自が数多の人々のマインドと一致して取り組むことで、人民全体の要求となります。それは一見そうだと思えるほどささやかなことでも、大きなことでもありません。

人々のハートにはバランスが必要です。この世界には、狡猾で、人々のハートをがんじがらめにする特質を具現化する、影響力が作用していることを理解しなければなりません。同時に、こうした勢力とともに神の声、神の愛、そして神の英知があります。問題は、どの声に人類が耳を傾けるかということです。人々は時に、混乱と自己愛の欠如の中、より良い生き方があると伝える不協和な声に気を取られることがあります。しかし、そのような生き方は法則に一致していません。

親愛なる存在たちよ。こうした声は人類の間で広く聞かれてきました。しかし、こうした声が真理を語ったことはありません。そして、こうした声に従った者たちは、人間の意見という墓の中に自ら入ります。彼らは意見ではなく法則が作用している超越的光の領域へと到達していないのです。

心優しき皆さん。現在の世界情勢は、光の子どもたちのとてつもない努力にかかわらず、あまり改善していません。

それでも、これまであなたがたによる奉仕が闇の大群に対する光の壁として介入・仲裁することがなければ、状況は今より恐ろしいことになっていたでしょう。学びの徒らによる介入や、私たちの求めに対する応えにより、なんとか現状が維持されています。そして、わずかながら進展も見られます。こうした進展は表面では見えにくいものです。そして、人間の意見と不協和という火山が荒れ狂いながら噴火し始め、人々の心が恐怖で震え始めても[6]、天上の純粋さ、徳、聖なる法則は何ら変わることなく存在していることを、人々に気づかせましょう。

不協和の中に利益はありません

当然ながら、善き羊飼いは迷子になった一頭の羊を探して野に出ていきます。[7] そして、人類に向かって歩み出て、彼らが無益な試みに費やしてきた貴重なエネルギーを取り戻す方法を示そうと試みるのが、アセンデッドマスターや私たちの同胞らの特権でもあります。例えば、不協和によって得をした個人や国家はこれまで存在しません。逆に、すべての国家や人は不協和によってひどく苦しめられてきました。

「人が見て自ら正しいとする道でも、その終りはついに死に至る道となるものがある」[8] といにしえの預言者らが言ったように、人類は時に、戦いや不協和という圧力を行使することで、何らかの善を自らのライフストリームにもたらすことができると考えます。親愛なる存在たちよ。邪悪な手段から善を生み出すことはできません。人の世界において、邪悪な理由によって善が顕現するように見える時、それは長くは続かず、宇宙の法則により消滅します。熱いストーブの上に落ちる雫のように、「決定的な証拠」を残した次の瞬間には消えてしまいます。これが、不協和のエネルギーの在り方です。中には、不正な手段で長期間にわたって利益を得ているように見える人もいるかもしれません。しかし、私たちの目には、その期間は一瞬でしかなく、パッと燃えて無くなってしまいます。

人の心に存在する善を増幅させましょう

永遠なる価値は持続します。学びの徒であればきっと、ジョージ・ワシントンをはじめ、この偉大な国アメリカやその他の国の初期を率いた人々の心に顕現した、尊き特質を認識しているでしょう。彼らは歴史の中に生きており、すべての善行は永遠の価値というスクリーン上で生き続けます。しかし、悪しき行為や不協和の行為はやがて廃《すた》れ、存在しなくなります。なぜなら、こうしたものが新しい天国や世界では存在しないよう、神は意図しているからです[9]。新しい世界は、人類が現在創造する闇を超えて存在しなければなりません。

人間の創造は、ある部分においては、神聖なる計画に似ています。私がこう言うのは、学びの徒の中には、今ここに存在するすべて、外面化されているものすべてが人間的であるが故に、一切の神性がないと感じる人がいるように思われるからです。これは全く真実ではなく、大きな曲解です。人の心には、たくさんの善が存在します。これまで人類によってたくさんの善が外面化されてきました。そして、世界の中心やその人々のハートには豊かな善が顕現しています。宗教においても政治においても、すべてが悪であるということは決してありません。だからこそ、学びの徒らには、世界は悲しみの淵にある有害な場所だと考えたり、そのような考えを受け入れたりしないでほしいのです。なぜなら、人は日々起こっている善を見つめることで、たとえ圧倒的な人間の邪悪さに直面しても、善を表現してきた勇敢な人々のハートの中にある善を拡大させることができるからです。

親愛なる存在たちよ。もうひとつ皆さんに伝えたいことがあります。それは、善の源は人間による人類の創世ではなく、神の意思であり、神の創造であり、神の炎であり、人々のハートの中に顕現した神の愛であるということです。あなたの父と母を敬いましょう。これは、あなたの神、主が賜わる地で、あなたが長く生きるため[10]、そして、自らの運命の手綱を持ち、今朝私たちがあなたがたと共有したようなアセンデッドマスターの愛の状態に到達するためです。

自分自身が法律であるかのように振る舞う人々のために祈りましょう

もし私たちが人間の身体をまとい、人類が現在抱くような思考を抱いたなら、私たちは自分ではなく人類を思って震えるでしょう。苦難への道を歩むキリストを思い、悲しみのあまり、泣きながらキリストに語りかけた女性をあなたがたは思い出すでしょう。親愛なる存在たちよ。キリストが彼女に言った「私のために泣くな。むしろ、あなたがた自身のため、また自分の子どもたちのために泣くがよい」[11]という言葉を思い出してください。

これこそが、今朝私が伝えたいことです。天の主、アセンデッドマスター、そして、自らの勝利へ続く道を歩き出した、祝福されたライフストリームのために泣かないでください。そうではなく、自らの誤ったやり方により、宇宙には正義がないように感じている人々や、天の法則を否定し、無視し、好きなように生きても、一切の罰や、偉大なる法則の作用を受けないで済むと感じている人々のために泣いてください。彼らは自分自身が法律であるかのように感じているようです。親愛なる存在たちよ。彼らのために涙を流し、祈りましょう。天へ向かって歩く人たちよりはるかに、彼らにはそれが必要です。

同時に、地球の霊的重荷を背負っている人々や、人類が自由を見いだせるようにするための光の活動の先陣に立つ人々のためにも祈りましょう。

この指示の非言語的な要素を受け取ってください

今日は終日、内なる統治という偉大な法則について、あなたがたのハートとマインドに語りかけたいと思います。今朝、こうしてあなたがたにお話しできて光栄です。その中で、私は謎めいた言葉を使う時と、逆に非常に明快な表現を使う時がありました。これはあえてそうしているのです。なぜなら、学びの徒であるあなたがたに私たちの言葉にしっかりと耳を傾けていただきたいと強く思っているからです。私たちが話す時は、私たちの指示と同じくらい、私たちの言葉が放つ光のカップの輝きを十分に受け取っていただきたいのです。

したがって、この講話が始まってから今この瞬間まで、偉大な法則に関するアセンデッドマスターによる霊的な指導の放出という、言葉を使わない波動による作用がありました。これは、私があなたがたのエーテル体に浸透し、そこに留まることを許可したためです。そうして、今日あなたがたは内なる偉大なアイ・アム・プレゼンスについて瞑想することで、この指示の非言語的な要素を受け取り、この天上からのメッセージに関わる者となり、霊的真実を自ら引き出すことができるようになります。

親愛なる存在たちよ。あなたがた自身のために、そして霊的祝福として、これを持ち続けてください。私がお話ししたことをすべて理解できないとしても、または、私がいわゆる静寂の中で語ったことの一部分しか理解できないとしても、それについて一切感情を抱かないでください。あなたがたの素晴らしき意識という脱穀場で、落ちてくる穀物の恵みを感謝とともに受け取ってください。それらを磨き、活かし、自らの世界でどう拡大するかを観察してください。

今日、私は神の意思のダージリン評議会の関心と愛とともにあなたがたのもとにやってきました。私たちの指示と愛をあなたがたにもたらすことは喜びです。私たちの努力は必ずや実を結ぶでしょう。神の意思の名において、今日があなたがたにとって平和な一日でありますように。ありがとうございました。良き午後を。

1963年5月5日
ワシントンDC
（メッセンジャー／マーク・L・プロフェット）

第28章 神の家は人々の間にまだ建ってはいません

……※ここダージリンの素晴らしき評議会場から、世界を光と希望で満たすためです。人間の運命は今、神のハートから発せられ、完全な存在たちの愛によって保たれている、善という神聖なる概念により導かれながら、アセンデッドマスターのグレースのすべての行為の中で発せられ、光の力、そして、この至高の平穏という力で世界を満たします。

神聖なる平穏の名において、平和の王子の名において、美しきものの名において言います。私たちの素晴らしき行為から生まれる、こうした生命の特質を永遠にとらえましょう。

ある意味、あなたがた自身があなたがたの行為そのものであることに、気づいたことはありますか。「使徒言行録」はあなたがたの新約聖書に収められている書です。そこには、人間の愛に満ちた奉仕が記されています。素晴らしき存在たちよ。これからは、神聖なる運命と現実の力に導かれて日々を過ごしながら、自分の行為こそが自分の人生であることに気づいてください。あなたがたの行為は、実際のところ、浪費なのです。それに対して返ってくる結果をあなたがたは日々受け取っているのです。

※録音では口述の冒頭の言葉が記録されていませんでした。

あなたがたは蒔いた種を刈り取ります

親愛なる存在たちよ。私の言葉の意味について考えてみてください。私は、結果が日々あなたがたに返ってくるといいました。人は自分の蒔いたものを、刈り取ることになるのです。[1] しかし、人類は、宇宙の正義という車輪の回転が遅いため、今日の行為が明日刈り取るべきカルマになるということを忘れてしまう時があります。そして、悲しみを感じている時は、自分が悲しみという種を現実に蒔いていたことを忘れているのです。

光の素晴らしき存在たちよ。あなたがたは私の厳しい姿勢について思いを巡らせたことでしょう。しかし、もしあなたがたが偉大なる法則の厳格さが愛から来る行為であることを理解していたならば、愛を基準に行動しているでしょうし、私たちと同じ状態で暮らしていることでしょう。このため、人々があらゆる誤った行為の結果を逃れ、美と慈悲の行為によって置き換えられるよう、神聖なる愛と慈悲の絆で私たちを満たすことで、光の力、祝福の力、そして神の意思の力によって私たちは法を宣言します。こうすることで、不完全な悔悟を手放すのです。

今は休息する時ではありません

素晴らしき存在たちよ。あなたがたが神の意思を行う時、あなたがたの中を流れる、愛に溢れる光の輝きを感じてください。その時、私はあなたがたのすぐそばに居ます。**私の祝福と正式な出版許可が授けられた、最新の回勅の発行をお祝い申し上げます。**[2]素晴らしき存在たちよ。今宵私は、若者が提案したように、現世的な方法ではなく、霊的な方法であなたがたとお祝いするためにここにやってきました。霊的祝宴は、あなたがたの魂にとってはるかに素晴らしい、かけがえのない宝となります。一時的にごちそうを楽しむよりもはるかに長く永遠にわたって、それを楽しむことができるでしょう。

素晴らしき光の存在たちよ。あなたがたを私の愛と感謝で包み込みます。そして、今はオールや月桂樹に身体を預けて休息する時ではないと申し上げたいのです。今こそ、これまで達成された課題が放つ光から改めて力を得て、これまで行ったどんな行為よりも多くの崇高な行為を行うと決意する時です。

過去という序章の基礎はあるかもしれません。しかし、神の家は人々の間にまだ建ってはいません。自らの奉仕によって神の家を立てられるかは、使徒たちにかかっています。私たちは建材を供給します。私たちは神の計画というデザインを供給します。私たちは愛、輝き、励ましを供給します。私たちは家が建つ様子を見守ります。私たちは作業に誤りがあれば警告し、家が一方向に傾くことなく、天の純粋な高みへと真っすぐに昇るよう、真理と正義という測鉛線〔水深を測る鋼〕の使い方を指導します。

しかし、素晴らしき存在たちよ。啓蒙の石、真理・献身・精進の炎を手に取り、それらを祭壇に置くのは、あなたがた、そしてすべての人々です。多くの人々のハート、マインド、そして真理の中で高められた聖なる手によって、家――霊的な殿堂、霊的な邸宅、主の神殿、ソロモンの館、光の館、真実の館、純粋さの館――が建ち上げられるでしょう。

神聖なる意思に沿って建てなさい

旧神殿を建てた時、私は熟練の石職人と呼ばれたこともあります。今日、私は改めてあなたがたに伝えるためにやってきました。神聖なる意思に沿って建てましょう。そうすれば、すべてはうまくいきます。人間の意思に沿って建てれば、すべてが崩壊します。これで旧神殿が崩壊した理由がお分かりでしょう。素晴らしき存在たちよ。真理の美しさと純粋さに気づいてください。そして、天に向かって高くそびえるダージリンの松の力強さを十分に浴びてください。その香りは霊的に感じられる祝福です――私たちの愛と癒しを込めた祝福です。

これから私は、私の仕事を待っている他の場所へと向かいます。私の使命に終わりはありません。まだまだあなたがたとたくさんお話しして、素晴らしいことをお伝えできればいいのですが、現在も肉体の中に存在するあなたがたには知らされていない形で私の言葉や慰めを必要とする存在が数多くいるのです。いつか、すべてが明かされ、あなたがたが驚嘆する日が来るでしょう。

最後に、この世界が有する知識は、聖霊の偉大なる霊的力と神の偉大なる英知の前では、ひとつまみの埃《ほこり》にすぎないということをお伝えします。このはかなき埃が天の風によって散らされた時、その後には全知が降り立つでしょう。あなたがたに感謝します。ダージリンのブラザーフッドより、感謝申し上げます。

良き夜を。

1963年6月5日（水）夜
バージニア州ホーリーツリーハウスフェアファックス
（メッセンジャー／マーク・L・プロフェット）

第29章　生きる神殿

このプログラムで予定されていたことではありませんが、私たちはダージリンから使徒らへ光と愛を送ります。親愛なる存在たちよ。神の名において、心からあなたがたを歓迎します。

いにしえのレバノンの香柏《こうはく》（レバノン杉）のように[1]、神聖な献身を続ける使徒らの魂は生きる神殿として、天を向く人々の森で在り続けます。あなたがたは星々に手が届くでしょう。あなたがたは、夜空を突き抜けて天界へ到達する真の誘導ミサイルです。人類はあなたがたが夜空に残した痕跡によって導かれるでしょう。

今宵、あなたがた自身の内なる偉大な神のプレゼンスの保護と、聖なる羊飼いとしてあなたがたが眠っている間も守ってくれる聖なるキリスト自己へと、あなたがたをゆだねます。本当のあなたがたを守る者はまどろむこともなく、眠ることもありません。[2]

素晴らしき存在たちよ。この集いは私たちの存在によって祝福されています。あなたがたが回勅を読んでくださったことにとても感謝しています。回勅は今、あなたがたの手の中にあると同時に、その大部分を管理している偉大なる宇宙の主の保護下にあります。それは天使のパンとして、人々のさまざまな苦難に霊的解決をもたらしてくれます。あなたがたがこの聖体を摂り込み、その巻物のページに記された偉大なる霊的プレゼンスによって活かされることが私の願いです。

あなたがたに感謝します。ダージリンの神殿にあなたがたを歓迎します。ここで私たちの歓迎をぜひ受け取ってください。

釣り香炉の甘い香が満ちる中、天界で揺れる神のランプから放たれる永遠のプレゼンスがあなたがたを包み込み、そして、溢れだす愛の波が、それより劣る何ものもあなたがたの中に顕現しないほどに、あなたがたを囲みますように。この訓戒を心に留めておくことで、幸福の中で生きることができるでしょう。

あなたがたに感謝します。

1963年7月6日（土）午後8時
ワシントンDC
（メッセンジャー／マーク・L・プロフェット）

第30章　神以外の原動力は存在しません！

永遠の自由を手にした心からの友たちよ。今日、私は神の慈悲のもと、第一光線の輝く力――行動する意思――をあなたがたの中心にもたらすためにやってきました。

長きにわたり、人類は数々の危険な道筋を辿ってきました。しかし、天の慈悲はこれまで、人類が助けを必要とする時には必ず手を差し伸べてきました。今日こうしてあなたがたに語りかけながら、先日あなたがたのもとに届けられた回勅に記された私の言葉について改めて触れたいと思います。

素晴らしき親愛なる存在たちよ。偉大なる光が放射されると、当然ながら光の対極が発生します。このため、人類は、何世紀にもわたる抵抗により、コンクリートのように硬いハートと花崗岩のように硬い存在の中に居続けることを望み、ゴータマ・ブッダやキリスト等の聖なる秩序に属する偉大なる魂の奉仕を拒絶しているさまざまな問題の解消に消極的であるように見えるのです。

親愛なる存在たちよ。今日、あなたがたが手にしている努力は私の行いの結果ではありません。それは、我々評議会とグレートホワイトブラザーフッド評議会が、人類の幸せのために地球を政治的に安全で、美しく、素晴らしき場所にし、神の意思で溢れた場所にするための知識をハート、頭、手に届けている結果です。

世界の善意が必要です。これに対し、誰もがうなずくことでしょう。しかし、全員が善意につながる教えに関心を払おうとする訳でありません。これは神に選ばれし存在の視点から見ると、重要なことではありません。それは、私たちがアセンデッドマスターというひとつの存在として、不死身の状態にあるからです。しかし、パンや物質、支援、生命、慰めなど、あらゆる祝福を待つ人類にとって、それは大きな欠乏です。だからこそ、私たちは受け入れる力のある人々に向けて、私たちの素晴らしき祝福を注ぎ続けられるよう、奉仕を続けています。言うなれば、神の名においては人類の生命や生命そのものに何の役割も果たさない身勝手さというものを、人々は固く握りしめることで、自らの人生の一部にしてきました。それを人々の意識から取り除くのです。

奉仕の先陣に立つ人々の保護をより強く求めましょう

人類への奉仕の中で展開するこの活動を率いる人たちが、ますます敵による邪悪な欺きの標的になっているという事実を、あなたがたに伝えたいと思います。彼らに向けられるエネルギーは強烈さを増しています。このため、彼らの保護を求めるあなたがたの声を増やす必要があります。この活動の取組みが世界中に広がり、より偉大なる光の奉仕を行うにつれ、あらゆる闇のハゲワシたちが隠れ穴から出できて、有毒な意図という矢を、私たちの神聖なエネルギーが作用する最前線である人々に対して放とうとしています。

親愛なる存在たちよ。神聖なる意図の先頭に立つことがどういうことか理解いただけたでしょうか。それは、光の矢が標的から外れるようにし、光の矢が自由や新たな人生を人類にもたらすのを妨げようとする領域を通過しなければならないことを意味します。

だからこそ、私たちの奉仕の前線で真っすぐ立つ、勇敢な個人たちの周囲の保護作用を強化するよう、求めや祈りを愛し、その必要性を理解する人々にお願いします。彼らがよりしっかりと守られることが、私の願いです。それは、その時必要な保護を私たちから放出できるようにするためには、あなたがたの領域からのエネルギーが必要だからです。

光の敵が結集するでしょう

今日この瞬間まもなく、素晴らしきことが人類に向けて放出されるでしょう。真理の拡大により、あらゆる場所で神が讃えられるようになるでしょう。一方で、人民の敵として剣やこん棒を手にイエス・キリストの周りに集まったのと同じ光の敵たちが[1]、神の光や、その光の拡大を擁護する存在の対極として結集するでしょう。

これが肉体的暴力の形を取らない場合は、嘘の捏造や、真実の歪曲、あらゆる形の人間的不協和の実行といった人間の悪意という形を取ります。自らの弱さから不協和に屈したように見える個人は、すぐさま不協和な個人たちの集団に加わり、アセンデッドマスターの法則や存在の真理のために真っすぐ立っている人々に対して影響力を形成しようとします。

私たちはこれに屈し続けるべきでしょうか、と私は神の名においてあなたがたに問います。もちろん、違いますね。なぜなら、神の光が失敗することなどありません。この取組みは人間の仕事として始まったのでも、単に人間の仕事で在り続ける訳でもなく、神の仕事として拡大し続けるのです。なぜなら、自由という聖なる目的において、必要であれば、ハートには自らの肉体的生命を失う準備ができています。

親愛なる存在たちよ。ひとつお聞きします。これまで神聖さに劣る目的のために、戦いで命を投げ出したことのある人はどれだけいますか。私たちはあなたがたに命を差し出すよう求めたことはなく、自由という神聖なる目的において、あなたがたの貴重なエネルギーを提供するよう求めたにすぎません。自らのライフストリームのエネルギーを結集し、目的のためにそのエネルギーを捧げることは価値あることではないでしょうか。

親愛なる存在たちよ。敵の巧妙さは人間の理解の範囲を超えるものです。理解できますか。自分を欺く人は、自ら守ることを公言した神聖なる目的に対して不正という矢を向けても、自分の行いが悪であることに気づかず、神に仕えていると考えます[2]。

親愛なる存在たちよ。これは、正と真理の法則がすべての人間の特質の前に立ちはだかり、善、純粋さ、神聖、正しい行動に呼応し、どこからか発せられる一切の不協和の顕現を拒否する必要性を、目覚めたライフストリームに対して指示する、アルマゲドンの戦いではないでしょうか。

神意の意識に昇りましょう

親愛なる存在たちよ。神の法則は人間の存在の純粋な完全性そのものです。第一光線が、どこまでも純粋な神の意思を人類に向けて注ぎます。人々がこれに気づき、それに対して愛や敬愛を注ぐことで、彼らは自らの存在という力場内で聖なる目的を拡大させます。こうすることで、人々は神意の意識へと昇ることとなります。らせん状に展開するアセンションで彼らを支えることが神の意思です。

親愛なる存在たちよ。こうした光線は、光線の模様をつうじてアセンションの螺旋階段を規則的に通過していき、まず神の意思への献身、次に神の英知への献身、最後に神の愛への献身を顕現することで、小さな成果を手にしながらアセンションに向かって神聖なる螺旋階段を昇っていくのです。

この目的は、人々の存在全体で関心を向けるほどの価値があります。このような高次の仲裁がこれまで人類に与えられたことはありません。親愛なるサン＝ジェルマンがあなたがたにこれまでで最高の機会をもたらしました。ただし、神は永遠に新たな機会を人々のために生み出しているため、今後そのような機会はないとは言いきれませんが。しかし、人々が今この瞬間にこうした機会を最大限活かすことをしなければ、現在存在するあらゆる善や可能性を通り過ぎてしまうことになります。そのような人に将来的な機会を受け取る準備ができているでしょうか。私にはそう思えません。

より高みに昇るよう求めましょう

では、神の名において、自分の内側の神聖なるプレゼンスの前にひざまずき、「より高みに昇り、堕ちた肉体を本来の美しさへと持ち上げよ」と、偉大なる磁力を持つ光の拡大を求めるほうが賢明ではないでしょうか。

人々は力を失ってしまったのでしょうか。脆弱なのでしょうか。必要なエネルギーを召集することができないのでしょうか。そんな時は、完全な信頼とともに神に求めさせましょう。誠実な求めに対して、大天使ミカエル、私、そして偉大なるヘラクレスが必ずや瞬時に応えるでしょう。もし私たちの十分な顕現を感じられないように思えたら、それは自分自身と十分に調和していないからだということを覚えておいてください。このためには、これまでもそしてこれからも人類に自由を与えることのない闇のどんな策略にも立ち向かえるように、人間的不協和の波動的作用を避け、純粋な完全性という鎧を身に付けることが求められます。[3]

人間の攻撃的意図の流れを逆転させましょう

今日、私はあなたがたの友人としてここにやってきました。いにしえの霊的友人としてやってきました。私は最もひどい人間の屈辱というものを目撃したことがあります。その際、私は肉体の頭部を失っています。親愛なる存在たちよ。だからといって、究極の献身とともに神を見つめ、天界のハートからエネルギーを召喚し、サン＝ジェルマンの偉大なる霊的取組みに対して向けられた人間の攻撃的意図の流れを逆転させるよう求めたり、人類にこの偉大な法則の知識を授けたり、私たちの呼びかけに瞬時に応えるよう促したり、霊的献身と、神聖なる意図との親愛なるつながりの中で団結し、もはや意見の相違の余地がなく、神聖なる善という宝の余地だけが残るようになるまで、キリストに献身する強力な霊的組織として団結するよう求めたりすることを、私が躊躇すると思いますか。

私が今朝ここにやってきた理由が何か思いあぐねている人もいるでしょう。私がこれほどの勢いとともにやってきた理由が分からない人もいるでしょう。親愛なるハートの持ち主たちよ。それは、この運動の中であなたがたが気高くスタートした取組みの進展に対して向けられたものを、あなたがたのライフストリームが振り切るためには、このエネルギーが必要だからです。

過去2回開催されたクラスによって、世界の様相が変化したことを知っていますか。イースタークラスで生まれた機運によって、地球全体に霊的自由という新風が吹いた事実に気づいていますか。7月の集会でサン＝ジェルマンと自由の女神のエネルギーが融合したことで、地球の心臓部が内なるレベルで振動したという事実に気づいていますか。このことからも、この運動を率いる人々の取組みについて何らかの知識を持ち、自分たちが闇の駒として利用されていることに気づきもしない人々によって生み出される、あらゆる形の人間的悪意が、あなたがたに向けられているのも当然のことだと思いませんか。

こうした人々の肩に置かれている手は、蛇よりも醜く、蛇の骨格のどの低位な部分よりも劣っています。

彼らがもし自分の意識の力場内でどのような作用が働いているかに気づけば、そのように利用されることを決して許すことはないでしょう。しかし、悲惨な無知の中、彼らは人間の法則ではなく、神の法則を破り続けています。彼らはその報いを受けてしまっています。[4] 彼らの行いは、これまで天使たちがエネルギーを管理し、人類に放出してきた目的に資することはありません。そのエネルギーは自由を愛する人々のハートの中に、サン＝ジェルマンの素晴らしき自由の霊的機運を再生・構築するためのものです。

親愛なる存在たちよ、分かっていただけますか。これは人間の個性や思考をはるかに超えています。それは光の作用であり、闇はその光に対抗しています。光に対抗する闇は、光から引き出された暗闇です。そして、人間の闇によって誤った正当性を与えられ、光や光が顕現している目的のために専心している人々をつうじて光が作用するのを妨げようと光に対して再び投影されるのです。

あなたがたの一貫した姿勢と信念に感謝します

今日、聖なる神の名において、私は霊的メンターとして、そしてある意味、サミット・ライトハウスの長として、一貫した姿勢と信念とともにこの取組みに関わっている霊的志の高い人々の率直な行動に感謝します。あなたがたは、気分が少し落ちた時、自分が何を処理していて、どのようなものがあなたに向けられているか気づきません。

親愛なる愛すべき存在たちよ。あなたがたは、時に自分が人類のためにどれだけ大きな十字架や重荷を背負っているか気づいていないのです。あなたがたは非常に高く神聖な目的に自らを捧げているため、互いの重荷を背負い、偉大なる光の法則を全うしなければなりません。

素晴らしき存在たちよ。私が今与えた警告は、聖杯としてあなたがたの意識の中にあります。私はあなたがたに青色光線の切断作用をもたらしました。今日私とともにこの場所にやってきた青い稲妻の天使たちは、先週から今日にかけてあなたがたに向けられた邪悪なエネルギーからあなたがたを解放しました。先ほど私が与えた警告とともに、私は引き続き、そうしたエネルギーから瞬時に切り離すためにあなたがたをサポートし続けます。

神以外の原動力が存在しないことを忘れないでください！

親愛なる存在たちよ。この活動がさらに広がるにつれ、あなたがたに向けられるエネルギーは減るどころか、ますます増えていくでしょう。恐れる必要はありません。偉大なる大天使ミカエルが敵と対峙した時に放った言葉――「主があなたを戒めてくださるように」[6]――を心に留めておきましょう。

そして、内なるアイ・アム・プレゼンスが自分の世界でパワーと支配力を有すること、そしてその領域では神以外のパワーは作用できないことを忘れないでください。この概念を固守することで、黄泉の扉も神の目的に打ち勝つことはできません。[7]その目的とは、光や真実に自らを捧げる霊的集団へと人類を組織することです。

あなたがたは、外側の領域においてブラザーフッドのあらゆる行動の前線に立っています。そして、内なるレベルで、あなたがたにはさまざまな素晴らしき真理がもたらされています。人生をマスターすることこそ、あなたがたの定めです。親愛なる存在たちよ。達成という観点からすると、苦闘は無意味です。そして、すでに達成に到達した私たちがあなたがたの前進を導きます。

あなたがたに感謝します。私は兄弟たちに求めます。私たちの評議会を構成する、ダイヤモンドのように輝くハートを持つ兄弟たちの霊性との接触にもひるむことがないように、ダージリンの中心よりあなたがたのハートへとダイヤモンドのように固い神の意思を照らしてください。

ありがとうございました。良い午後を。

1963年7月28日（日）朝

ドッジハウス、ワシントンDC
（メッセンジャー／マーク・L・プロフェット）

第31章　素晴らしき輝きの中にある生命！

ダージリンの評議会より、こんばんは。辺りはジャスミンの香りに包まれています。ギンバイカ〔常緑低木の一種〕や松の香り、ヒヤシンスの甘い香りが、私の意識を満たしています。私は今、花の王国で顕れている神聖なる美の意識に包まれ、ひとつひとつの香りや匂いが天界の波動構造とつながっていて、地球に顕現している美しい花々たちの中に永遠の生命という甘きエッセンスが納められているのだという、荘厳な感覚を味わっています。

今宵、私は神の聖なる意思がこの惑星全体を満たしているという認識とともにここにやってきました。こうした魂の崇高さや意識の拡大により、人類は闇や、人間が抱く憂鬱な意識という雲を超越し、星瞬く天国へと昇ることができます。そこでは、広大な空間と神聖さの中で、この惑星で現在顕現しているどの光よりも鮮やかに輝くオーブたちを見るでしょう。

しかし、私が主に関心を持っているのは、それぞれの人のハートに脈打つ神聖なる神の意思です。人類が神を認識するだけでは十分ではありません。人類が他者やアセンデッドマスターの中に神を認識するだけでは十分ではありません。偉大なる法則のもとにおいては、自らの脈打つハートの中に神を認識し、その聖なる意思を外面化させることを願うよう求められます。

たとえそれが、無邪気な子どものように、キリスト生誕の像の前にひざまずき、その祝福すべきハートの中に幼児キリストの言いようのない優しさを見いだすことでもよいのです。歴史をつうじて、言葉では言い表せない優しさ、軽やかさ、慈悲が訪れてきました。そして、これらすべてが神の聖なる意思の中で顕現しています。すべての浅ましく、歴史のページの汚点となっているものは、永遠の存在たちにとっては関心の対象ではありません。そうしたものは永遠性という宇宙の銀行には届かず、地球へと堕ち、壊され、分解され、粉砕されるからです。それらは永遠性から生まれる花ではなく、人生という道にばら撒かれたとげにすぎません。私たちはとげの角を取り、人々の祝福すべきハートを長きにわたり悩ませてきた苦しみを終わらせるでしょう。そして、神はそれらの悲しみを癒し、永遠の安らぎをもたらすでしょう。

私は壇上でこのメッセンジャーの横に立ちます

今宵、私はダージリンにある広間から直接あなたがたに語りかけています。長椅子に腰掛けながら、親愛なる存在であるあなたがたが、わが言葉によって、自らのプレゼンスの完全性へとより近づくことができる、という事実に畏敬の念を抱いています。

親愛なる存在たちよ。あなたがたは私がどうやって他者の意識をつうじてわが身を映し出すことができるのかを疑問に思っていることでしょう。このことは、あくまで私たちダージリン評議会に関わることであるため、あまりこだわらないでください。自らのエネルギー、ハートの献身、愛を聖なる理念に捧げ、自らの身体、思考、脳を永遠の神の自己に捧げ、私たちの言葉を伝えるツールとして仕えてくれる人に私たちは感謝しています。しかし、今宵は興味深い出来事が起こる予定です。それが起こった時に分かるよう、前もってあなたがたにお伝えします。

この講話のある時点で、私はここダージリンの住居を離れる時、大陸や海を横切る流れ星さながらにキラリと輝きを放つ予定です。そして、この部屋に実際に顕現する予定です——ただし、あなたがたが目で見える形ではなく、現実の私の姿である光の霊体として出現します。さらに、この壇上でこの親愛なるメッセンジャーの隣に立ち、私そのものである光とのより直接的な接触を許可する予定です。

また、この機会に、あなたがたの霊的能力を使い、私がこの部屋により大きな輝きを放つ存在として現れる瞬間を特定できるか試してみてください。私が携えている神の愛に気づいているあなたがたのハートにとっても、この輝きを見るのは喜びでしょう。そして、私は神の意思を敬愛し、全力を尽くしています。ぜひ、この惑星体、自然界、人間のために、いにしえの騎士として、あなたがたが霊的運動に自らを捧げるよう祈らせてください。

善意の騎士・淑女が必要です

グレートホワイトブラザーフッドは、その高貴さの中で、そして、神のハートとの素晴らしき調和を感じる、日々の評議会の集いの中で、惑星とその人々の救済、惑星体にある神のアイデンティティのさまざまな小さき派閥の団結に取り組んできました。こうした派閥は、まるで小さな棒のように、人間の創造にかかれば容易に折れてしまいます。こうしたさまざまな木片――つまり、人間の宗教的意識の派閥――の間で、より大きな調和が生まれれば、同時に偉大なる法則の作用が起こるでしょう。その中で、惑星上で霊体内に発生したパワーが、「人間の創造」という化け物じみた思想の中へ、聖なる意図という矢を打ち放ち、神の意思に反して堕落し、一定の独立を主張してきたこのような考え方を破壊するでしょう。

自分はいわば、聖なる源から来ていないそのような意図を鈍らせる上で役割を果たす定めにあるのだ、ということにあなたがたが気づいてくれるよう願います。また、善意の騎士や淑女が必要とされていた時代は終わっていないということにあなたがたが気づき、純粋な心とともに人生の困難を受け入れ、宇宙の純粋さという旗を高く掲げるよう願います。これにより、人類は惑星体とその素晴らしき人々にとっての宇宙的達成の時代へと自分たちを連れていってくれる、偉大な宇宙の流れを感じることができるでしょう。

神の忍耐を想像してください

今この瞬間、自分がこの世界と宇宙の創造主であると考えてみてください。この惑星上には聖なる意識の中に自ら顕現している神聖なる意図から外れてしまった人々がいることを、考えてみてください。道を外れた人類の意識を聖なる憐れみとともに見つめる時、あなたが待ち望んでいる完全性を人類が顕現するまで辛抱強く待てる、神の忍耐が自分の中にあるかどうか感じてみてください。

親愛なる皆さん。ここにいる親愛なるメッセンジャーの意に若干反していますが、彼が最近馬に乗ったことをあなたがたに伝えます。乗馬は、今回の転生において彼にとって馴染み深い経験ではありません。このため、乗馬を始めた早朝は、1分以上耐えられるかどうか分かりませんでした。しかし、彼は結局何時間も馬の背に乗り続けたのです。

それは真の忍耐によるものでした。なぜなら、彼は一度落馬し、それによって命を落としかねなかったのです。それでも、彼は立ち上がり、辛抱強く馬に乗り続けました。それでも、やがて限界点に達した彼は、また別の機会に練習することを選択できたのです。

「あなたがたという現実を心から愛しています！」

聖なる紳士、淑女よ。あなたがたという現実を心から愛しています！ 高みから聖霊として降り立つ聖なる意思が、宇宙の光を携えたハトが、聖杯へと素早く降り立ち、人間のハートの力場に振動を起こし、神への比類なき愛が生まれるのです。

さあ、人々のハートの中にある聖なる炎よ、燃え上がれ。そして、聖なるリズムの中で、神の意思とともに脈動せよ。神の意思は常に生産的パワーを生み出し続けており、それが人類の中で神聖なる理想として再生され、キリストを体現する者の中に顕現します。こうした意識は、現世を超えて偉大なる宇宙へと広がっていき、あらゆる高貴さと広大さとともに、人生の意味を認識することができるのです。

「人間の創造」という水がめを砕きましょう

はるか昔、この惑星体にギデオンという名の男が存在したことを、知っていますね。ギデオンは火をつけたろうそくを水がめの中に浮かべるよう、指示を受けました。そして、彼は夜の暗闇の中、丘陵でミディアン人に出会いました。そして、合図に応えて、彼らが持っていた水がめを床に叩き落したのです。

その時、光が輝き、「主とギデオンの剣で攻めよ」の言葉により、数でははるかに優勢だったにもかかわらず、ミディアン人は逃げていきました。彼らは、砕けた多くの水がめから放たれた光が原因で、主の集団から逃げたのです。[1]

聖なる存在たちよ。私があなたがたをこう呼ぶのは、これが聖なる考えであるからです。どうぞ、人間の動機という水がめを砕いてください。人間の運命という水がめを砕いてください。あなたがた自身の創造という水がめを砕いてください。あなたがたが長きにわたり大切にし、そのために神殿を建てようと願った、こうした創造に価値はありません。それは、風に吹かれるちっぽけな藁《わら》にすぎません。聖なる神の名においてこれらを砕き、内なる炎を大切にしてください！この聖なる炎の周りで神の意識というクリスタルの聖杯を回転させ、あなたがたが栄光から栄光へと、主と同じ姿に変容するその時まで、そのクリスタルの意識のゴブレットの中でキリストの鮮やかな輝きを顕現させましょう。[2]

人類の意識へとハシゴを降りていく神の天使たちは神聖なる善の存在たちです。彼らの純粋なエッセンスには神の炎の前で一点の曇りもありません。彼らがあなたがたのハートの意識という聖杯へ降り立つ時、神聖なる動機に、そしてキリストを体現する者に従う分別に完全に捧げられた力場を見つける必要があります。

今日の人類は、自分自身のエゴに従う中で、自己中心的な精神を育んでいます。それ自体がアセンデッドマスターや内なる神聖なるプレゼンスにとってあまりにも憂鬱なため、神は、そうした堕落したものに背を向ける必要があるのです。なぜなら、神は人類に華々しい結末や永遠性を運命づけました。それにもかかわらず、人間が生み出す出来損ないを見るのは、神にとって耐えがたいことなのです。

自分自身に誠実であってください

いにしえの騎士についての私の話に関連しますが、ぜひ自分自身に誠実であってください。サン＝ジェルマンもかつて自ら記した小説の中でこう言っています――「何より大切なのは、自分自身に誠実でいるということだ[3]」

あなたがたが内なる崇高さに誠実でありますように。怒りで意識を満たす必要があるように感じられる時は、神の聖なる名において、人間の怒りという邪悪さを退けることが可能であることに気づきますように。

人間の嫉妬に直面した時や、地球での人生のスクリーン上で他の人のほうが豊かに見える時や、他の人が一般的な意識以上のものを与えられているように見える時や、自分が持っていないものを他人が持っているように思える時は、このことを思い出してください。人はそれぞれの求めや外面化に沿って高次より才能が配布されたり、今生または過去の転生において、そうした才能を求めたり、多大なる奉仕を行ったりしたためにそうした才能を得る価値を得るのです。そんな時は嫉妬を抱く代わりに、光の科学的達成の力に意識を向け、神聖なるハートからより偉大な才能を自分のために求めてください。

親愛なる存在たちよ。嫉妬という特性はオーラの中で濁った緑色を生み出します。逆に、人間の意識の中の霊的作用は、ラファエル★にとって非常に馴染み深く、ヒラリオンがこよなく愛する、鮮やかな癒しの緑色を生み出します。だからこそ、あらゆる神聖なる特性は反転することが可能であり、人間が具現化するものは非常にしばしば失敗や歪曲、つまり、自分たちの存在を導いてくれる真実の意識をひっくり返した意識であることに、人類は気づかなければなりません。したがって、ネガティブな特性を具現化している場合は、極を反転させ、展開している奇跡を見ることで、ポジティブなレベルで振動する必要があることに、ぜひ気づいてください。

つまずいた時は、立ち上がり前進しましょう！

神聖なる意図を抱くだけでは十分ではありません。上昇する意図を抱くだけでは十分ではありません。丘を登る意図を抱くだけでは十分ではありません。必要とあれば、道中に生えているイバラで自らの衣服を裂かなければなりません。ゆっくりと行けば、慎重に歩みを進め、途中にある落とし穴を避けることができるでしょう。急ぎたいと願うならば、木々の枝で衣服が裂けることも受け入れる必要があります。

しかし、熱心で信念が強いあまり、宇宙の善の顕現を長い間待てない時は、性急に駆け出し、生命の存在という頂上へと一気に駆け上がろうとします。そんな時は、時には過ちを犯すことも必要だという事実を非難せず、たとえ転んだとしてもそこで立ち止まってはいけません。すぐに立ち上がり、前進するのです！　私たちが居る場所へと続く道を旅する人は、自分の使命の神聖さに気づき、胸に抱きかかえている聖なる形見を盗まれないようにしなければなりません。

私たちは永遠なる日の始まりを待っています

今宵は、私の言葉が持つ、より壮大な意味を理解していただきたいと思います。今宵、私は非常に明白な内なるレベルの使命を果たそうとしています。私の言葉には、あなたがたの意識に向けた、あなたがたが求めたある基本的かつ具体的な指示が込められています。そして、アセンションした存在とはどういうものかということをあなたがたに認識していただくつもりです。なぜなら、ここダージリンで、日の出とともに山々から立ち上る霧を眺めながら、私たちの心は喜びで一杯なのです。そして、もちろん、私たちは日の出を待ち望んでいます。

ただし、起きうる最も重要な日の出とは、あなたがたの意識から夜が永遠に過ぎ去った、永遠なる日の始まりです。聖書ではヨハネの黙示録として知られる、親愛なるヨハネの啓示に馴染みのある人々は知っていると思いますが、聖地について語った時、彼はその地に夜は存在しないと言いました。[4] 親愛なる存在たちよ。それは、もはや人間の闇とはもはや無関係の人類の意識のことを言っているのです。

聖人の資質

現在、人間の意見が原因で不幸になったと考える人はどれだけいると思いますか。現在、他人が自分のことをどう思うかを気にしている人はどれだけいるでしょうか。人類の辛辣な言葉はひどく悪意がありまず。そして、人々はあらゆる行為において、人間の思考や批判に対する恐れというものに条件づけられています。批判する人は批判される人と同じくらい苦しみます。つまり、全員が人間の批判故にネガティブな経験に苦しむのです。人間の意識から恐れや疑念を取り除き、人間の概念や意見がどのようなものであれ神の聖なる意思をなしたいという願いから、聖人の資質である意識状態が生まれます。

聖人との経験は、私たちにとって珍しいものではありません。私たちはその多くを知っているし、内なるレベルにおいて全員と会ったこともあります。また、稀ではあるものの、非常にありふれた人たちのハートの中に聖人の資質が開花することもあります。しかし、残念ながら、この素晴らしき蓮の花は必ず理解されるとは限りません。ないがしろにされて、その美しき花が埃にまみれ、萎《しお》れ、その花の中にある穏やかな神の光が消えてしまう時もあります。こうしたことはすべて起こる必要がないのです。なぜなら、すべての男性、女性、子どものハートの炎の中には神の聖なる意思が脈動しているからです。

小宇宙において、これは拡大されない限り、小さなままです。しかし大宇宙では、つまり、あなたがたの内にある偉大なるアイ・アム・プレゼンスの中では、この霊的な花の美しさは、私たちの領域でさえも言葉で表現できないほど素晴らしいものです。神の美しさを正確に述べられる人などいるでしょうか。神の完全性の美しさを正確に述べられる人などいるでしょうか。

普遍的愛の意識はより偉大な奉仕へとつながります

一度このようなことがありました。はるか昔ベナレス〔インドにあるヒンドゥー教の聖地。現バラナシ〕で象の背に乗っていた時に、サマディ〔三昧。精神が最高度に集中する境地〕の状態に入ることに成功し、周りの人たちを非常に驚かせたことがあります。

しかし、単なるサマディの意識よりはるかに偉大なのが、普遍的愛の意識です。神の愛が人間のハートの中で生まれることで、神のハートと完全に調和して鼓動し、人間のハートをつうじて流れるその愛が、この惑星体のみならずあらゆる世界のシステムのすべての男性、女性、子どものハートと調和するのです。

親愛なる存在たちよ。普遍的愛が生まれると、それは人類の意識へと入っていくため、その個人はありふれた奉仕を超えたものに自らを捧げることになります。そうして、その人は良識ある政府のために専心する私たちの評議会の部屋にやってきます。ここで私が言う政府とは、霊的レベルのこの惑星体の政府です。そして、彼は神の意思を拡大することと、支援する私たちの仲間に入ることを決意するのです。このため、新たに加わる人たちは、非常に未熟な状態であることが多くあります。

自信過剰でも自信過少でもない状態が望ましいのです

私がアーサー王として転生した時、こんなことがありました。ひとりの若き従者が私のもとにもたらされたものの、彼は極めて不器用でした。彼が私に甲冑を手渡す時は、必ずと言っていいほどそれを床に落とすのです。そして、私が剣で彼をひっぱたくのではないかと膝をがくがくさせて、真っ赤な顔で立っていました。彼は気づいていませんでしたが、私は単に彼から装具を受け取って、着替えを済ませようと辛抱強く待っていただけでした。そのため、震えながら立っている彼の姿を見て、私は思わず可笑しくなりました。

やがて、若者は聖なる献身から神の前にひざまずき、無鉄砲さからの解放を乞いました。そこで、私は彼が馬上槍試合で名の知れた騎士と戦うことを許可しました。戦いでは、若者は騎士を馬から引きずり下ろすことに成功し、彼の意識の中でとてつもない勇気が生まれたのです。ひとつ彼が気づいていなかったのは、私が彼に勝たせるようにと対戦相手の騎士の耳に囁いたことでした。こうしてより勇気を持った若者は、私の前でもう震えながら立つことはなくなり、いつか馬に乗って私とも戦えるという、ある種同等の存在として私を見るようになりました。

彼の意識の変化に私は非常に驚きました。なぜなら、それは厚かましさとも言える域に達していました。そして、かつて彼の意識を占めていた恐れの状態とは雲泥の差があったからです。このことは、あなたがたが勝利を手にするには、意識にとって自信過剰も自信過少も望ましいものではないこと、そして、人生という道筋に存在する危険に気づき、人生をマスターし、神聖なる達成を完結させる完全にバランスの取れた神聖なる意識こそがゴールであることを示しています。

技術的な理由で、ここで一旦止まります[5]。

不純な特質を脱ぎ捨てましょう！

あなたがたはアーサー王とともに馬に乗るでしょう。人生という馬上槍試合に参加し、勝利を手にするでしょう。そして、聖杯を求めるでしょう。さあ、純粋ではない特質をあなたがたの意識から脱ぎ捨てるのです！　あなたがたを神聖なる男女ではなく、ごろつきに貶める特質を意識から排除しましょう！　偉大なる法則を欺こうとしないでください。決してそうすることはできないのですから。神の光は人間のあらゆる善を認識します。そして、人間の善は本当に存在します。それは常に神聖なる存在から借りたものだからです。存在を完全な状態にすることは、すべての人が有する特権です。ここにいるあなたがたがひとりでも怠慢によって堕落することを私たちは望んでいません。

あなたがたの多くにとって、アセンデッドマスターが生命の唯一の現実です。私たちの存在をよく知らない人たちは、私たちの安らぎや支援を十分に感じることができないでしょう。アセンションするはるか以前に私たちが人間的なプライドを手放したことを、あなたがたは知っているでしょう。私はプライドや外面的な徳からこう言っているのではありません。私のそしてあなたがたの源である、偉大なる神としての自己に対する神聖かつ愛のこもった自負から言っているのです。

私は惑星体を支える作用を生み出しています

私があなたがたに話している間にも、この惑星体の何百万もの人々が人生というスクリーン上でカウボーイの映像や下劣な物語を楽しんでいます。今宵、この時間にあなたがたにこのことを話すのには、れっきとした理由があります。今、私はこの部屋の中に、この惑星体を支えるための作用を生み出しています。あなたがたは決して退屈しないでしょう。

私はエンターテイナーではありません。私は天使たちを楽しませているのです。そして、天使たちの存在に気づいています。

天使たちを楽しませているのは、あなたがたのオーラやこの惑星の大気内に天使たちが存在することでもたらされる、スピリットの高揚を、あなたがたの祝福すべき意識に授けるためです。

あなたがたの中には、このクラスが始まってから空気の清浄さについて触れた人もいます。これは、天使の作用によって、あなたがたの都市のために生み出されたものです。もし、こうしたクラスが拡がり、より多くの人たちが人類の解放という素晴らしき求めにエネルギーを捧げるようになれば、私たちはより大規模に空気を清浄にすることができるのです。

求めるという行動の必要性を十分に理解していない人たちは、時に、人々が長い期間にわたりこうした求めを行ってきたと嘆きます。しかし、このシステムはこの惑星全体の解放のため、そしてボウリングの玉でストライクを決めるように、天使のエネルギーを正確に伝達できるアンカーポイントをこの惑星体に確保するために、親愛なるサン＝ジェルマンによって作られたのです。

最終的に人々は生命の偉大なるメッセージに応えるでしょう

私たちは目的に向かって突き進みますが、決して無駄なことではありません。もし人々が私たちに応えなくとも、最終的には生命の偉大なるメッセージに何らかの形で応えてくれることを、私たちは知っています。カルマの法則がこの惑星体で働いてきました。そして、カルマの鞭が降り下ろされ、人々の背中を切り裂いてきました。そのような時、神の意思が為されれば、天は光のケープを彼らの肩にそっとかけるでしょう。

親愛なる存在たちよ。カルマの鞭が降り下ろされる時、それは神がわが子らをひどく非難しているからだと思いますか。それは違います。ただし、ある特定の転生で自らの解放を求め、すべてのカルマの相殺を願った場合は除きます。神は時に愛する子どもたちを罰してきました。しかし、それはその個人が重いエネルギーを解放する必要のあるポイントに触れることで、偉大なる法則の一点一画をすべて調整するよう作用している、許しという偉大なる法則の中で新たな自由を見いだしてもらうためなのです。[6]

ベタニアの丘の出来事

何世紀にもわたり、キリスト教はイエスがゴルゴダの丘へと昇っていく様子を人類に伝えてきました。しかし、人々は自らの苦難の道を辿りながらも、ベタニアの丘〔復活したイエスが昇天した場所〕にも、アセンションの栄光にも、未だ到達していません。

私たちが関心を持つのは、聖霊が人間のハートへと降り立ち、聖なる炎という純粋な善を外面化させることで、すべての人が天使たち、大天使たち、アセンデッドマスターたち、宇宙の存在たちの仲間として相応しい、神と一体の祝福すべき意識になることです。やがて、その肉体からはろうそくのロウのように密度が抜け落ちて行き、素晴らしい生命エネルギーがろうそくの芯のように立ち上がります。そして、神そのものである自分を顕現し、隠すことなどできない自分の内なる光[7]が全人類にとって素晴らしい見本として輝き始めるでしょう。

そして、地上の丘で人間の密度から解放され、故郷である光の中で高められます。さらに、ナザレのイエスがそうしたように、地球の人類を癒し、家族を失った人々の涙をふき、つまずいても立ち上がって歩き始め、勝利に向かって辛抱強く馬を走らせるよう促すのです。

そして、勝利を手にしたいのなら、すべての行いにおいて神を讃えなければならないこと、トランペットの音とともにエリコの壁が崩れたように、人間の創造もそのような道を辿らなければならないということを理解させます。さらに、男性、女性、子どもの神性から放たれる、キリストの体現のパワーによって、最後の敵、つまり死を滅ぼす必要があること、そうすることで、人々がキリストの素晴らしき永遠の片割れへと高められ、神のハートから放たれる聖なる光に包まれることとなり、光り輝く太陽と意識を完全に同調させることで、もはや意識には涙も闇もなく、ただ光だけが存在するようになるのだということを理解させるのです。[8]

それはあたかも、人々が沈みゆく太陽――人間の創造という太陽――を見つめ、その消えゆく光の中で、これから始まる長い夜を経て、日の出とともにアセンションのパワーが溢れるほどの慈悲と理解とともに自分たちの意識の中に注ぎ込み、永遠の自由を見いだすのだと気づくようなものです。

あなたがたがこうした聖なる言葉を受け取ったのは、あなたがたの人生が変化するためです

もしあなたがたがダージリンの私の部屋を訪れることができれば、私は今宵お話ししたことと全く同じことをあなたがたに話すでしょう。もしあなたがたが私と個人的に話をするために訪れたとしたら、もし親愛なるわが使用人によって入ることを許され、ダージリンのカーペットの上を歩き、足が沈み込むほど柔らかく、天使の美しい髪のように白く輝くカシミヤの糸で織られたカーペットが敷かれた私の部屋に通され、私のすぐ隣の椅子に座るよう勧められたとしたら、私は今宵お話ししたことと全く同じことをあなたがたに話すでしょう。

わがエネルギーを放出する責任は、あなたがたのライフストリームにゆだねられているのです。

あなたがたがこうした聖なる言葉を受け取ったのは、祝福され、永遠なる人生の変化を受け取るためです。これが私の祈りでした。ダージリンの礼拝堂に入った私は、グレートセントラルサンのハートに存在する偉大なる生命の神のプレゼンスの前に恭《うやうや》しくひざまずきました。そして天使たちに対して、神の聖なる意思という彼らの振動的作用とともに私に同行するよう求めました。

あなたがたにひとつ言いたいことがあります。親愛なるクートフーミが私にこう言いました――「親愛なるモリヤよ。あなたが今宵出発するにあたって一言言わせてください。あなたが彼らに与える聖なる指示は簡潔であってはなりません。もし私が行くなら簡潔にはしないでしょう。しかし、あなたの指示は普段からかなり短く、簡潔で、的を射ています。しかし、時間をかけて指示することは無駄にはなりません。なぜなら、ダージリン評議会のブラザーフッド全体が、聖なる祈りを捧げながら、あなたの素晴らしい言葉を聞く者たちがその経験を忘れないよう、または、自らの意識から排除してしまわないように祈るからです」

皆さん。これまで、幾度となく奇跡のような出来事が起きてきました。私たちは死者をよみがえらせました。私たちは病人を治しました。私たちはハンセン病患者の身を清めました。[9] 私たちは意識を純化させました。私たちはこの惑星体の大気内に祝福を生み出しました。私たちはこの惑星体で地震、洪水、火災、伝染病、飢饉が起こるのを阻止しました。私たちは人間の悲しみを鎮めました。カルマの輪が人間を粉々にする時も、私たちは力を合わせて対抗しました。それに対して、わずかの感謝すら受け取らなかったにもかかわらず、私たちはこうして奉仕し続けてきました。親愛なる存在たちよ。それでも私たちが献身を注ぎ、あなたがたに手本を示していない、と思いますか。私とともにある人すべてのために言います。私たちはそれらすべてをやっています。

神の意思を崇敬しましょう

今宵、もし生けるキリストがこの壇上に颯爽と姿を現したなら、彼もまた私と全く同じメッセージを伝えることでしょう。それは、神の意思を崇敬することです。キリストの祝福すべきスピリットが無限の高みから降り立った時、彼自身こう許可を求めたのです――「神よ。私は神の意思を行うためにやってきました！」。そして、彼の聖なる声を聞いた大天使たちは、彼の顕現という超越性を前に顔を覆い隠したのです。

あなたがたにできるのはこれ以下ですか。それともこれ以上ですか。今宵、このことを自問してみてください――聖なる十二使徒が世界にキリスト教を広めることができるのなら、12人よりはるかに多いあなたがたが、私の言葉を読み、私の訴えを聞くあなたがたが、グレートホワイトブラザーフッドの聖なる使命に加わり、神の聖なる意思を実現するというこの惑星体の計画を成功させ、人間の悲運に終止符を打ち、死すべき運命という墓を抜け出し、光り輝く生命を招き入れることができるかを。

聖母マリアのダイヤモンドハートよ。世界の母のダイヤモンドハートよ。その多角的輝きから、ここにいるひとつひとつのハートへと光線を放ってください。ひとつひとつのハートを、人間の性《さが》という要素や闇のすべての居住者に立ち向かい、この惑星体の完全性にふさわしい改革である神性へと入ることへの献身で突き刺してください。

天にいますわれらの父よ。みこころが天に行われる通り、地にも行われますように。[10]

ありがとうございました。良き夜を。

１９６３年９月８日（日）午後８時
カリフォルニア州ロサンゼルス
（メッセンジャー／マーク・L・プロフェット）

第32章　聖なる目的の推進力

霧が晴れました。山頂の固くなった雪の表面には、永遠なるプレゼンスである太陽の栄光が映し出されています。今朝、私は神の聖なる意思へのより深い献身とともにやってきました。それは、私たちが現在に至るまで参加している霊的鍛錬において、わがアイデンティティの聖なる炎が生まれ変わったことによるものです。一般的な期待に反して、私たちはわれらが父の事柄に従事することを止めてはいません。[1]ただし、中には、私たちを天上の宝飾や王冠とたわむれる、威風堂々とした存在であると思い描く人たちもいるようですが。

もしそのような場合、私は天上の紳士という虚しい概念からあなたがたの思考を解放したいと思います。偉大なる霊的エネルギーを巧みに操ることができるという点では、私たちは確かに紳士かもしれません。もしこの言葉が自惚《うぬぼ》れのように聞こえたなら、私たちが自分自身について一点の曇りもない意識を保ち続けなければならない、ということを忘れないでください。私たちの現実について考えることのない人たちの中には、私たちが存在しないと考える人たちがいます。私たちはこうした通念に賛同しません。なぜなら、もし私たちが存在しなければ、天国は神話にすぎないということになります。私たちが目にしている現実は確かに天国です。だからこそ、私たち自身が分かち合っている栄光を、あなたがたも同じように分かち合い、天国が本当に虚構なのかどうかを自らの目で見て判断できるよう、私たちの部屋をぜひ訪れてほしい、と強く願っているのです。

もしこれが実現したなら、私はそうした誤った通念すらも喜んで受け入れます。なぜなら、私はさまざまな形でその聖なる意思において明らかにされ、もたらされた栄光に心から満足しているからです。人間社会の現在の展開よりむしろ、起源という概念にあなたがたの注意を向けたいのです。人生というスクリーン上ではさまざまな善が顕現しています。しかし、人間にとっては、試練の海を勝利と理解によって通過しなければならないような美しき不屈の精神の中においても、時に深刻な不足が存在します。何よりも、理解が必要とされています。なぜなら、理解は最も必要とされている時に不在で、必要とされていない時に豊富に存在するように映るからです。

今日、あなたがたの印を刻みましょう

忍耐力を試すものがない時に、忍耐力を行使し続けるのは、とても簡単なことでしょう。しかし、忍耐力が試されることが起こった途端、忍耐力はあっという間に窓から放り出され、どこかに行ってしまいます。だからこそ、学びの徒には、単に言葉をつぶやくのではなく、実際に言動に移す必要があることを理解し、いつか遠い未来には、神とあなたがたが互いにより好意的になる状況が外面化することを願っています。

今日、こうして親愛なるサン＝ジェルマンがあなたがたにもたらした機会はこれまでになく慈悲深いものです。この機会は、ヒマラヤ山脈に刻まれた登山者のつるはしの跡のように、印をもたらすでしょう。もしあなたがたが偉大なる宇宙の法則に従えば、今日この日にあなたがたは自らの印を刻むことになります。男性でも、女性でも、子どもでも、たとえ自分を世界的権威と見なす人でさえも、その印を否定することはできないでしょう。

なぜなら、私たちは記録を担当する天使たちが持つ見事な権威の行使力を知っているからです。彼らはあらゆる点において正確です。そして、光と、その光を広げるという聖なる目的に自らを捧げている個人のハートのあらゆる心優しき行いを実質的に記録しているのです。

天は特別扱いをしません

憐れみや見下す気持ちから言っているのではありませんが、中には、自分の不公平な事態から逃れることができると考えている人たちがいます。彼らは噂話ばかりし、私たちとともに奉仕している個人に関する妄想や夢想に耽《ふけ》るなど、さまざまな形でつまらない特質の行使にエネルギーを費やしています。サン＝ジェルマンをはじめ、私たちの多くから、それをしないように長年諭されてきたにもかかわらずです。こうした人々は、そうしたことが起こっても、記録を担当する天使らが赤らめた顔をそらし、それを記録しないだろうという、一種特権的な考えを抱いているかのようです。

親愛なる存在たちよ。天は特別扱いをしません。しかし、もしかすると、特別扱いをすることは良いアイディアなのかもしれません。なぜなら、中には、すべてを善意から行う人たちがいます。こうした善意溢れる人々が、私たちの言葉や指示に耳を傾けたり、神が意図するあらゆる祝福を受け取ったりすることができなかったという理由だけで、今回の転生において自らの高き天命の印を刻むことができないのは、非常に残念なことだからです。[2]

しかし、こうした祝福を受け取るには、思考と心を普段以上に整えることが求められます。そうすることで、私たちの言葉が単に行動や状況に反映させることのない、自分や他人の肉体に華を添えるだけの真珠の宝石やきらびやかな言葉としてではなく、手や腕を飾り、守るべき指示としてハートに刻まれるのです。そうしていない人がもしその理由を訊ねられたら、こう答えるでしょう――「人が身に着けている様子を見ていて、どういう訳か、自分がそれらを身に着けていると思い込んでいました。でも、おかしいな、どうして身に着けなかったのだろう」

親愛なる存在たちよ、分かっていただけますか。これは、目で見ることのできない神聖な衣服や特質で自らを魅力的にすることを忘れた人々の典型的な例だと言えます。

あえて真実を伝えます

今朝、この件についてこれほど単刀直入にお話しするのには理由があります。それは、私に先立つアセンデッドマスターたちが多大なる手腕を駆使して、さまざまな時期に偉大なる英知による指示や教義をあなたがたの領域に放出してきたにもかかわらず、残念なことに、あなたがたの一部の人たちの頭上を完全に通り抜けていってしまったからです。私と同じほど善意に溢れ、恐らく私より幾分穏やかな先人たちがもたらした恩恵をあなたがたが受け取るべく、あなたがたの心に感銘を与えることを私は決意しています。最後のリストが完成し、記録が明らかにされる時、あなたがたは神のプレゼンスに感謝することでしょう。なぜなら、あなたがたは第一光線を司る男が語る真実に耳を傾けたからです。私が関心のあるのは、光のためにどのような進展がなされたかということです。サン＝ジェルマンもきっと同感でしょう。あなたがたに話をした他のマスターらは、賢きあなたがたに一言言うだけで十分だと感じていました。だから、今日こうしてお話する前に、私の耳元に許可が囁かれ、勇気づけられました。こうした理由から、今日私は、偉大なる存在たちの言葉に背を向け、指示と真逆のことをし続ける人間の愚かさについて、あなたがたにより理解してもらいたいと思っているのです。

　そのようなことは、天の法則を満たす代わりに、あなたがたの手の中へと放出された偉大なる存在たちのエネルギーを放棄していることになるのです。

　親愛なるハートの持ち主たちよ。あなたがたには私たちの教義を守る意図があり、その意図は周到です。と同時に、時に成果が伴わないことも私たちは知っています。美しい言葉や音楽を聞いても、全く矛盾する別の波動に同調してしまう状況に陥ることなく、このクラスや他のクラスをつうじてアセンデッドマスターらが放出してきたすべての愛とエネルギーが天の理想として、偉大なる成果の連鎖につながるよう、私の言葉によってあなたがたのエネルギーを刺激することこそ、今朝の私の意図であることを理解いただけたらと思います。

　人類は時に、まるで指人形やぬいぐるみのように、手をぶらりと垂らし、ハートが鉛のようになることがあります。

それは単に、彼らが人間の創造という霊的悪臭の振動作用にさらされるあまり、アセンデッドマスターの波動や自らの神聖なるプレゼンスのパワーが自分の存在を駆け巡り、生き返らせることを許さないからです。

今こそ、光のために立ち上がりましょう

そういえば、聖書に生者と死者に関する記述がありますね。[3] 生者も死者も神の息子の声を聞くのですよ。しかし、親愛なる存在たちよ。生者はその声に気づき、よって、天の特質に合わせて振動するのです。そして、それは天使や、調和の法則をしっかり理解する存在たちに比べてはるかにまやかしの、人類のさまざまなトロンボーン奏者やサキソフォン奏者が奏でるジャズにまさるのです。

今朝こうしてお話ししながら、私がいつもより少し荒っぽいとあなたがたの意識には映るかもしれません。私はあえてそうしているのです。そして、よく理解している学びの徒らが、理解してはいるものの達成に至っていないこうした内容を自らの世界で表現し始めるまで、その調子を強めていくつもりです。

親愛なる存在たちよ。私はこれまで幾度となく、アメリカ全土のさまざまな学びの徒に代わって、カルマ評議会の前に立ち、彼らに突きつけられることになっていたカルマ的作用を差し控えるよう嘆願してきました。

私は別にそんなことをしなくてもいいのです。私は神の自由の存在です。偉大なる宇宙の法則のもとで

は、私は宇宙的ハンマーと個々のライフストリームの間を仲裁することは求められていないのです。何なら、打撃を逸らすこともせず、ただ傍観していてもいいのです。あなたがたの思考の中でより強力な学びが起こるように、打撃がなされるままにしてもいいのです。そして、おそらく、そのほうが慈悲深いと言えるのかもしれません。これについては、今後、偉大なる光の拡大に対する反応で明らかになることでしょう。皆さん、これは非常に重大な問題なのです。この惑星に暮らす何百万もの人々のためにも、非常に重要なことなのです。

親愛なる存在たちよ。もし見識ある人々が神から与えられた権威を行使していたならば、政治情勢は現在のようにはなっていないでしょう。同様に、権威ある人類が押し黙ることなく発言していたならば、他人の火で暖を取ることだけを望まずに、偉大なる光のために足場を固めていたならば、宗教界の状況も現在とは違っていたでしょう。あなたがたの中には炎が存在します。そして、必要とあらば、あなたがたが光のためにかつてないほど立ち上がるまで、あなたがたのもとで火を燃やし続ける決意が私にはあります。

一瞬一瞬が機会という聖杯です

ロサンゼルスで開催したクラス以来、同クラスの参加者の中には、偉大なる光によって祝福されたり、より高い領域へと地球を旅立ったりした人たちもいます。あなたがたがここにいる時間は、無気力になる時間でも、眠る時間でもありません。

人生のすべての瞬間は神から与えられた祝福の瞬間なのです。ダイヤモンドでできた聖餐杯の中で、あなたがたは聖なる自己との統合を果たすよう意図されているのです。

もし、瞬間瞬間に与えられるこの素晴らしき救済を無視したとしても、それを調和させることができるのは自分以外いないのです。私が偉大なる仲裁者としてあなたがたとカルマの間に立つたび、「彼らは自分がしたことを理解していないのです。もう一度彼らにチャンスを与えてください」とカルマ評議会に対して赦免行為を嘆願してきました。カルマ評議会はあなたがたが思うより寛大で、私の求めを幾度となく受け入れてきました。なぜなら、私が希望と信念の存在であり、慈悲が私の中に現在もそしてこれからも存在することを彼らは認識しているからです。

しかし、これには非常に高いリスクが伴うことを考えると、私たちの学びの徒にはもはや価値のない真実に傾倒する余裕はないのです。こうした真実には、偉大なるアセンデッドマスターの領域の波動的作用が含まれず、高次の光の領域ではない霊的源に端を発するさまざまな新聞や文書を読むことで自らの時間やエネルギーを費やすことになるのです。

真理は誤りを帳消しにします

ここで、例として、モーゼの時代の王室の魔術師についてお話したいと思います。アロンがパロの宮廷の前に現れ、杖を投げるとそれば蛇になり、そして、王室の魔術師らが杖を投げると、それもまた蛇になりました。しかし、アロンの杖から放たれた偉大なる力が魔術師らの蛇をすべて飲み込み、彼らが光に抵抗できないようにし、彼らは高次より顕現した偉大な力に愕然としました。[4]

これが、真理と誤りの違いです。なぜなら、真理は結局、偽りの人々をすべて飲み込み、同化させ、「鉄の杖を持って」国々を統治する幼き男《マンチャイルド》を生み出すからです。[5]

親愛なる存在たちよ。「鉄の杖」、すなわち「アロンの杖」は誤りではなく真理の杖です。そして、その真理は今もこれらかも生き続け、そのために私は全身で尽くし続けます！　あなたがたに自由を得させるのは、真理であり、[6]誤りではありません。また、誰かが書いた出来の悪い概念でもありません。あなたがたに自由を得させるのは、グレートホワイトブラザーフッドから発せられた神の言葉であり、それには高次のマスターたち、そして宇宙の偉大なる存在たちのあらゆる光線やパワーが込められています。

光を支持する立場を取らなければなりません！　光を支持する立場を取らなければなりません！　これが個人的なうぬぼれや外面的な運動のためではなく、人類を不完全性から完全性へ導き、うぬぼれから栄光へと導き、死から生命へと導く、偉大なる宇宙の力のためであることに、気づかなければなりません。

これは世界の権力や国家と、天の偉大なる力と国家との間で展開される生死を分ける闘争なのです。私たちは自由意志への干渉を認められていないため、私は私のために献身し、忠実を誓った学びの徒らに向けて言葉を放っているにすぎません。私が彼らに対して一定の統制を行使することができるのは、こうした献身や誓いがあってこそです。正しい道を忍耐強く歩まなければ、私によって放免されないだろうと考える人たちは、別の思考に逸れていくでしょう。それはなぜかというと、この惑星の進化において、両方の手を聖なる目的に捧げる意図のない人たちをこの光の道の戦士として迎える余裕が、もはや無い時期に到達したからです。

私たちは羊と山羊を分けることを望みます

優れた民の軍を率いていたいにしえの司令官が神のプレゼンスの前に立ち、民を臆病者と勇者に分けることを望んだ時、彼は泉の水を飲ませるようにとの啓示を受け取りました。すると、川辺にひざまずき、武器を置き、両手で水をすくって飲んだ民はひとつのグループに入れられ、片手に盾や剣を持ったまま、もう一方の手で水をすくって飲んだ民はもうひとつのグループに入れられました。[7] これと同じことが、再びなされるでしょう。なぜなら、私たちは光を、そしてサン＝ジェルマンが掲げる目標を指示する立場を取る人々を最大限活用し、それ以外の人々は帰らせることを決意しているからです。私たちはもはや、自分自身、そして私たちを象徴する活動に自らの霊的権威を行使することを余りに長きにわたり怠ってきた個人と、カルマという斧との間を仲裁することはないでしょう。

私たちはグレートホワイトブラザーフッドを代表する存在として、この活動のパワー、そしてグレートブラザーフッドのパワーが、人類のため、そして神によって愛されているすべての幼き子どものために導きの力となること、そして、この惑星が恐怖や破壊の場所ではなく、神が意図する天国、そして安息の地となることを、決意しています。

皆さん。私への忠誠を改めて誓っていただけますか。そうしていただくことを願います。あなたがたに感謝します。良き午前を。

1963年10月13日（日）朝

ドッジハウス、ワシントンＤＣ
（メッセンジャー／マーク・Ｌ・プロフェット）

第33章　感謝の祈り

神の善なるエッセンスよ。素晴らしき聖なる意思よ。その輝きで惑星をぐるりと取り囲み、人間の存在という神殿の中で、燃え栄える炎によって記録されたすべてのものが神聖なる展開を成就するその時まで、ひとりひとりのハートを神の設計の中に封印してください。

神の法則が記され、石に刻まれ、モーゼに手渡されたように、聖なる者よ、人々の心や思考に法則を刻み、聖なる贈り物をあなたが捧げ、あなたがたから授けられる聖なる贈り物を受け取るという行為の重さを人々に感じさせてください。

そして、人類が自らのハートセンターから溢れ出す偉大なる光の流れに気づくよう、ダージリン評議会が結集することを求めます。

内なるものを究極に認識させてください。そこに鎮座する永遠なるプレゼンスを認識させてください。普遍的意識の至るところに鎮座する永遠なるプレゼンスを認識させてください。神聖な存在の領域の外には何ものも存在しないことを認識させてください。

なぜなら、その中には、闇、不協和、絶望の余地が存在しないからです。すべては、太陽から放たれる広大な至高の栄光であり、個別的な完全性という時代の終わりへと人類の道を照らす力です。

こうしたハートや聖杯を崇敬せよ。こうした聖杯のプレゼンスを崇敬せよ。彼らを、あなたの愛に値する純粋さを持つ、円卓の聖なる騎士にしてください。

天の父よ。感謝します。サン＝ジェルマンの名において、これらの魂を聖なる光のブラザーフッドに捧げます。神の偉大なる炎で彼らを封印してください。彼の手の中で永遠に存在し続けるように。

ハート、頭、手の印とともに、永遠なるブラザーフッドが毎日を通してあなたがたに神のプレゼンスを届けます。

永遠に……

永遠に……

永遠に……

１９６３年12月１日（日）朝

ドッジハウス、ワシントンＤＣ

（メッセンジャー／マーク・Ｌ・プロフェット）

第34章　わが家にまさるところなし

「宮殿での享楽もあろうが　粗末なれど　わが家にまさるところなし」[1]

親愛なる存在たちよ。あなたがたのハートは神聖なる機会の聖杯であり、宇宙の神、生命の偉大なる意識である、全能の存在の安住の場所です。

意識の中でどこを彷徨《さまよ》おうとも、瞑想中にどんな考えが浮かぼうとも、周囲の環境がどれだけ貧しいものであったとしても、神の家、そして安住の地として神に捧げたハートにまさる場所はありません。そこでは、神聖なるプレゼンスの救いの天使が偉大なる愛の炎を讃えています。惑星間空間の星を構成する基本要素は、あなたがたのハートで燃える炎と同じ成分でできており、宇宙愛という原理に捧げられています。

今宵、ダージリンからあなたがたにクリスマスのメッセージを届けながら、多くの人が私の名を冠することを選んでも、私の炎を冠することを選ぶ人はほとんどいないということが頭をよぎります。私の名を冠することだけを選択する人たちは、他人の称賛を求める人たちです。しかし、真理という偉大なる炎を浴びる人たちは、私の名を讃えたり、「神の意思を愛しています」と語ったり、宣言したりするだけでなく、われらが父の意思を地球上で成すことに意味があるのだということに気づくのです。

私たちは純真な宇宙の真理を抱いています

今宵、私たちは甘美な純真さをあなたがたのハートの聖杯にもたらします。私たちは純真な宇宙の真理を抱いています。現在、人々は宇宙のストーリー――好奇心を刺激し、一時的に注意を引き付けるような生命の部分的な物語――にしばしば魅了されています。しかし、聖なる意図を讃え、人類に宇宙的現実という全能の衣をかけるために、神聖な経験という日々の試練が人類に訪れているというのに、存在に関する偉大なる永遠の真理は見過ごされています。

今宵こうしてあなたがたに語りかけながら、改めて思います。神聖なる意図は聖なる動機とともに純粋な心理の祭壇に祀られなければなりません。そして、人々は自分自身だけでなく、生命の他の要素が天の恵みを享受することを許すことができる、ある一定の分別の精神が求められるということを。親愛なる存在たちよ。自分を神に選ばれし者として思い描きながら、他者を除外するのは、やや強引ではありませんか。神がひとりを寵愛し、他の全員を無視することは、聖なる動機と一致しないと思いませんか。

親愛なる存在たちよ。人々は確かにみことばに従うことを選択します。同様に、神はこの惑星体に存在するすべての人をわが子とし、人間の愚行や自惚れの領域から宇宙の純粋なキリスト的心理へと移行させる霊的な力と認識を全員に届けるという聖なる願いを抱き続けてきたのです。

慈悲深い心を持つ王

はるか昔、この素晴らしい惑星のある国に、莫大な富を持つ王がいました。この幸運な王は、幼少より、慈悲の特質を認識するようしつけられていました。そして、どこへ行こうともこの富を分け与え、正義と真理をもって分け与え続けるよう、母親から直々に教えられました。

馬車に乗って市中を通り抜ける時、彼はいつも最もみすぼらしい乞食に一枚の金貨を手渡しました。施しは一杯のスープとなり、宿代となり、傷を癒す軟膏となり、そして時には、賭け事で新たな儲けを生む法貨となりました。

人民に対して心から慈悲を抱いていた王が自分の宝庫から受け取ったものを市中の人々に分け与え続け、王の宝庫を守るべき人々も怠慢を続けた結果、やがて広大な宝庫は空っぽになってしまいました。こうして、国を治める王が、自分や家族の生活を支えるために必要なものにお金を払えなくなってしまったのです。

すると、彼は家族のために物乞いしようと、自分の王族の衣を身に着けて市場へ向かいました。王が道の角に立っている間、それまで彼から親切な行為を受け取った人々の多くは、家にある一斤のパンや、食事、そして自宅の木で採れた新鮮な果物を彼に提供するチャンスを与えられました。

しかし、どこへ行っても人々が彼に背を向けることに、王は驚きました。王は自分の全財産を彼らに授けたにもかかわらず、彼らは衣をきつく締め、手に持っていた物を胸に抱え込み、何ひとつ分け与えようとはしませんでした。

そしてある日、王が顧問を集め、状況を説明すると、その中でも最も賢明なひとりがこう言いましした

――「王国が存続し、ご自身が王で在り続けるためには、ご自身のものを彼らから取り戻さなければなりません。彼らに気前よく与えたものを、取り立てなければなりません」

これに対し、王はこう言いました――「それはだめだ。たとえ必要に迫られても、いかなる残忍な行為を行うことも私の心は許さないし、不正に彼らから取り立てるつもりもない」。顧問らは引き下がらず、こう言ったのです――「王よ、お聞きください。ご自身が何も望まないとしても、ご自分の家族や子どもたちが腹を空かせている状況を見てください」

その結果、顧問らの説得により、王は、自分のためではなく家族のために、人々のもとへ行き、家族が生活するために必要なものをくれるよう求めました。それでも再び、人々はコートの紐をきつく結び、彼から逃げていきました。

戻った王に、顧問らはこう言いました――「ご自分の軍の兵士を連れて、矢や剣を携えた家来を率いて、ご自身の生活に必要なものを彼らから力ずくで取らなければなりません」。これに対し、王はこう答えました――「いいや、できない。彼らが愛で与えないものを、彼らから力ずくで奪うことはできない」

すると顧問らは、王の家族が生き延びるため、そして、彼の王室を構成する忠誠心のある友人らの生活を支えるためにも、必要なものを確保しなければならないと、改めて念を押しました。そうして、王は再び、今度は兵士を伴って市場へ向かい、人々が分け与えようとしないものを、兵士の力によって没収したのです。

やがて、人々は彼を暴君と呼ぶようになりました。彼らは密かに王の悪口を言い、尊敬や敬意を払うことをしませんでした。

やがて王は逝去し、この世界から不名誉とともに旅立ちました。長きにわたり彼が心から行った善行のすべては、汚名行為として人々の心の中に刻まれたのです。

しかし、王は正義を愛し、英知を愛していました。そのため、指示を求めて私たちのもとを訪れたのです。王は、それまでの彼の善行に関係なく人々が出し渋ったものを、剣の力によって押収した、ひどい過ちをどう正すことができるかを知りたいと願いました。

そこで、私たちは彼に深遠な指示を与えました。今回の口述ではどのような指示だったかはお話ししませんが、彼はやがて人々とともに自由という目的に仕えるさらなる機会を与えられました。

そして、次の転生において、彼はふたたび数々の深刻な問題に直面することとなり、その転生においてもそれらを清算することはありませんでした。かつて王だったこの男は、次の転生ではナポレオンとして知られました。つまり、彼はサン＝ジェルマンから指示を与えられたにもかかわらず、自分の中のあらゆる善を習得し損ね、再び暴君と見なされたのです。

キリストの理解を守りましょう

あらゆる人間の法律を超越した法律というものが存在することに人類は気づかなければなりません。それは、神の法則――真理の法則、神の聖なる意思に捧げられた法則です。人類は何を理解し、何を得るにしても、悟りを得るよう促されています。[2] この理解こそ、人々の心に平安をもたらし、キリスト性または神性に属さない、誤った思考や感情の結果であるあらゆる苦しみ、悲しみ、無価値観を手放すことを可能にするキリストの理解でなければなりません。

あなたがたが、私たちのゲストとしてダージリンを訪れ、美しいアシュラムの中のクッションのきいた椅子に座る時、私は神の聖なる意思の素晴らしさをあなたのハートに理解してもらおうと努めます。私は歴史的記録から、あなたがたに語りかけようと努めます。私はあなたがた個人の記録から、あなたがたに話そうと努めます。そして、神の意思を直接理解することでもたらされる未来や栄光について、あなたがたに話そうと努めます。

前途にある課題に対して、より注意深くあり、より十分に備えなければなりません

親愛なる存在たちよ。しばしば人類が誤った安心感を抱き、実際は全く逆のことをしているにもかかわらず、自分が神の意思を成しているという考えを抱く時、知らず知らずのうちに神の意思を欺いていることを知っていますか。あなたがたの中には「親愛なるエル・モリヤ。自分が神の意思と全く逆のことをしていることに気づかないとことなどあるでしょうかと言うかもしれません。海の世界には、イカやタコといった生き物がいますね。こうした深い海に生きる存在たちが吹き出す黒い液体は、水と溶け合うことで水を不透明にし、敵から自分を見えなくしたり、敵を無力にしたりすることができるのです。彼らは人類に教訓を教えてくれます。密度のあるさまざまな勢力が人類に向けて投影されています。

例を挙げましょう。

私たちが学びの徒らに向けて口述している時、非常に頻繁に、邪悪な勢力が活動しています。その中で、こうした勢力は、眠くて目を開けていられない、眠らなければならない、という概念を学びの徒らに向け

て投影します。

この誤った概念が学びの徒の意識によって受け入れられてしまうと、その口述に同席している特定の個人のためにデザインされた特殊な波動的作用を含む言葉があっても、その人はそれを聞くことができないのです。もうひとつの例としては、親愛なるメッセンジャー自身が睡眠状態に入り、意図せずに霊的な影響を受けた結果、私たちの活動や争点にも霊的影響が向けられることとなり、大きな苦悩が生じます。

学びの徒らはこうしたことを認識する必要があります。来たる一年間、すべての使徒のハートは強く刺激されなければなりません。前途にある課題に対して、より注意深くあり、より十分に備えなければなりません。私たちは必ず進歩します。しかし、進歩は人々のハートの中で生まれなければなりません。

誠実さとキリスト性で人々の本質を満たさなければなりません

今宵こうして私がお話ししている間も、グレートホワイトブラザーフッドの波動的作用が起こっています。それは、キリスト意識へと人類を完全に導くためにデザインされています。親愛なる存在たちよ。人類は2000年にわたり、アセンデッドマスターであるイエスをつうじてキリスト意識を享受してきました。この長く苦しい歴史の中で、人類は依然として憎しみや暴力や破壊性に囚われています。

キリストの本質は、まだ十分に世界の各国政府の中に浸透していません。人間の欲に由来する暴力や悪質さといった力に対抗するだけの神聖で公正な特質をもたらすほどには、キリストの本質が国家元首や彼らの支持者に浸透していないのです。

現在も、財力があれば、他の手段で確保できないものも買うことができるという事実があります。そして、この考えは持てる人々の間で蔓延しています。なぜなら、欲深い人々は、病にむしばまれるように欲に囚われ続けることで、不正に取得した利得をさらに得るからです。

今こそ、誠実さとキリスト性が人々の本質を満たし、彼らの聖なる意識から、あらゆる闇や不透明さや影を洗い流さなければなりません。今こそ、人類は救出の天使の癒しの水により、偉大なる宇宙の水盤の中で清められ、神聖意識、全体性の意識、キリスト性達成の意識が生み出されなければなりません。

あなたを通過していった善について話しなさい

これまで、人々は大聖堂で荘厳な音楽を聞いてきました。彼らの魂は、惑星が奏でる壮大なオルガンに歓喜し、聖なる機会の荘厳さを楽しんできました。そして、神に対して罪の許しを乞うことすら楽しんできました。しかし、依然として宇宙的不調和の状態にあります。皆さんに、そして、電子処理という奇跡によって私の言葉を読んだり聞いたりする人々に言います。現在の人生の成果は、他の誰でもない、あなたがた自身が責務を果たした結果であることを忘れないでください。

これまで、数多の人々が神の聖なる意思に自らを捧げていましたが、瞬間瞬間に影響を与えられる力は、現在あなたがたに与えられている力に比べればわずかなものでした。やがて、あなたがたもまたそれぞれの人生の終着点に到達するでしょう。

そして、扉の前に立ち、偉大なる宇宙の法則によりこう訊《たず》ねられるでしょう――神の聖なる名アイ・アムに関連してあなたが外面化させた善を、祭壇の上に並べなさい。あなたを通過していった善について話しなさい。あなたが神の名において倒した、自分自身の中、そして他者の中にあった不純というドラゴンについて話しなさい。あなたが示した慈悲について話しなさい。

今すぐ、誰に仕えるかを選択しましょう

黄金時代の騎士・淑女たちよ。神の聖なる意思に捧げられたわがハートの聖杯を贈ります。神の名において、神の意思への献身の中で、今あなたがたのエネルギーをわがエネルギーと混ぜ合わせ、それを神に捧げ、キリストを讃え、生命に仕えることを選択しますか。それとも、素晴らしき光線が褪《あ》せ去り、生命の虹の輝く善がすべて失われてしまった、自分のことにしか関心がない、自己憐憫に浸ることを選択しますか。そうではありませんね。

では、誰に仕えるか、賢明な選択を行いましょう。[3] キリストの誕生を祝うミサ、生けるキリストに対する人々の心からの献身を選びましょう。ゴルゴダの丘で殺された者でも、地球の暗闇に入った者でもなく、死という牙から輝きとともに解き放たれ、ベタニアの丘から宇宙の永遠性へと昇天し、「私はよみがえりであり、命である」ことを証明した者に仕えることを選びましょう。[4]

この永遠性という観点から見ると、私たちの課題とは永遠なる課題です。それは、人間的な罪悪感というかせや、浅ましい道義心に支配された人々に断絶を願わせるものではなく、聖なる純粋さ、そして、輝かしい善への愛であり、今この瞬間に人生というスクリーンに彼が出現することを引き起こすものです。

そして、世界のあらゆる恥ずべき状況が聖なる炎によって変化し、やがてはゴータマ・ブッダの純粋性、イエスの純粋性、サン＝ジェルマンの純粋性、聖母マリアの純粋性が、あなたがた自身の聖なるプレゼンスとしてハートに降り立つ時が来るのです。

未来という輝く宝石は神の手にあります

今宵、私はアセンションした存在としてあなたがたにクギをさしにやってきたのではなく、あなたがたの現在の状況を伝えることで、深く悔いているハートから素晴らしき反応を引き起こすためにやってきました。

ご覧なさい。クリスマスの威厳、一日一日の素晴らしさこそ、神の意思への永遠なる信仰の本質です。信仰なくして、いかに永遠の神殿を建てることができるでしょうか。信仰なくして、いかに数々の邪悪な抑圧に対して立ち上がることができるでしょうか。信仰なくして、いかに密度の濃い環境の中で、あらゆる外側の状況に打ち勝ち、本来の自分の本質である宇宙的純粋さの中に存在することができるでしょうか。それでも、信仰も希望も慈悲も存在し続けます。しかし、最も大いなるものは、神のハートの本質である、純粋な愛なのです。

今宵、こうしてクリスマスのメッセージを伝えながら、あなたがたに伝えたいことがあります。それは、過去はプロローグであり、光り輝く未来は神の手にあるということです。そして、その神とは、人類の邪悪な評価によって傷つくことなどない、あなたがた自身の輝かしいアイ・アム・プレゼンスです。

親愛なる存在たちよ。残念なことに、この惑星には他者を見れば非難ばかりする人たちが数多くいることを知っていますか。こうした人々は、宝石ではなく欠点ばかりを探しているのです。

恐らく、彼らは自分を宝石の目利きだとでも思っているのでしょう。しかし、すべてのアセンションした存在たちは、磨かれていないダイヤモンドの原石を見つけた時、一点の欠点もない宝石をそこに見るのです。

私たちはその宝石を神の創造物として見つめます。そして、それを磨くのは私たちの仕事です。そしてそれは、自分は磨かれていないダイヤモンドではあるけれど、すべての面を永遠なる完全性の中で磨き上げる必要があることに気づく人々の真摯な努力によってなされるのです。そして、決して絶えることのない神の偉大なる光の輝きにより神聖化された宝石は、永遠性という多面的表現の一部となり、その価値が認められるでしょう。

あなたがたは神によって対価を、宇宙的対価を授けられています

親愛なる存在たちよ。あなたがたの金融界には「受け取った対価と引き換えに」という表現があります。あなたがたが生命とともに受け取った対価は、あなたがたが彼を、その真の姿を見た時、明らかになるでしょう。[6] なぜなら、「すべての人の目、ことに、彼を刺し通した者たちは、彼を仰ぎ見るであろう」と記されているからです。[7] 地球上の少なくない人々が、自らの密度が原因で、または人生のどこかの部分で憎しみや人間的不協和を投げかけるたびに、ナザレのキリストを突き刺してきました。その瞬間、彼らはキ

リストを刺したのです。なぜなら、これらの最も小さい者のひとりが行ったのは、すなわち、彼に行ったことであるからです。[8]

つまり、救済を、支援を、聖なる赦しの完成を、「受け取った対価と引き換えに」授かるのだ、という言葉の意味をすべての人が理解することが必要です。あなたがたは神によって対価を、宇宙的対価を授けられています。そして、私たちは今宵、あなたがたの意識という広大な領域への、自身のアイデンティティや存在の宇宙的価値をもたらすことに尽くしています。なぜなら、その生命や意識という舞台で、あなたがたはアルマゲドンの戦いに挑み、悪を克服し、人生のいかなる部分に対しても自ら生み出したあらゆる抑圧を鎮めることによって初めて、美しい白い衣に身を包み、宇宙の主の前に連れてこられ、自分が彼の息子であり、彼のエネルギーの導体であることを知るからです。

自らの存在という聖杯の中にこうしたエネルギーを保持するあなたがたが、聖なる探求の道に送られた、遊歴の騎士となるのです。しかし、決して無駄な冒険に終わらないことを、私は約束します。それは偉大なる普遍の杯を満たすほどのあらゆる事象、驚き、音楽、喜び、歓喜に満ちたものとなるでしょう。聖なる探求の道を信じ、あらゆるつまずきや妄想という障害をものともせずに、彼の足元にひざまずくその時まで前進し続ければ、神の恵みは無限にもたらされるからです。

ベツレヘムであれ、ナザレであれ、ゴルゴダの丘であれ、ベタニアの丘であれ、偉大なる旅のどこで主の素晴らしき存在に触れるかは重要ではありません。触れるだけで十分なのです。なぜなら、キリストはすべての人のキリストだからです。キリストは神のキリストです。そして、神は生命であり、神はあなたがたの生命です。

この聖なる関係において
父と息子がいます
そして、あなたが息子で、彼が父です
彼からは素晴らしき神の炎が流れ出し、
数百万、数十億、百兆もの聖体に分割されても
それは同じひとつのものです――
骨は彼の骨であり、
肉は彼の肉であり、
本質は彼の本質なのです。
それは光。
それは愛。
それは生命。
それは喜び。
それは聖なるスピリット。
それは個々の人間。
それはアセンションした存在、星、花。それはすべて。
同時に、それはひとつの要素。

なぜなら、その無限なる要素の中には、
太陽の宝石のように輝く本質がある。
そして、太陽そのものの中には、
神聖なる部分がある。
すべては広大な円の中に存在し、
それはすべての故郷であり、
神のハートである。
全宇宙を包み込むほど
広大であると同時に、
一次的な困窮により
大きな欠乏を感じている小さき者、
粗末な者、弱き者の
扉を通り抜けられるほど小さい。
この大きな欠乏の中で
杯はその厚みを増し始める。
外側では、人間のハートの中にある存在の大きな裂け目が明らかになる。
すると、杯は満たされ
神のアイデンティティで満ち溢れる。

これが、私からあなたがたへのクリスマスメッセージです――あなたの宝があるところには、心もある。[9]愛しいわが家とは、神が存在するあなたのハートです。神の居ないハートは、空っぽそのものです。ああ、ブラザーフッドがあなたがたに挨拶しています！　永遠の平安を。そして、すべてに勝利を。たじろいではいけません。光を掲げるのです。多くの強き息子たちが勝利の十字架を抱けば、神の光が絶えることはありません。

ありがとうございました。良き夜を。

1963年12月25日（水）夜
バージニア州ホーリーツリーハウスフェアファックス
（メッセンジャー／マーク・L・プロフェット）

訳者あとがき

２０２３年も残すところあとほんの数日という時、このあとがきを記しています。

世界中に広がり、内側に入らざるを得なくなる時間を私たちにもたらした感染症は、拡大の勢いは一進一退しながらも、私たちの中でより静かに受け入れられるものとなりつつあります。

この本を手に取っていただいた皆さんもまた、それぞれに自分の暮らしやあり方を見つめ直したという方も多くいらっしゃるのではと思います。

私自身は、それ以前から個人で仕事をしていたこともあり、ライフスタイル自体は変わることはありませんでしたが、自分にとって大切なものを見極めながら、社会を支配していた「恐れ」という形のない存在に対する耐性をそれまで以上に育てることを何より大切にするようになりました。

２０２４年は、こうして私たちの中で育ってきた変化への躍動的な力が形となり始めるように思います。それまで、私たちの思考や現実を囲ってきた柵は、もう私たちには合わないのです。変化に踏み出すための勢いを、新たな年がきっと後押ししてくれることと想います。

本書『エル・モリヤ　アセンデッドマスターの教え』は、国内初のエル・モリヤの書籍ということもあり、そうした本を日本語にするという素晴らしい機会をいただいたことを心から光栄に思っています。チャネラーを通して語られるエル・モリヤの言葉たちは、時代的・宗教的要素もあり、やや堅さがありますが、そこに込められているのは、普遍の愛のエネルギーです。

翻訳を進めながら、本書で随所に登場する、エル・モリヤが存在するというインド・ダージリンの美しい山々、さわやかな木々の香りに思いを馳せる瞬間が幾度となくありました。

きっと、いまこの瞬間も、雪を抱いたヒマラヤから、私たちを見つめ、導いているのでしょう。

本書の中に散りばめられたエル・モリヤの、そして、宇宙の叡智が、皆さんの心に届き、根付き、そして大きく大きく育っていきますよう、心から願っています。

小林千恵

由で、ここで一旦止まります』。驚きと安堵に満たされた私は、素早くテープを交換し、驚嘆とともにエル・モリヤに心から感謝を送りました。『当然だよな！　これはアセンデッドマスターの活動だ——すべてを見渡せるアセンションした存在からの口述じゃないか』。新しいテープが回り始めると、エル・モリヤは口述を再開しました。最後に、モリヤ大師の言葉の理由を理解したマークは多いに喜びました」

6．マタイによる福音書５章18節。
7．マタイによる福音書５章14～16節。
8．イザヤ書25章８節、ヨハネの黙示録７章17節、21章４節。
9．マタイによる福音書10章８節。
10．マタイによる福音書６章９～10節。

第32章

1．ルカによる福音書２章49節。
2．ピリピ人への手紙３章14節。
3．使徒言行録10章42節、テモテへの第二の手紙４章１節、ペテロの第一の手紙４章５節。
4．出エジプト記７章８～12節。
5．ヨハネの黙示録12章５節。
6．ヨハネによる福音書８章32節。
7．士師記７章１～７節。

第34章

1. 「宮殿での享楽もあろうが　粗末なれど　わが家にまさるところなし」ジョン・ハワード・ペイン「埴生の宿 Home, Sweet Home」（オペラ『ミラノの乙女 *Clari, the Maid of Milan*』中の歌曲）。
2．箴言４章７節。
3．ヨシュア記24章15節。
4．ヨハネによる福音書11章25節。
5．コリント人への第一の手紙13章13節。
6．ヨハネの第一の手紙３章２節。
7．ヨハネの黙示録１章７節。
8．マタイによる福音書25章40節、45節。
9．マタイによる福音書６章21節。

不協和、道徳崩壊が特徴。
4. 創世記 25 章 29 ～ 34 節。

第 27 章

1. 出エジプト記 20 章 2 節。
2. アブラハム・リンカーン「ゲティスバーグ演説」―1863 年 11 月 19 日ペンシルバニア州ゲティスバーグ。
3. 「ジャガノート」は、すべてを不可抗力的に破壊しながら進む、容赦なき力または物。
4. イザヤ書 8 章 13 ～ 15 節、マタイによる福音書 21 章 42 ～ 44 節
5. イエス、1963 年 5 月 3 日『パールズ・オブ・ウィズダム』6 号 18 番「コロナクラスレッスン」／イエスとクートフーミ、「コロナクラスレッスン」、サミット・ユニバーシティ・プレス。
6. ルカによる福音書 21 章 25 ～ 26 節。
7. マタイによる福音書 18 章 11 ～ 14 節、ヨハネによる福音書 10 章 11 ～ 15 節。
8. 箴言 14 章 12 節、16 章 25 節。
9. ヨハネの黙示録 21 章 1 節。
10. 出エジプト記 20 章 12 節。
11. ルカによる福音書 23 章 27 ～ 28 節。

第 28 章

1. ガラテヤ人への手紙 6 章 7 節。
2. 第 25 章参照。

第 29 章

1. 詩編 92 章 12 節。
2. 詩編 121 章 4 節。

第 30 章

1. マタイによる福音書 26 章 55 節。
2. ヨハネによる福音書 16 章 2 節。
3. エペソ人への手紙 6 章 11 節。
4. マタイによる福音書 6 章 2 節、5 節、16 節。
5. ガラテヤ人への手紙 6 章 2 節。
6. ユダの手紙 9 章。
7. マタイによる福音書 16 章 18 節。

第 31 章

1. 士師記 7 章 15 ～ 22 節。
2. コリント人への第二の手紙 3 章 18 節。
3. ウィリアム・シェイクスピア『ハムレット』第一幕、第三場行 78。サン＝ジェルマンは、シェイクスピア戯曲の著者〔という説もある〕、フランシス・ベーコン（1561 ～ 1626 年）として転生。
4. ヨハネの黙示録 21 章 25 節。
5. ノーマン・トマス・ミラー（アセンデッドマスターの学びの徒）の回想。「ロサンゼルスで開かれるアセンデッドマスターのカンファレンス『サン＝ジェルマンによる天使のクラス』に初めて参加することになった私は、自宅を出る前にサン＝ジェルマンに心からこう祈りました――『サン＝ジェルマン、このクラスのために私にできることがあれば何でもお手伝いします』。フィグエロアホテルに到着し、マークおよびエリザベス・プロフェット夫妻に会ったところ、嬉しいことに、私の技術的経験を買ったマークから会議の音声記録を頼まれました。エル・モリヤの口述中、壇上のメッセンジャーの後ろに座って目立たないように録音していたところ、テープがもうすぐ切れることに気づいた私は、テープを交換するために録音を止めると口述の一部分が失われてしまうと懸念しました。マークに私が見えるはずもなく、私の状況を知る由もありませんでした。『エル・モリヤ。どうすればいいか教えてください』。私は静かに請いました。テープの残りの数インチが録音装置を通過する時、突然モリヤ大師が話を中断し、こう言いました――『技術的な理

7．マタイによる福音書3章16～17節。
8．ヨハネによる福音書 3章8節。
9．イザヤ書9章6～7節、ヨハネの黙示録12章5節。

第16章
1．マタイによる福音書13章9節、13～17節。
2．ヤコブの手紙1章17節。
3．ヨハネによる福音書20章24～29節。
4．ヨハネによる福音書1章10節、ヨハネの手紙一3章1節。
5．マタイによる福音書8章5～13節。

第17章
1．マルコによる福音書16章19節。
2．使徒言行録1章9節。
3．ヨハネの黙示録1章15節、14章2節、19章6節。
4．ヨハネの黙示録21章6節、22章17節。

第18章
1．マタイによる福音書13章45～46節。
2．ラドヤード・キプリング「退場の歌」1～4節。
3．1962年6月24日、ワシントンDC、『パールズ・オブ・ウィズダム』15号62頁参照。
4．「ペンは剣よりも強し」。エドワード・ブルワー＝リットン『リシュリー』第二幕、第3場2。
5．マタイによる福音書6章23節。
6．ヨハネの黙示録 21章6節、22章1節、17節。

第20章
1．創世記6章2節、4節参照。

第21章
1．イザヤ書25章8節、ヨハネの黙示録7章17節、21章4節。
2．ルカによる福音書15章11～24節。
3．ルカによる福音書23章34節。
4．ヨハネによる福音書10章14節、16節、27節。
5．マタイによる福音書5章45節。
6．マタイによる福音書5章18節。

第22章
1．ルカによる福音書21章28節。
2．マルコによる福音書4章35～41節。
3．マルコによる福音書4章39節。
4．「反逆的な魂」は、天から地へ投げ出された堕天使★の意（ヨハネの黙示録12章7～9章）。
5．ヨハネの黙示録16章16節。

第23章
1．創世記4章1節、22節。
2．ルカによる福音書19章15～20節。
3．マタイによる福音書25章18節。
4．ヨハネによる福音書 10章30節。
5．民数記17章1～10節。

第24章
1．ヨハネによる福音書4章35節。
2．マタイによる福音書9章37節、ルカによる福音書10章2節。
3．エペソ人への手紙6章16節。
4．詩編23章2節。
5．ヨハネの黙示録21章6節、22章1節、17節。
6．ルカによる福音書22章42節。

第26章
1．詩編82章6節。
2．マルコによる福音書11章15～17節。
3．「カリ・ユガ」は、ヒンドゥー教の神秘主義の哲理において、紀元前3102年2月18日に始まった現在の暗黒時代を指すサンスクリット語。4つのユガ（世界の時代）の最後かつ最悪のユガで、争い、合わせて書いた詩を集めた『アイリッシュ・メロディーズ』に収められ、これがきっかけでムーアはアイルランドの国民的作詞家として有名になりました。
2．マルコによる福音書14章29節、コリント人への第一の手紙11章24節。
3．マタイによる福音書10章16節。
4．「たとえ今宵とても愛しく見つめているあなたの／人を惹きつける若い魅力のすべて／それがすべて明日には変わってしまい、私の腕から飛び去ってしまうことになっても……／そなたはなお慈しまれることだろう……」トマス・ムーア「春の日の花と輝く」1節。
5．ジョン・F・ケネディ。
6．ヨハネによる福音書13章4～17節。

第10章
1．ヤコブの手紙1章13～14節。
2．ヨハネによる福音書14章2節。
3．ルカによる福音書23章34節。
4．ルカによる福音書19章40節。
5．トマス・ムーア「春の日の花と輝く」1節。

第11章
1．テモテへの第二の手紙2章15節。
2．使徒言行録9章1～18節。
3．ヨハネによる福音書14章27節、16章33節。
4．ピリピ人への手紙4章7節。
5．ガラテヤ人への手紙6章7節。

第12章
1．アメリカ合衆国憲法。
2．ルカによる福音書19章41～44節。
3．金の亡者。「ほかの獣が地から上ってくるのを見た。その数字は666である」（ヨハネの黙示録13章11～18節）。
4．アブラハム・リンカーン「ゲティスバーグ演説」――1863年11月19日ペンシルバニア州ゲティスバーグ。
5．ガラテヤ人への手紙6章7節。
6．テモテへの第二の手紙2章15節。
7．サナート・クマラは1956年1月1日、彼の弟子であったゴータマ・ブッダが彼の後を継いで「世界の主」となったことで、「世界の摂政」になりました。これにより、サナート・クマラは故郷の金星へ帰還することができ、現在もそこから地球とその進化を支援しています。何世紀も前、コズミック・カウンシルが、地球上の魂らと神との再統合がもはや叶わないとの理由から、地球の崩壊を命じた時、サナート・クマラが地球に行き、一部の魂たちが三重の炎の担い手となることを改めて誓う時が来るまで、すべての魂に代わり、生命の三重の炎を守ろうと申し出ました。

第14章
1．創世記1章26～27節。
2．ヨハネの黙示録3章4～5節、7章9節、13～14節。
3．コリント人への第二の手紙3章17節。
4．使徒言行録2章2節。
5．創世記1章3節。
6．ヨハネによる福音書1章3節。
7．ヨハネによる福音書14章2節。

第15章
1．「しかし、故郷である神からの栄光の雲を辿るでしょう」ウィリアム・ワーズワース『霊魂不滅のうた』5節。
2．箴言6章6節。
3．ヨシュア記6章20節。
4．あるクエーカー教徒が妻に語ったとされる、作者不明の言葉。
5．マタイによる福音書6章9節。
6．ルカによる福音書22章42節。

原注

前書き

1．ヨハネの黙示録6章10節。
2．ヨハネの黙示録6章11節。
3．ヨハネの黙示録7章10節。
4．ヨハネの黙示録7章14節。
5．エレミア書23章1節。

序文

1．サムエル記第一15章22節。
2．ピリピ人への手紙4章7節。
3．「アイ・アム運動」と「自由への架け橋」。
4．聖なる愛の普遍的キリスト意識。

第1章

1．神智学、「アイ・アム運動」と「自由への架け橋」。
2．グリム童話をもとに製作されたウォルト・ディズニー作品『白雪姫と7人の小人』。
3．マタイによる福音書5章14節。
4．マタイによる福音書25章24～30節。
5．マタイによる福音書26章41節。
6．サミット・ライトハウスが毎週発行する『パールズ・オブ・ウィズダム』には、メッセンジャーであるマーク・L・プロフェットとエリザベス・クレア・プロフェットをつうじて口述されたアセンデッドマスターらのメッセージが記されています。その中で、マスターらは私たちが霊性と再びつながり、現代のさまざまな困難に対応するための英知、ガイダンス、実践的テクニックを語っています。『パールズ・オブ・ウィズダム』のお申込みについては、サミット・ライトハウスまでご連絡ください(巻末の著者略歴欄参照)。

第2章

1．ヨハネによる福音書5章17節。
2．ホセア書11章1節、マタイによる福音書2章15節。
3．ピリピ人への手紙4章7節。

第5章

1．マタイによる福音書6章24節。
2．1960年7月3日にニューヨークシティのフリーダムクラスで語った言葉。第4章参照。

第6章

1．テモテへの第二の手紙4章7節。
2．ルカによる福音書1章46～55節。
3．詩編23章3節。
4．マルコによる福音書4章39節。
5．ウィリアム・シェイクスピア『ロミオとジュリエット』第二幕、第二場、43～44行。
6．イザヤ書64章4節、コリント人への第一の手紙2章9節。
7．詩編23章1～3節、6節。

第8章

1．トマス・ムーア「春の日の花と輝く」2節。エル・モリヤはアイルランド人詩人のトマス・ムーア（1779～1852年）として転生したことがあります。
2．詩編82章6節。
3．ヨハネによる福音書10章34～36節。
4．箴言4章7節。
5．トマス・ムーア「春の日の花と輝く」2節。
6．マルコによる福音書6章35～44節。
7．ヨハネによる福音書8章11節。
8．マタイによる福音書5章6節。
9．使徒言行録9章18節。

第9章

1．「かつてタラの広間に竪琴は」は、トマス・ムーアが古い民謡の曲に

みことば　ロゴスであり、神の力。その力の実現は**キリスト**の中で、かつキリストとして具体化します。みことばのエネルギーは、語られる言葉の力の放つ儀式の中で、ロゴスを支持する者によって放たれます。**父母なる神**はみことばをつうじて人類と意思疎通を行います。キリストはみことばの化身です。**キリスト**、**布告**を参照。

みずがめ座の時代　うお座の後に続く2150年の周期。うお座は、その時代を司ったイエス・キリストに示される通り、神が神の子であるという理解をもたらしました。みずがめ座の時代は、神が聖なるスピリットであり、聖なる母性であるという意識をもたらします。この時代は、アセンデッドマスターのサン＝ジェルマンと彼の聖なる伴侶であるレディ・マスター・ポーシャが司ります。この周期では、自由と正義の法則、沈殿と変換の技術、そして世界がかつて経験したことのない悟りと平安をもたらすことのできる神への祈りの儀式を実践する機会が与えられます。

道　**キリスト意識**を追求する者が、**アセンション**の儀式をつうじて、この時空の自我による制限を克服し、現実との再統合を果たすイニシエーションの道。

メッセンジャー　**グレートホワイトブラザーフッド**の言葉、概念、教え、メッセージをさまざまな方法で受け取るよう、**アセンデッドマスター**らにより訓練された者。人々のために神の法則、預言、摂理を伝達する者。マーク・L・プロフェットとエリザベス・クレア・プロフェットは**サミット・ライトハウス**のためのグレートホワイトブラザーフッドのメッセンジャーです。

メモリー・ボディ　**４つの下層体**を参照。

メンタル・ボディ　**４つの下層体**を参照。

４つの下層体　**魂**を取り囲むように存在する、４種類の振動数の鞘。魂が地球上で用いる乗り物――エーテル（メモリー）・ボディ、メンタル・ボディ、デザイア（エモーショナル）・ボディ、肉体。エーテル・ボディには、魂のアイデンティティのブループリントが収められており、魂の中で発生したすべての記憶と、発信したすべての衝動の記憶が含まれています。メンタル・ボディは認知機能を司り、浄化されると、神の思考、キリストの思考の器になることができます。デザイア・ボディには、高次および提示の欲求が収められ、感情が記録されています。肉体は肉と血で構成され、魂が物理的宇宙で向上することを可能にします。

ライフストリーム　一なる源である、**スピリット**の領域の**アイ・アム・プレゼンス**からやってくる生命の流れ。**マター**の領域に降り立ち、マター内の魂を持続させ、**４つの下層体**に滋養を与えるために**ハートの秘室**に固定される**三重の炎**として顕れます。個々の「生命の流れ」として進化する**魂**を指すため、「個人」と同義で使用されます。個別化の周期全体における、個人の特性を意味します。

ルートチャクラ　脊柱の基底部にある４枚の花びらの形をした白色の**チャクラ**。第四光線、そして純粋、希望、喜び、自己鍛錬、統合、完全性、一体性、育成の表現と関係しています。

ロゴス　ギリシャ語で「言葉」、「話」、「道理」の意。**みことば**を参照。

ロード・オブ・カルマ　カルマ評議会を構成するアセンションした存在たち。彼らは世界のシステムにおいて正義を執行し、すべての**魂**のカルマ、慈悲、審判について判決を下します。すべての魂は地球の転生の前と後でカルマ評議会による審判を受けなければならず、転生前にはカルマを割り当てられ、転生後は行いについて審査を受けます。

われは在りて在るものなり（I AM THAT I AM）　**アイ・アム・プレゼンス**を参照。

光の管　各人の求めに応じ、**アイ・アム・プレゼンス**のハートから降り立つ白い光。直径９フィート（約2.7メートル）で、アイ・アム・プレゼンスを源とする円柱が足の３フィート（約90センチメートル）下まで拡がっています。光の管はネガティブなエネルギーから私たちを守る盾として働き、各人の思考、感情、言葉、行いの調和が保たれている限り、１日24時間維持されます。
布告　**アセンデッドマスター**らの学びの徒らが、神の**光**を個人や世界の状況に向けるために用いる、動的な祈りの言葉。**アイ・アム・プレゼンス**および生ける**キリスト**の名において、神の意思をつうじて地上に建設的変化をもたらすための、人間によって発せられる権威ある神の**みことば**です。
普遍的キリスト　スピリットの領域と**マター**の領域の仲介者。**キリスト自己**の化身として、神のスピリットと人の魂の仲介役を果たします。
父母なる神　**アルファとオメガ**を参照。
変容　**アセンション**の道にあるイニシエーション。イニシエートが一定の調和に到達し、**三重の炎**を拡大させた時に起きます。イエスの変容については、マタイによる福音書17章１～８節に記されています。
菩薩　サンスクリット語で「*bodhi*（悟り）」の存在。悟りの運命にある存在、または悟りにエネルギーやパワーを向けている存在。菩薩はブッダになる運命にありますが、地球上の神のすべての子どもたちを救う誓いとともに、涅槃の喜びを見送りました。菩薩は**アセンデッドマスター**の場合も、**アンアセンデッドマスター**の場合もあります。
マイトレーヤ　主マイトレーヤ（「思いやりの意の者」）は宇宙におけるキリストの府を持ち、偉大なるイニシエーターとして知られています。彼はエデンの園として知られるミステリースクールにおいて、アダムとイブの**グル**であり、イエス・キリストのグルでもありました。
マクロコスモス（大宇宙）　ギリシャ語で「大きな世界」、より大きな宇宙。創造の全要素。また、人が住む大きな世界との対比として、人を小宇宙（ミクロコスモス「小さな世界」）とする場合もあります。**小宇宙**を参照。
マザー　母としての神の顕現である、神の女性性は「聖なる母」、「普遍なる母」、「普遍なる処女」とも呼ばれています。**マター（Matter）**は**スピリット**の対となる女性性であり、この言葉はマーテル（Mater——ラテン語で「母」の意）と区別なく使用されています。この文脈では、物質宇宙全体が創造の子宮となり、スピリットが生命エネルギーをその中へ投影します。
マター（Matter）　神の女性性（陰）。その対となる男性性（陽）はスピリット。マターは神の王国の聖杯の役目を果たし、進化を続ける**魂**たちの居住地です。マターは、聖なる**光**や**われは在りて在るものなり**のスピリットを輝かせる代わりに遮る、マヤの領域の地球の物質（小文字で始まるmatter）とは区別されます。**マザー**、**スピリット**を参照。
マーテル（Mater）　ラテン語で「母」。**マザー**と**マター（Matter）**を参照。
マントラ　神秘的な表現または祈り。人の中にある神の**スピリット**の作用を増大させるためにしばしばサンスクリット語で復唱したり、歌ったりする言葉や表現。単語または複数の単語からなる祈りの形で、神の特定の側面、または神のその側面を顕在化させている存在を引き付けるために何度も繰り返し唱えられます。**布告**を参照。
ミクロコスモス（小宇宙）　ギリシャ語で「小さな世界」の意。（１）個人の世界と、その人の**４つの下層体**、**オーラ**、**カルマ**の力場。（２）惑星。**大宇宙**も参照。

た使者またはメッセンジャー。安らぎ、保護、導き、強さ、教え、助言、警告を与えるために遣わされる救いのスピリット。

電子的プレゼンス　アイ・アム・プレゼンスの写しで、**真の自己**のパターンを保持する存在。**アセンデッドマスター**のライト・ボディをはっきりと表現した強力な複製で、弟子のオーラ内の時空で投影されます。アセンデッドマスターに呼びかける信者は、「**われは在りて在るものなり**」(I Am That I Am) の名において、アセンデッドマスターの電子的プレゼンスで祝福される場合があります。

7つの光線　神が発する**光**。神の名において、または**キリスト**の名において求められた時、各人の世界に炎として放出されます。**キリスト意識**のプリズムを通って出現する、白い光の7つの光線。光線は、アセンデッドマスターまたはアンアセンデッドマスターの神聖意識により、愛、真理、英知、癒し等の数々の聖なる特性を備えたエネルギーの凝縮体として**チャクラ**やサードアイを通って投影されます。

肉体　**4つの下層体**を参照。

涅槃　ヒンドゥー教と仏教における、人生の目的地。欲望の消滅により輪廻から解放された状態。

バイオレットフレーム　聖なるスピリットの第七光線。因果、罪の記録と記憶、ネガティブな**カルマ**を変容させる**聖なる炎**。変容、自由、許しの炎とも呼ばれています。**語られる言葉**の力によって求められた時、バイオレットフレームは建設的変化をもたらします。

ハイヤーセルフ　**アイ・アム・プレゼンス**。**キリスト自己**。自己の高次の側面。神の中の自己とのワンネスの気づきをつうじて、聖なる全体性へと回帰することを自由意志により選択する魂を意味する「ローワーセルフ」または「リトルセルフ」の対義として用いられます。高次の意識。

ハートチャクラ　12枚の花びらの形をしたピンク色の**チャクラ**で、胸の中心に位置しています。サードアイや、愛、思いやり、美、無私無欲、感受性、感謝、安らぎ、創造性、慈善、寛大の表現と関係しています。

ハートの秘室　**ハートチャクラ**の後ろにある霊的部屋で、素晴らしき光に包まれ保護されています。各人の**アイ・アム・プレゼンス**から降り立つ光のコードの接続点で、肉体の心臓の鼓動を支え、生命、目的、宇宙的統合をもたらします。自身の**聖なるキリスト自己**とつながり、**三重の炎**の炎をかき立てる場所です。

パールズ・オブ・ウィズダム　世界中にいる聖なる秘儀の学徒のために**アセンデッドマスター**らが、**メッセンジャー**のマーク & エリザベス・プロフェットをつうじて語った言葉を記した、週一回発行のレター。『パールズ・オブ・ウィズダム』は1958年以降、**サミット・ライトハウス**が発行しています。**宇宙の法則**に関する基本的および高度な教えや、個人や惑星が直面する問題に対する霊的心理の実践的応用が含まれています。

ヒエラルキー　神の自由な存在たちの普遍的集合体。神の無限の自己の属性や側面を遂行しています。主なる父の自己表現の普遍的秩序であるヒエラルキーは、**グレートセントラルサン**に存在する神が、時空の連続的進化が彼の愛の素晴らしさに気づく時が来るよう、彼の普遍的存在／意識のプレゼンスとパワーを委譲する手段です。

光　霊的光は神のエネルギーであり、**キリスト**の潜在力。「光」という言葉は、**スピリット**の象徴として、「神」や「キリスト」と同義で使用される場合があります。

能力や意識の向上を図ること〕をつうじてクラウンチャクラまで昇ります。聖なる母の光とも呼ばれます。神、**光**、生命、エネルギー、**われは在りて在るものなり**のことも指します。「私たちの神は、実に、焼きつくす火である」（ヘブライ人への手紙 12 章 29 節）。

聖なる炎の守り手の友愛会　1961 年にサン＝ジェルマンが設立。**アセンデッドマスター**と、地上で生命の炎を守ることを誓う**使徒**で構成される組織。

セントラルサン　小宇宙においても、**大宇宙**においても、セントラルサンは原子、細胞、人間のハートセンター、植物生命体、地球の核における主要なエネルギー源、ボルテックス、エネルギー交換の中核です。グレートセントラルサンは宇宙の中心であり、スピリット＝物質宇宙の統合ポイントであり、あらゆる物理的＝霊的創造の原点です。

大天使　天使界の中で最高位にある存在。**７つの光線**それぞれを司る大天使がおり、各々が神聖なる伴侶（**アーチェイア**）とともに、光線の神性意識を体現し、その光線に仕える天使の集団を指揮しています。

大天使ミカエル　最高位の大天使で、神のすべての御子の中にある**キリスト意識**を守護します。大天使のプリンスや信仰の守護者としても知られます。第一光線を司る大天使であるミカエルは、信仰、保護、完全性、神の意思の特質を顕現します。ユダヤ教、キリスト教、イスラム教の経典や伝統で崇敬されています。

大天使ラファエル　科学、癒し、ビジョンを象徴する第五光線（緑色の光線）を司る大天使。大天使ラファエルは、神聖なる伴侶である聖母マリアとともに、偉大なる癒しのエネルギーを地球の進化にもたらします。

第八光線　**７つの光線**を**キリスト**の炎、**三重の炎**で統合する、統合の光線。第八光線は、**三重の炎**が封印されている**ハートの秘室**——**ハートチャクラ**の後ろにある８枚の花びらの形をした**チャクラ**——に対応しています。

堕天使　反乱でルシファーに追随したために、低い波動に意識が「堕ちた」天使たち。彼らは**大天使ミカエル**により「地上に投げ落とされ」（ヨハネの黙示録 12 章７～ 12 節）、神と彼のキリストへの反抗の**カルマ**に縛られ、密度の高い肉体をつうじて進化することとなりました。

魂　**アイ・アム・プレゼンス**から物理的進化へ投影された魂は、神の生ける潜在力です。魂は永遠の存在ではないものの、**アセンション**の儀式の中で**聖なるキリスト自己**や**アイ・アム・プレゼンス**との融合により、永遠性を得ることができます。

ダルマ　人のダルマとは、自分の存在の目的を達成する義務です。それは聖なる計画として、数々の転生をつうじて受け継がれていきます。ダルマが達成され、十分な**カルマ**が調整された時、**魂**は**アセンション**の資格を得ます。

チャクラ　サンスクリット語で「車輪」、「円盤」、「輪」の意。**エーテル・ボディ**に固定され、人間の**４つの下層体**のエネルギーの流れを統治する光のセンターを示すために用いられます。人体には主に、**７つの光線**に対応する７つのチャクラが存在するほか、５つの秘密の光線に対応する５つのマイナーチャクラ、そして合計で 144 の光のセンターが存在します。

ツインフレーム　**アイ・アム・プレゼンス**の卵型をしたひとつの白炎体から誕生した、**魂**の男性部分と女性部分。

司り手　領主、マスター、長。**７つの光線**にはそれぞれ、光線の**キリスト意識**を地球とその進化のために集中させる司り手がいます。

天使　聖なるスピリット、**みことば**を子どもたちに伝えるために神より遣わされ芸術、学問、神性政府、各国の経済をつうじた豊かな生活の創造的実現をうながすために、あらゆる時代、文化、宗教から結集しています。「白」は人種ではなく、彼らを取り囲む白い**光**のオーラ（後光）を指します。ブラザーフッドには、アセンデッドマスターのアセンションしていない**使徒**も含まれます。
クンダリーニ　**聖なる炎**を参照。
現世的思考　人間のエゴ、知性、意思。人間の動物的性質。
口述　アセンデッドマスター、**大天使**、その他の高次の霊的存在のメッセージで、**グレートホワイトブラザーフッド**のメッセンジャーにより、聖なるスピリットをつうじて届けられます。
コーザル・ボディ　各人の**アイ・アム・プレゼンス**を霊的レベルで取り囲む、浸透し合う**光**の球体。コーザル・ボディの球体には、神の栄光のために私たちが行った善行や、地球上での数々の天性をつうじた祝福の記録が収められています。
ゴータマ・ブッダ　ブッダは「悟った者」を意味します。ゴータマは、ガウタマ・シッダールタとして生きた最後の転生（紀元前563?～483?年）で、ブッダの悟りに到達しました。45年にわたり、4つの心理、八正道、中庸の教義を教え、これが仏教の誕生につながりました。現在、ゴータマ・ブッダは世界の主としての府を持つとともに、ゴビ砂漠上空の**エーテル領域**にある**アシュラム**のシャンバラで最高位にあります。
サイクロピー　第五光線の男性性エロヒム。すべてを見通す神の目、または**サイレントウォッチャー**とも呼ばれます。**エロヒム、7つの光線**を参照。
サイレントウォッチャー　**サイクロピー**を参照。
サミット・ユニバーシティ　1971年に、**メッセンジャー**のマーク・L・プロフェット／エリザベス・クレア・プロフェットの指揮のもと設立された現代版ミステリースクール。サミット・ユニバーシティでは、学生はメッセンジャーをつうじて伝えられる**アセンデッドマスター**の教えを学びます。
サミット・ライトハウス　**グレートホワイトブラザーフッド**の外郭団体であり、1958年にマーク・L・プロフェットが**アセンデッドマスター**の**エル・モリヤ**の指揮のもと、アセンデッドマスターの教えの発行・普及を目的に設立しました。
サン＝ジェルマン　**みずがめ座の時代**の大祭司を務める**アセンデッドマスター**であり、アメリカ合衆国の支援者。第七光線の**司り手**。
三重の炎　キリストの炎。**ハートの秘室**（ハートの後ろにある、二次的**チャクラ**）の中で燃えている生命の煌めき。パワー、知恵、愛がひとつになった**聖なる炎**。
使徒　ヒンドゥー語の*chela*。サンスクリット語で「奴隷」や「召使」を意味する*ceta*が語源。インドでは、宗教的指導者（**グル**）の弟子。一般的に、**アセンデッドマスター**や彼らの教えを学ぶ人を指します。
熟練者　高い水準を達成した**グレートホワイトブラザーフッド**のイニシエート。特に、**マター**、物理的力、自然界のスピリット、身体機能を司ります。
真の自己　**キリスト自己**を参照。
スピリット　神の男性性。**マター**と同位のもの。父なる神。自身の性の中に**母**なる神を含む故に、**父母なる神**として知られています。**アイ・アム・プレゼンス**の完全性の領域。神の王国で**アセンデッドマスター**が暮らす場所。
すべてを見通す神の目　**サイクロピー**参照。
聖なるキリスト自己　**キリスト自己**を参照。
聖なる炎　背骨の**チャクラ**の基底部でくるまった蛇のように存在するクンダリーニの炎。霊的センターを刺激しながら、霊的純粋性や自己マスタリー〔自身の携えています。
オーム（オウム、OM） 創造の聖なる音節。すべての音を生み出す時に最初に放たれた**みことば**。
オメガ **アルファとオメガ**を参照。
オーラ 肉体を取り囲み、光を放射する電磁場。人間の**4つの下層体**および**チャクラ**を囲んだり、その中に浸透したりする空気。これらの場所には**カルマ**や過去生の記録を含む、個人の痕跡、思考、感情、言葉、行動が記録されています。
語られる言葉 創造の原型として放たれる、主なる神の**みことば**。神の息子や娘が言葉のエネルギー、つまりロゴスを喉の**チャクラ**をつうじて放つこと。現在、弟子らは**布告**、**アファメーション**、祈り、**マントラ**の中で言葉のパワーを活用することで、**アイ・アム・プレゼンス**、**キリスト自己**、宇宙的存在から**聖なる炎**のエッセンスを引き出して、神の**光**を物質領域の変容や建設的変化へと導きます。
語られる言葉の力 **語られる言葉**を参照。
カルマ サンスクリット語で「行為」、「行動」、「仕事」、「行い」の意。今回および過去の転生でのその人の言葉や行いの結果。私たちの行いのすべてが最終的には自分に戻ってくるという、因果の法則。カルマの法則のもとでは、魂はカルマ的負債を返済し、神の**光**、エネルギー、意識の乱用を「相殺」するために輪廻転生することを求められます。
カルマ評議会 **ロード・オブ・カルマ**を参照。
キリスト ギリシャ語の「*Christos*（聖なる）」が語源。メシア（ヘブライ語およびアラム語で「聖なる」の意）。キリスト的存在とは、神の光（息子）によって完全に授けられ、満たされた（聖なる）存在。**みことば**、ロゴス、三位一体の第二位格。
キリスト意識 **キリスト**としての自己の意識または認識、イエス・キリストが実現したのと同等の意識レベルの達成。キリスト意識とは、イエス・キリストの意識を魂の中で実現したものです。
キリスト自己 ハイヤーセルフ、内なる師、ガーディアン、友人、神の前の擁護者、私たちひとりひとりに合わせられた普遍的キリスト、すべての男性、女性、子どもの真の自己。キリスト自己は個人と神の間の仲裁者です。
キリスト神性 普遍的な**キリスト意識**の個人的表現。霊的な道においては、個人の**キリスト自己**が**魂**のイニシエーターです。個人がキリスト神性の道において一定のイニシエーションを通過する時、その人はキリストなる者と呼ばれる権利を得て、神の息子または娘の称号を得ます。
クラウンチャクラ 頭頂部にある、972枚の花びらからなる黄金色の**チャクラ**。第二光線と、啓発、英知、自己認識、理解、謙虚、偏見のなさ、宇宙意識の表現と関係します。
クリスタルコード **魂**とその**4つの下層体**に栄養を与え、維持する、神の**光**、生命、意識の流れ。シルバーコードとも呼ばれる（コヘレトの言葉12章6節）。
グル サンスクリット語。霊的に高いレベルに到達した、宗教的師や霊的指導者。グルはアセンションしていない場合も、アセンションしている場合もあります。
グレートセントラルサン **セントラルサン**を参照。
グレートホワイトブラザーフッド 生ける神の**スピリット**と再統合を果たした、西洋の聖人と東洋の熟練者らの霊的組織。天界の存在たち。彼らは**カルマ**と再生の周期を超越し、**魂**の永遠の住居である高次の現実へとアセンションした存在です。グレートホワイトブラザーフッドのアセンデッドマスターらは、教育、ツインフレーム。

アンアセンデッドマスター　**マター**のあらゆる制限を克服したものの、劣った進化のために神の意識に集中すべく、この時空に留まることを選択した者を指します。**菩薩**を参照。

宇宙の法則　**スピリット**および**マター**の領域おいて、宇宙のあらゆる顕れを数学的に、かつ慈悲の炎のおおらかさとともに司る法則。

宇宙の４フォース　聖ヨハネが獅子、牡牛（または雄牛）、人、飛ぶワシとして見た、4つの獣（ヨハネの黙示録　4章6～8節）。彼らは**エロヒム**に直属で仕え、あらゆる**マター**宇宙を管轄し、無限の光を変換し、有限領域で進化する魂に届けています。

エーテル・ボディ　**４つの下層体**を参照。

エーテル領域　**マター**の次元で最も高い領域。物理的領域と同じくらい（またはそれ以上に）具体的かつ実質的な領域ですが、物理的認識を超えた領域と意識において**魂**の感覚をつうじて経験される場所です。ここは、**アセンデッドマスター**らと、より高いレベルの進化にある魂が転生と転生の間に存在する**光**のエーテル都市である**アシュラム**が存在する領域であり、現実の領域です。

エーテル領域のアシュラム　**アセンデッドマスター**、天上の存在の霊的な家。アシュラムは主に**エーテル領域**、天界に位置し、地球の**魂**を支援しながら、霊的**ヒエラルキー**のためにさまざまな機能を果たしています。アシュラムの一部は開放されており、睡眠中に波動の細やかな身体でそこに行き、霊界の大学で学ぶことができます。

エノク　聖書によると、エノクは不信仰な人々の裁きを予言した預言者でした（ユダの手紙　4～19節）。聖書には「エノクは神とともに歩み、神が彼を取られたので、いなくなった」と記されています（創世記　5章24節）。これは彼のアセンションを記録したものとして解釈され、彼はアセンデッドマスター・エノクとして知られています。

エモーショナル・ボディ　**４つの下層体**を参照。

エリヤ　火の車と馬によって天に昇ったイスラエルの預言者（列王記下　2章11節）。彼はのちに洗礼者ヨハネとして転生し、イエスの使命の基礎を築きました（マタイによる福音書17章10～13節）。エリヤは、アセンションを遂げてから、肉体で再び転生した、珍しい人物でした。洗礼者ヨハネとしての転生後、彼はアセンションした状態に戻りました。

エル・モリヤ　**メッセンジャー**のマーク・L・プロフェットとエリザベス・クレア・プロフェットの師であり、支援者であり、**サミット・ライトハウス**の設立者。第一光線を司る**アセンデッドマスター**。

エレメンタルライフ　物理的領域を**魂**の進化の基盤として設立・維持するため、**マター**の領域で神と人に仕える自然界のスピリット。火に仕えるエレメンタルはサラマンダー、空気に仕えるエレメンタルはシルフ、水に使えるエレメンタルはアンディーン、土に使えるエレメンタルはノームと呼ばれています。

エロヒム　ヘブライ語。「神」の意のEloahの複数形。「初めに、神が天と地を創造した」と聖書で最初に用いられた神の名前。7人の偉大なエロヒムとそれぞれの女性の伴侶が形を生み出しました。彼らはヨハネの黙示録　4章5節で記されている「神の7つの霊」で、主が彼らをヨブに明らかにした時、相ともに歌った「明けの星」（ヨブ記38章7節）です。**ヒエラルキー**の階層では、エロヒムと宇宙の存在たちは、私たちが現在の進化状態で理解しうる最高の波動の**光**を

用語集

・**ゴシック体**で表記されている言葉は用語集で解説されています。

アイ・アム・プレゼンス（われ臨在す）「われは在りて在るものなり」（I Am That I Am、出エジプト記 3章13～15節）。それぞれの魂の中の神のプレゼンス（臨在）。個人の神性のこと。
アカシックレコード　物理的宇宙で発生したあらゆる事柄の痕跡。サンスクリット語で「アカシャ」として知られるエーテル的な物質や次元に記録されています。これらの記録は**魂**の機能が発達した者が読むことができます。
アシュラム　**グレートホワイトブラザーフッド**の中心。通常はアセンデッドマスターらが暮らす**エーテル領域**。アシュラムは神のひとつまたはそれ以上の炎を固定し、惑星とその進化の**4つの下層体**においてマスターの奉仕の機運および**光**の調和の達成の機運を支えています。アシュラムは地球の波動を支える**ヒエラルキー**の評議会のためにさまざまな機能を果たしています。一部のアシュラムは**アンアセンデッドマスター**にも開放されており、彼らの魂は地球での転生と転生の間や、睡眠中に、より微細な**エーテル・ボディ**でアシュラムを訪れることができます。
アストラル領域　肉体より上で、思考より下の時空の周波数。人間の**エモーショナル・ボディ**および種族の集合的無意識に対応しています。人類の意識的・無意識的な思考や感情の貯蔵庫。アストラル領域は人間の不純な思考や感情で溢れているため、「アストラル」はしばしば不純なものや心霊的なものを指す、ネガティブな文脈で用いられます。
アセンション　**魂**が、地球での最後の転生の自然な締めくくりとして、**聖なる炎**による加速をつうじて、生ける神の**スピリット――アイ・アム・プレゼンス**――と再統合する儀式。カルマを調和させ、聖なる計画を達成した魂が、まず**キリスト意識**と、次に「**われは在りて在るものなり**」の生けるプレゼンスと統合するプロセスです。アセンションが起こると、魂――存在の堕落しやすい側面――は**カルマ**と再生というサイクルから解放された高潔な魂、神の体の永遠なる原子となります。
アセンデッドマスター　かつて地球で生き、存在の目的を成就し、**アセンション**の儀式の中で神と再び統合した、進歩した霊的存在。アセンデッドマスターは人類にとって真の師です。彼らは神のすべての信奉者の霊的進化を指揮し、源への帰還を導きます。
アーチェイア（複数形はアーチェイアイ）大天使の神聖なる伴侶、**ツインフレーム**。
アバター　サンスクリット語で「降下する」を意味する*avatara*が語源。ヒンドゥー語では、神が地球に転生することを意味します。**みことば**の顕現。
アファメーション　内なる神の特質を確認・強化し、こうした特質を物理的に具現化させるための、ポジティブな声明。しばしば「私は……」から始まります。
アルファとオメガ　ヨハネの黙示録の中で主キリストによって「始まりと終わり」として証言された、父母なる神の神聖なる全体性（ヨハネの黙示録 1章8節、11節、21章6節、22章13節）。宇宙の**グレートセントラルサン**の中で神の男性性と女性性の調和を保持する、宇宙的キリスト意識を持つアセンションした

Climb the Highest Mountain Series:
The Path of the Higher Self
Foundations of the Path
The Path of Self-Transformation
The Masters and the Spiritual Path

Pocket Guides to Practical Spirituality Series:
Karma and Reincarnation
Alchemy of the Heart
Your Seven Energy Centers
Soul Mates and Twin Flames
Violet Flame to Heal Body, Mind and Soul
The Art of Practical Spirituality
How to Work with Angels
Creative Abundance
Access the Power of Your Higher Self
The Creative Power of Sound

著者作品目録

■サミット・ライトハウス・ライブラリー

The Opening of the Seventh Seal
Inner Perspectives

■サミット・ユニバーシティ・プレス

Saint Germain's Prophecy for the New Millennium
Fallen Angels and the Origins of Evil
Kabbalah: Key to Your Inner Power
Reincarnation: The Missing Link in Christianity
The Lost Years of Jesus（邦訳：『イエスの失われた十七年』エリザベス・クレア・プロフェット著、下野博訳、立風書房、1998年）
The Lost Teachings of Jesus
The Human Aura
Saint Germain On Alchemy
Dreams: Exploring the Secrets of Your Soul
Messages from Heaven
Quietly Comes the Buddha
Lords of the Seven Rays Understanding Yourself
Secrets of Prosperity
Sacred Psychology of Love
Sacred Psychology of Change
The Chela and the Path
Dossier on the Ascension
The Path to Your Ascension
Prayer and Meditation
The Great White Brotherhood in the Culture, History and Religion of America
Cosmic Consciousness
Corona Class Lessons
The Science of the Spoken Word Mysteries of the Holy Grail
The Answer You're Looking for Is Inside of You

著者

マーク・L・プロフェット　Mark L. Prophet
エリザベス・クレア・プロフェット　Elizabeth Clare Prophet

マーク・L・プロフェットとエリザベス・クレア・プロフェットは現代スピリチュアリティのパイオニアであり、国際的に有名な著者です。プロフェット夫妻は40年以上にわたり、アセンデッドマスターとして知られる、東西の永遠の聖人や賢者の教えを出版してきました。ふたりはともに、古代の英知に関する新たな理解や、実践的な神秘主義の道を世界にもたらしてきました。

著書は30の言語に訳され、全世界で数百万部が売れています。

■サミット・ユニバーシティ・プレス
http://www.SummitUniversityPress.com
■サミット・ライトハウス・ライブラリー
http://www.tsl.org

訳者

小林 千恵（こばやし・ちえ）

翻訳者。訳書に『ヒューマンデザイン―あなたが持って生まれた人生設計図』（チェタン・パーキン）、『肉体を超えた冒険―どのようにして体外離脱を経験するか』（ウィリアム・ブールマン）、『防御なき自己―パスワークを生きる』（スーザン・テセンガ、以上いずれもナチュラルスピリット）がある。

■ Translanguage トランスランゲージ
https://www.translanguage.org/

エル・モリヤ
アセンデッドマスターの教え

●

2024年7月24日　初版発行

著者／マーク・L・プロフェット、エリザベス・クレア・プロフェット
訳者／小林千恵

装幀／大黒さやか
編集／小澤祥子
DTP／伏田光宏

発行者／今井博揮
発行所／株式会社 ナチュラルスピリット
〒101-0051 東京都千代田区神田神保町3-2 高橋ビル2階
TEL 03-6450-5938　FAX 03-6450-5978
info@naturalspirit.co.jp
https://www.naturalspirit.co.jp/

印刷所／シナノ印刷株式会社

ISBN978-4-86451-462-0 C0014